KB069274

*Introduction*

20세기 전설적 탐험가에게 배우는
최고의 리더십 강의

어니스트 섀클턴(1874. 02. 15~1992. 01. 05)

# 1

## 어니스트 섀클턴,
## 그는 누구인가?

그는 "지금까지 신이 창조한 지구 위에 왔던 지도자들 중
단연코 가장 위대한 지도자"라고 불리어 왔다.


그는 위대한 리더십의 모델이며,
특히 위기 상황에서의 지도의 대가(大家)이다.

## 1913년 12월 29일
섀클턴, 더 타임스지에
남극 탐험 계획 발표

## 1914년 8월 1일
인듀어런스호, 남극권을 향해 출항

## 1915년 1월 18일
인듀어런스호 갇히다 –
예정 상륙 장소까지 약 800마일 앞둔
지점에서 배가 총빙 속에 갇히다
10개월 가까이 남극 한복판에서 생존하다

## 1915년 10월 27일
배가 난파하다 –
인듀어런스호에서 퇴선하여
부빙에 캠프를 차리다

## 1915년 11월 21일
인듀어런스호의 잔해가 바닷속으로 가라앉다

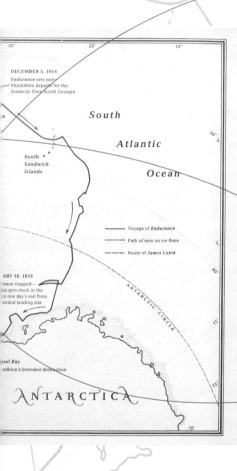

DECEMBER 5, 1914
*Endurance* sets sail—
Shackleton departs for the
Antarctic from South Georgia

**1916년 4월 9일**
**구명보트를 띄우다 –**
대원들, 부빙 위의 텐트에서
5개월 반을 산 뒤 거친 바다 속으로
3척의 소형 구명보트를 출항시키다

**1916년 4월 15일**
**엘리펀트 섬 발렌타인 곶에 상륙 –**
497일 만에 처음 보는 육지였으나, 무인도였다

Voyage of *Endurance*

**1916년 4월 24일**
**제임스 케어드호를 띄우다 –**
Path of men on ice floes
섀클턴과 5명의 동료, 구조를 요청하기 위해
Route of *James Caird*
조각배로 800마일의 항해를 떠나다

**1916년 5월 10일**
**제임스 케어드호가 사우스조지아 섬에 도착하다**

**1916년 8월 30일**
**기적의 날 –**
섀클턴의 탐험대, 전원 구조되다

좌초하는 인듀어런스호 모습

샤클턴은 성공할 가능성이 희박한 것에 실패했지만
정작 상상도 할 수 없는 일에 성공했기 때문이다.

## "나는 투쟁을 좋아하고
## 일이 쉬울 때는 그것을 혐오한다."

떠나는 케어드호를 향해 손 흔드는 나머지 대원들

그의 가장 큰 실패는 1914년에서 1916년의
인듀어런스(Endurance)호 탐험이었다.
그는 남극대륙에 미처 닿기도 전에 배를 잃어버렸다.
섀클턴의 탐험은 목적을 이루지 못했다.
그래서 그는 기억되지 못했고,
당시에도 큰 주목을 받지 못했다.

그러나 그 과정에서 그는
칭찬받아 마땅한 많은 위대한 업적을 이루었다.

무엇보다도,
그를 '위대한 리더'로 만들어준
'상상도 할 수 없는 성공'은

탐험대의 전원 생존 및 귀환이었다.

인듀어런스호 탐험대 단체 사진

1912년 로버트 스콧의 테라노바호 탐험대는 아문센보다 한 달 늦게 남극점에 도달했으나 귀환 도중 악천후로 4명 전원 사망했다.

1911년 남극점에 도달했던 로알 아문센조차, 1897년 벨지카호 탐험대로 남극항해를 떠났을 때 중간 이탈자와 사망자가 생겨 23명 중 17명 만으로 귀환해야 했다.

오스트레일리아 탐험가 더글라스 모슨(Douglas Mawson)의

1912년 남극 탐험 : 동료 중 1명은 사고로, 1명은 기아로 사망.

그 자신은 심한 괴혈병에 걸려 떨어져 나간 두 발바닥을 두 발에 묶어야 했다.


북극에 도달하려는 미국의 최초의 시도였던

1871년의 폴라리스(Polaris)호 탐험대 : 불화로 가득 차,

선장 찰스 홀(Charles F. Hall)은 결국 자신의 부하들에게 독살되었다.


1890년대 로버트 피어리(Robert E. Peary) 제독의 항해 :

부하들을 "참을 수 없는 야만적 행위"로 다루었다는 이유로

일부 선원들이 제독을 고소. 한 건, 아마 두 건의 자살 사건의 책임을

그에게로 돌렸다.


미국의 북극 탐험가 아돌푸스 그릴리(Adolphus Greely) :

25명 중 19명의 대원들을 기아로 잃고,

식인행위에 대한 비난을 받았다.

더글라스 모슨

아돌푸스 그릴리

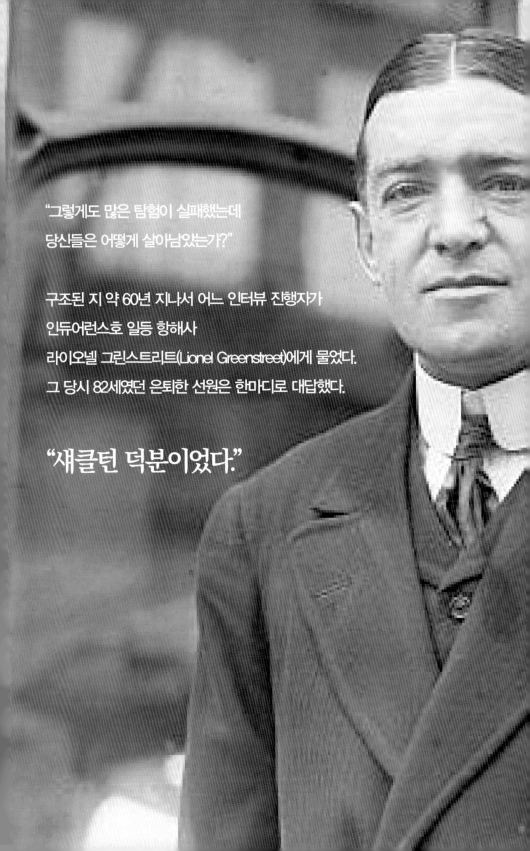

"그렇게도 많은 탐험이 실패했는데
당신들은 어떻게 살아남았는가?"

구조된 지 약 60년 지나서 어느 인터뷰 진행자가
인듀어런스호 일등 항해사
라이오넬 그린스트리트(Lionel Greenstreet)에게 물었다.
그 당시 82세였던 은퇴한 선원은 한마디로 대답했다.

## "섀클턴 덕분이었다."

제1차 세계대전의 여명인 1914년 8월 출항한 인듀어런스호는

목적지까지 불과 하루를 남겨놓은 지점에서

그 배는 "초콜릿 바 속의 한 알의 아몬드처럼"

웨델해의 극지 얼음 속에 갇혀버렸다.

인듀어런스호는 으깨졌고 대원들은 얼음 위에 캠프를 쳐야 했다.

## "배를 포기하라!"

섀클턴은 선원 각자에게 생존을 위해 필요한

약간의 물건들만 지니도록 허용했다.

제일 먼저 버린 것은 금화와 성경책이었고

개개인의 일기와 밴조(banjo)*는 남겨 두었다.

*밴조 : 미국의 대표적인 민속 발현악기

한 달 뒤 그들은 바다 밑바닥으로 가라앉는 배를
두려움 속에 지켜보았다.
상황은 더 악화될 수도 없을 만큼 악화되었다.

그들은 긴 극야의 차가운 어둠 속에서 근 4개월을 보냈다.
매일 아침 대원들은 차가운 물웅덩이 속에서 잠을 깼다.
펭귄과 바다표범, 때로는 개고기로 연명했고,
쇠약해지고 몸이 부어 오름을 느꼈다.

마침내 발 아래의 얼음마저 산산조각 나기 시작하자
대원들은 3척의 작은 구명보트에 올라타고

북서쪽의 무인도, 엘리펀트 섬에 도착했다.

구조선이 올 확률은 거의 0%였다.

영하 30도의 기온, 떨어지는 식량,
절망적인 상황에서 새클턴은 발표한다.

## "다른 섬에 가서 구조선을 불러오겠다."

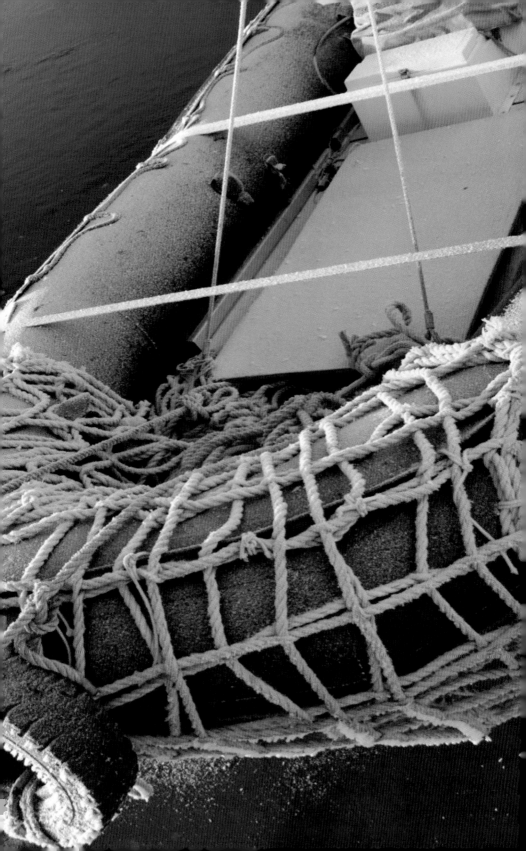

섀클턴은 5명의 대원을 데리고 구명보트 한 척을 타고
800마일을 항해해 사우스조지아(South Georgia) 섬에 다다랐고,
얼어붙은 산맥을 횡단하여 포경 기지에 도착했다.

그리고 그는 즉시 나머지 대원들의 구조 활동을 이끌었다.

놀랍게도 대원들 모두 그때까지 생존해 있었다.

선원들 대부분은 2척의 전복된 구명보트 아래에서 모여
시련의 마지막 몇 달을 보냈다.

엘리펀트 섬, 식량이 부족해 3일 만에 식사하는 대원들

인듀어런스호를 떠나 엘리펀트 섬에 정착하는 대원들의 모습
- 엘리펀트 섬에 상륙한 대원들이 임시 거처인 두 척의 보트를 뒤집어 만든 오두막 -

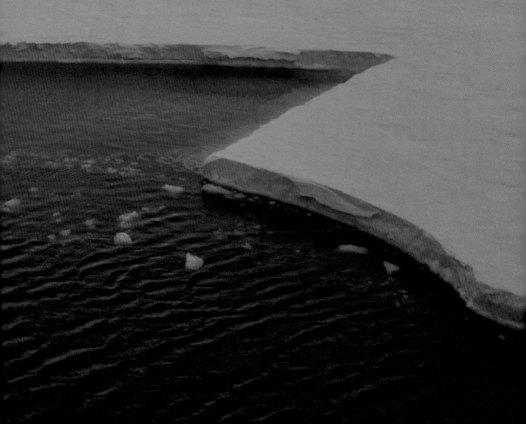

"과학적이고 지리학적인 탐험대를 위해서는 스콧(Scott)이,

동절기 탐험 여행에는 윌슨(Wilson)이 좋고,

단지 남극점을 향해 돌진하는 것이라면 아문센(Amundsen)이 좋다.

그리고 만약 내가 엄청난 곤경에 빠져 거기서 벗어나기를 원한다면

언제나 섀클턴이 더 낫다."

- 영국의 탐험가 앱슬리 채리 개러드(Apsley Cherry-Garrad)

"지도자는 희망을 파는 상인이다." – 나폴레옹 보나파르트

샤클턴은 인듀어런스호 탐험의 오랜 고난의 시간 동안

계속해서 희망을 전파하는 법을 알고 있었다.


샤클턴은 동지애, 충성심, 책임감, 결단력과

무엇보다도 낙관주의의 토대 위에 성공을 구축했다.

벨기에의 남극대륙 탐험선 벨지카(Belgica)호 승무원이었던
닥터 프레데릭 쿡(Dr. Frederick Cook)이
배가 얼음 속에 갇힌 지 3개월 후인
1898년 6월 19일 일기에 썼던 것을 읽어보자.

"선실에는 서른이 넘은 사람이 거의 없었는데도
두 달이 채 못 되어 확실하게 백발이 되어버렸다.
우리의 얼굴은 핼쑥하고
우리의 기질에는 익살과 생기와 희망이라고는 없는데
이것은 그 자체로 우리 존재의 가장 슬픈 사건들 중의 하나이다."

인듀어런스호 승무원인
프랭크 헐리(Frank Hurley)가
배가 총빙 속에서 얼어붙은 지 5개월 후인
1915년 6월 21일에 쓴 것과 비교해 보자.

"빌라봉(Billabong, 선실의 별칭)에는 시적 분위기가 감돈다.
맥클린(Macklin)은 자기 침대에서 시구를 적고 있고
나도 똑같은 짓을 하고 있다.
맥클로이(Mcllroy)는 데콜테(decollete)* 무용 의상을 만들고 있고,
한편 엉클 허시(Hussey)는
그의 밴조 반주를 연습하려는 지원자들에게 시달리고 있다."

*데콜테 : 어깨가 드러난

고립된 탐험대를 구하러 돌아오는 섀클턴. 멀리 보이는 배는 옐코호.

그들이 살아서 탈출할 수 있다는 생각이 터무니없이 여겨질 때에도,
그는 대원들에게 "오직 바보만이 '탈출할 수 없다'고 말할 것"이라면서
탈출을 확신시켰다.

"우리는 곤경에 처했고 보스는 우리들을 구출할 수 있는 사람이었다.
그게 거의 자명한 진리처럼 보였던 것이
그의 리더십을 가늠할 수 있는 척도다."

- 인듀어런스호 탐험대의 물리학자 레지널드 제임스(Reginald W. James)

*Fortitudine Vincimus,*
**"인내함으로써 우리는 정복한다"**

The 'Endurance' frozen in 76–35 South, 1915 – photographed by Frank Hurley

용기와 위험을 무릅쓰는 호기가 있었음에도
섀클턴은 경솔하지 않았다.

그는 정해진 목표들은 그것이 아무리 고귀하더라도
불행과 죽음을 무릅쓸 가치가 없다는 결론을 내렸다.

"죽은 사자보다는 살아 있는 당나귀가 더 낫다."

섀클턴에게는 대원들이 최우선이었다.

인듀어런스호 안에서 생활하는 대원들의 모습

엘리펀트 섬에 고립된 나머지 대원들

섀클턴이 현시점에 필요한 또 다른 이유는
우리들이 타인을 희생시키는 문화에 절망해서
생존자이자 낙관주의자이며
우리들을 새 시대로 이끌어 줄 수 있는
지도자를 찾고 있기 때문이다.

민주주의 원칙의 확산

여성과 소수집단의

증가하는 힘 또는 권위 향상,

사무실 문화의 변화

거대한 세대교체

사이버 공간 속으로의 도약...

이러한 모든 변화들은 새로운 리더십 스킬을 요구한다.

섀클턴 스타일의 리더십이다.

공동의 목표를 향해 일하도록 다양한 무리를 끌어 모으는 것,

끊임없는 반대론자를 다루는 것,

계속해서 걱정하는 자들의 기운을 북돋우는 것,

불만을 품은 자들이 분위기를 망치지 못하게 막는 것,

지루함과 피로와 싸우는 것,

혼란스러운 환경에 질서와 성공을 가져오는 것,

한정된 자원으로 일하는 것...




섀클턴은 오늘날 경영자들이 겪는

많은 문제들에 직면했고, 그것을 극복하여

팀을 생존으로 이끌었다.

그는 최고의 기업 리더들,
즉 가속화하는 혁신에 영리하게 적응해 온 사람들의
특성을 가지고 있었던 것이다.

샤클턴의 전략은 낡은 명령과 통제 모델을 거부한다.
그것은 인간의 얼굴을 한 기업이다.

그는 언제든 또 다른 더 큰 목표를 정복하기 위해
하루 더 사는 것을 택했다.

"우리가 인생 여정에서 만나는 예기치 못한
우회로와 장애물들을 극복하고
그런 성취로부터 마땅한 만족을 얻을 수 있는 것은
80년 전 섀클턴과 그의 선원들이 그랬던 것처럼
팀워크와 공동체 의식을 함양해야만 가능합니다.

...그것이 기업이든, 학교든, 단과대학과 종합대학교이든,
정부 기관들이든 간에 예기치 못한 일에 대비하고
공동체 의식 증진에 도움을 주는 조직들은
21세기의 리더가 될 것입니다.
우리들 각자도 마찬가지입니다."

- 클린턴 대통령의 과학 자문이자
국립 과학 재단(National Science Foundation)의
전직 수장이었던 레인(Neal F. Lane),
1995년 5월 미시간 주립대학교 학위 수여식에서

# 2

## 섀클턴의 위대한 리더십에 대하여

### 섀클턴, 그는 실패와 인내를 통해
### 위대한 리더십의 정점에 섰다

그는 "지금까지 신이 창조한 지구 위에 왔던 지도자들 중 단연코 가장 위대한 지도자"라고 불리어 왔다. 그러나 그는 27명 이상의 무리를 이끌어 본 적이 한 번도 없었으며 거의 모든 목표에 도달하는 데 실패했고, 사망한 뒤에는 최근까지도 거의 기억된 바 없었다. 그러나 일단 어니스트 섀클턴 경(Sir Earnest Shackleton)과 1914년에서 1916년의 그의 놀랄 만한 남극 탐험에 대해 알게 되면 여러분은 그의 지휘하에 있던 사람들의 열렬한 찬사에 동의하게 될 것이다. 그는 위대한 리더십의 모델이며, 특히 위기 상황에서의 지도의 대가(大家)이다.

인듀어런스호의 전설은 왜 이것이 모든 학령기 아동의 필독서가 아닌지 궁금해질 정도로 놀라운 이야기이다. 섀클턴의 탐험들이 목적을 이루지 못했기 때문에 궁극적으로는 그 자신에게 모두 실망스러웠을지 모르지만 그 과정에서 그는 칭찬받아 마땅한 많은 위대한 업적을 이루었다.

그는 1902년 유명한 탐험가 로버트 스콧(Robert F. Scott)의 디스커버리호(Discovery) 탐험대에서 3명으로 구성된 최남단 팀의 일원이었던 시절, 남극점에 도달하는 데 실패했다. 그러나 그들은 괴혈병으로 파괴된 자신들의 몸을 이끌고 남극점에서 460마일 이내까지 걸어간 뒤에야 당시 오직 소수의 사람들만 경험했던 무시무시한 추위 속에서 되돌아올 수 있었다. 6년 뒤 자신의 탐험대를 지휘했던 섀클턴은 남극점에서 97마일 모자란 지점에서 자신의 팀이 계속한다면 굶어 죽을 것이 확실하다는 것을 깨닫고는 가슴이 찢어질 듯한 마음으로 되돌아 와야만 했다. 그는 그 노력의 위대함에 비추어 실패를 용서받았다. 그는 에드워드 7세에 의해 나이트 작위를 서임 받았고 전 세계에 걸쳐 영웅으로 존경받았다.

그의 가장 큰 실패는 1914년에서 1916년의 인듀어런스호(Endurance) 탐험이었다. 어니스트 경은 40세 때, 지구상의 마지막 위대한 탐험이라고 생각한 도보로 1,800마일 남극 횡단을 달성하기 위한 독자적 항해에 착수했다. Fortitudine Vincimus, "인내함으로써 우리는 정복한다"는 섀클턴 가문의 가훈을 따라 인듀어런스호라고 명명된 탐험선은 제1차 세계대전의 여명인 1914년 8월 출항해 부에노스아이레스와 사우스조지아 섬과 궁극적으로는 남극권(Antarctic Circle)을 향해 얼음에 덮인 1,000마일의 바다를 헤쳐 나갔다.

그는 남극대륙에 미처 닿기도 전에 배를 잃어버렸다. 그러나 2년 동안의 끔찍한 사투 끝에 선원들 전부를 안전한 곳으로 성공적으로 이끌면서 그는 리더십의 새 정점에 도달했다.

셰클턴을 믿어라.

셰클턴의 인듀어런스호 탐험대 구조는 그 당시에 거의 알려지지 않았다. 행방불명된 선원들의 재등장은 전 세계에 걸쳐 대대적으로 보도되었지만 대중은 개인적 영광을 얻기 위한 일이자 스스로 자초한 고통에서 살아남은 사람들에게 그다지 관심이 없었다. 유럽은 제1차 세계대전에 빠져들었고 사람들은 국기를 위해 목숨을 바친 사람들에게 경의를 표하는 것을 선호했다.

전쟁 영웅이 탐험 영웅을 대신하고 있었다. 인듀어런스호 승무원 토머스 오드 리즈(Thomas Orde-Lees)는 구조된 뒤 "요즘에는 사람들이 죽임을 당하는 것을 아무렇지 않게 생각한다. 그것을 일종의 영예라고 여기고 있다."라고 개탄했다. "사람들은 지금 사상자 명부를 명예 전사자 명부라고 부른다."

1909년(왼)과 1922년(오) 어니스트 셰클턴의 사진

자신과 가족에게 탐험을 포기할 것이라고 몇 번이나 맹세했음에도 불구하고 새클턴은 남극을 멀리할 수 없었다. 그는 집착에 대한 비싼 대가를 치렀다. 1921년 퀘스트호(Quest)에 승선했던 마지막 항해 때인 1921년에 찍은 새클턴의 사진들은 47세보다 훨씬 나이가 더 든 초췌한 모습의 남자를 보여준다. 그의 얼굴은 어느 모로 보나 과거 항해의 스트레스와 5년 전 동료들의 생명을 구하기 위해 기울였던 비상한 노력을 모두 합친 모습이다.

## 왜 지금 100년 전<br>남극 탐험가의 위대한 리더십이 필요한가?

오늘날 서구의 정신세계에서 남극대륙은 중대하게 여겨지고 있다. 그것은 이룰 수 없는 꿈, 절대적 고립, 자연에 대항한 인간의 가장 힘든 싸움, 한 개인의 정신적 및 육체적 능력을 가늠하는 궁극적 척도의 상징이다. 그것은 일종의 시험을 의미하는데 당신이 그 시험에서 살아남는다 하더라도 그것은 구사일생이며 당신은 그 때문에 더 나은 사람으로 부상하게 된다.

그럼에도 그 대륙은 아주 독특한 아름다움을 지니고 있다. 누구라도 "그 얼음(The Ice)"에 다녀온 적이 있는 사람은 그것의 장엄함과 그 심오한 고요, 그리고 푸른색과 흰색의 단순한 그 구조 속에 숨겨져 있는 비상한 색채들에 관해 말한다. 초기 탐험가들은 자신들의 항해에 관한 글을 쓸 때 머리카락이 쭈뼛해지는 이야기를 하는 도중에도 잠시 멈춰 그 경치를 기술하곤 했다. 스콧의 디스커버리호 탐험대의 물리학자였던 루이 베르나치(Louis C. Bernacchi)는 다음과 같이 썼다. "눈부신 얇은 옷을 입은 태양이 그 빛을 반사할 때, 때때로 얼음 결정으로 이루어진 구름들이 태양을 베일로 엷게 가려 휘황찬란한 무지갯빛 또는 백색광의 원과 선들로 창공을 더듬어 볼 수 있었다."

남극을 여행한 많은 사람들은 몇 번이고 그것에 끌리곤 한다. 거기로 가는 여행을 일종의 종교적 경험이라고 기술하고 실제의 여행 거리만큼 먼 내적 여행에 관한 것이라고 말하는 사람들도 있다. 심지어 탁상 여행가들조차 끊임없는 극지 탐험의 인간 드라마에 푹 빠져 평생 남극의 역사와 설화에 관해 학생과 수집가가 된다. 남극은 이 세상에서 문명의 손길이 닿지 않은 유일한 장소이며 환경 운동가들이 때 묻지 않은 자연을 보존하려고 애쓰는 동안에도 그렇게 남아 있을 것이다. 1959년에 그 대륙을 평화와 과학에 헌정하자는 국제 협약이 조인되었다. 남극은 1900년대 초 최초의 내륙 탐험부터 세기 말의 관광 무역의 호황과 과학 연구에 이르기까지 20세기와 확고하게 동일시되는 대륙이다.

새천년이 시작되는 전야, 대중이 섀클턴이 커리어 절정에서 누렸던 종류의 존경심에 사로잡힌 것은 당연한 일이었다. 오늘날 박물관 전시회, 탁상용 대형 호화장정 책, 다큐멘터리, 할리우드 영화 각본, 그리고 그의 탐험 초기 보고서의 재판들이 님로드호와 인듀어런스호 탐험 이야기들을 다시 말하고 있다. 모험 이야기들에 대한 욕구, 존경할 만한 영웅들에 대한 탐구, 새로운 모델의 성과 지향적 리더십을 찾아야 할 필요성 등이 모두 그의 인기를 되살리는 데 도움이 된다.

　새클턴이 현시점에 필요한 또 다른 이유는 우리들이 타인을 희생시키는 문화에 절망해서 생존자이자 낙관주의자이며 우리들을 새 시대로 이끌어 줄 수 있는 지도자를 찾고 있기 때문이다.

　우리가 되고 싶어 하는 리더를 가장 좋아하는 것이 사실이라면, 우리가 새클턴을 열렬히 받아들이는 것은 당연한 일이다. 그는 신사이고 시인이자 모험가였다. 대원들은 그의 주위에 있고 싶어 했으며 여성들도 그를 원했다. 그는 강인했고 설득력이 있었고 매력적이고 통음의 밤들을 좋아했다.

　새클턴은 공동의 목표를 향해 일하도록 다양한 무리를 끌어 모으는 것, 끊임없는 반대론자를 다루는 것, 끊임없이 걱정하는 자들의 기운을 북돋우는 것, 불만을 품은 자들이 분위기를 망치지 못하게 막는 것, 지루함과 피로와 싸우는 것, 혼란스러운 환경에 질서와 성공을 가져오는 것, 한정된 자원으로 일하는 것 등 오늘날 경영자들이 겪는 다수의 동일한 문제들에 직면했다.

　그는 최고의 기업 리더들, 즉 직장에서 가속화하는 혁신에 영리하게 적응해 온 사람들의 특성을 구체화했다. 20세기 말에 세계 지도를 바꾸었던 민주주의의 원칙들은 마침내 직장으로 확산되었다. 위계질서는 수평화되고 형식적 절차들은 버려지고 있다. 심지어 최고위직 상관들조차 특권을 가진 공사 감독들의 특전과 장식의 다수를 거부하고 있다. 그들은 성공을 원함과 동시에 자신들의 분야와 지역 사회에 기여하기를 원한다.

고용인들은 그 전 어느 때보다 더 나은 교육을 받고 더 많이 여행했으며 더 야망 있고 세상 경험도 더 많다. 그들은 관리되고 강제 당하는 것에 분개한다. 그들은 고무되고 지도받기를 원한다. 그들은 상사들과 함께 지적 교류를 갖기를 기대하고 회사의 방향을 안내하는 데 도움이 되기를 원한다. 그들은 또한 자신의 현재 임무 이상의 전문적 목표와 개인적 관심을 가지고 있다. 무엇보다도, 사무실은 현재 사회의 가장 다양한 부분들 중의 하나이다. 여성들과 소수집단들이 직장에서 더 많은 파워를 획득하고 있고 사무실 문화에서 변화를 만들고 있다.

거대한 세대교체는 또한 기업계를 변형시키고 있다. 베이비부머들이 실권을 장악하고 있다. 그들 중 다수는 책상 뒤에 앉아 있는 사업가가 될 것이라고는 전혀 예상되지 못했다. 그들은 권위자 역할과 자신의 개인적 불안에 대한 새클턴의 불편을 이해한다. 그들은 권력 계층구조와 군대 같은 과거의 리더십과 조직 모델의 다수, 심지어 생산 라인마저 거부한다. 1999년 4월 월스트리트저널(The Wall Street Journal)지에 따르면, 어느 주요 의류점 체인의 대표가 경영 훈련 캠페인을 시작했는데 소매점 간의 경쟁을 전쟁에 비유하자 경영자들이 항의했고 일부는 노한 나머지 사직했다고 보도했다. 실제로 군대는 현재 더 나은 인사 관리법을 얻기 위해 기업계에 의존하고 있다.

그러나 가장 큰 변화는 오프라인 거래에서 사이버 공간 속으로의 도약이었다. 젊고 인터넷에 정통한 기업가들이 베테랑 기업 지도자들과 나란히 경영직을 맡고 있다. 그들의 투자자들은 새로운 벤처 사업들을 탐구하기 위한 전통적인 성공의 척도들을 무시했다. 미지의 세계로 향한 섀클턴의 항해가 다시 대중의 상상력을 사로잡고 있는 것은 놀라운 일이 아닐까? 섀클턴은 광대한 열린 풍경 속에서 다른 종류의 승리를 성취하기 위해 그 종류의 마지막의 하나인 목조 바켄틴선(barkentine, 앞돛대만 가로돛이고 나머지는 세로돛인 세대박이 범선—역자 주)을 남기고 떠나야 했다. 그는 돈벌이에는 별 재주가 없었지만 새로운 세계로 향하는 문들을 열었고 그것들을 통해 훌륭하게 사람들을 이끌었다. 상황은 다시 뒤바뀌었고 개척자들은 전쟁 영웅에 앞서 자신들의 자리를 되찾고 있다.

이러한 모든 변화들은 새로운 리더십 스킬을 요구한다. 섀클턴 스타일의 리더십이다. 섀클턴의 전략은 낡은 명령과 통제 모델의 안티테제이다. 그의 리더십 브랜드는 그 대신에 융통성, 팀워크, 그리고 개인적 승리를 중요시한다. 그것은 과거의 신사도와 예의범절의 일부를 떠올리게 하지만 배타적인 실세 집단의 숨은 의도는 전혀 없다. 그것은 인간의 얼굴을 한 기업이다.

## 섀클턴의 위대한 리더십,
## 그 모든 것이 이 책에 있다!

　리더십 문제에서 가장 신뢰할 만한 자료들은 지도를 받았던 사람들이다. 그래서 저자들은 섀클턴의 리더십 기술의 분석을 위해 개인적으로 섀클턴을 알았던 대원들이 쓴 글을 주로 연구했다. 인듀어런스호 선원들의 일기는, 특히 리더십 문제에 관심이 있었던 토머스 오드 리즈가 쓴 일기는 매우 유용하다고 판명되었다. 우리 세대와 마찬가지로 섀클턴 세대도 훌륭한 리더의 비결을 찾는데 몰두했으며 섀클턴과 동시대에 살았던 여러 사람들이 이와 같은 맥락에서 그에 대한 상세한 묘사를 기술했다. 저자들 또한 섀클턴 자신의 기록뿐 아니라 그의 가족과 섀클턴을 연구하는 다른 학자들이 모은 연구 자료들을 참고했다. 그러나 섀클턴의 일기와 두 권의 자서전은 그의 전략 뒤에 숨어 있는 논리를 드러내지 못하고 있다.

　섀클턴을 중심으로 구축된 신화들은 그가 슈퍼맨의 자질을 소유하고 있음을 암시하지만 이 책에서 여러분이 그의 이야기를 자세히 살펴보면 그의 리더십에서 최고의 자질들은 매우 배울 만하다는 것을 알 것이다. 섀클턴은 평범한 사람이었지만 그는 스스로 비범한 사람이 되는 법을 터득했다. 그는 동료들보다 뛰어났으며 부하들의 한결같은 충성심을 얻었다. 그의 이야기는 본질적으로 작은 것에서 기적적인 것에 이르기까지 목표들을 달성하기 위해 자신이 가지고 있는지 몰랐던 개인의 잠재력을 폭발시키는 것에 대해 영감을 주는 이야기이다.

이 책은 새로운 세대의 지도자들을 위한 일종의 안내서이다. 새로운 직장 감성을 받아들이지만 그것을 정책으로 전환하는 방법에 있어 좌절하는 사람들에게 길 안내를 한다. 독자들은 다양한 배경과 능력을 가진 직원을 성장시키고 하나로 만드는 법, 성공적인 팀을 조직하는 법, 그리고 각각의 직원들이 진가를 인정받고 고무되도록 만드는 법을 배울 것이다. 이 책은 또한 여러 가지 위기를 다루는 법, 특히 나쁜 소식을 알리는 법, 사기를 북돋우는 법, 그리고 예기치 않은 것에 직면해 재빨리 경로를 바꾸는 법을 보여준다. 섀클턴의 본보기는 또한 작업에 유머와 재미를 불어넣는 법, 보스로서의 지위를 잃지 않고 직원과 결합하는 법, 직원을 육성할 시기의 중요성을 보여준다.

이 책은 섀클턴의 전문적 생애를 자세히 설명하고 그의 업적으로부터 꾸준히 모은 중요한 교훈들을 강조한다. 그런 연후에 인듀어런스호 탐험대의 정신을 찾기 위해 지구의 끝까지 갈 필요가 없는 기업가들과 다른 리더들이 이러한 교훈들을 어떻게 오늘의 세계에 적용해왔는지를 보여준다. 그 이야기들 속에는 사람들이 TheStreet.com의 제임스 크레이머(James Cramer)에게 신생 사업을 포기하라고 말할 때 섀클턴의 리더십이 그를 어떻게 성공으로 이끌었는지에 대한 이야기도 있다. 잉글랜드 체스터(Chester)의 OCTO 주식회사의 제레미 라르켄(Jeremy Larken)은 섀클턴의 생존 전략들을 현대 기업 재난 관리에 적응시킨 바 있다. Jaguar North America의 전임 사장 마이크 데일(Mike Dale)은 딜러들에게 열의를 불어넣고 그들을 새로운 판매 고지로 밀어붙이기 위해 섀클턴 이야기를 이용했다. 하버드 경영 대학원 졸업생 루크 오닐(Luke O'Neill)은 예상을 뛰어넘는 섀클턴의 철학을 바탕으로 학생들의 성취를 돕는, 탐험에 기반한 비전통적 고등학교를 설립했다. 해군 장관 리처드 단치히(Richard Danzig)는 섀클턴을 군인들을 전문가의 자격으로 대우하는 모델이라고 생각한다.

기업의 관리자뿐 아니라 교사, 부모, 공동체 조직의 리더 등 누구든지 이러한 교훈을 얻을 수 있다. 섀클턴의 지혜는 결코 단순하거나 뻔하지 않다. 그것의 대부분은, 특히 보다 전통적인 관리 전략을 교육받은 사람들의 직관에는 어긋난다. 섀클턴은 배의 불평꾼에게 잠자리에서 차를 대접했고 병적으로 자기중심적인 사람들의 비위를 맞추었고 가장 거슬리는 성격을 가진 사람들의 곁을 떠나지 않았다. 그는 종종 개인적으로 큰 희생을 치렀다. 그는 전혀 지휘하지 않음으로써 지휘한 때도 있었다.

불운했던 로스해 팀의 과학자 리처드(R. W. Richards)는 다음과 같이 간단히 말했다.

"섀클턴은 그의 모든 결점에도 불구하고 위인이었다. 또는 대원들의 위대한 리더였다고나 할까?"

섀클턴은 강요하지 않고 부하들이 그를 따르고 싶어 하도록 만들었다. 그 과정에서 그는 선원들이 자신과 세상을 보는 방식을 바꾸었다. 그의 업적은 그들이 살아 있는 한 그들을 계속 고무했고 그 후로 오랫동안 전

세계에 걸쳐 다른 사람들을 고무했다. 어느 리더에게 그보다 더 큰 헌사는 없다. 그가 사용한 도구는 유머, 관대함, 지성, 활력, 그리고 연민이었다.

이것이 섀클턴의 위대한 리더십이다.

# 이 책에 대한 찬사

"만약 당신이 위기와 불확실성을 극복해야 한다면- 오늘날 누가 그렇게 하지 않는 가?- 당신은 반드시 이 책을 읽어야 한다. 이 책은 20세기의 가장 위대한 무명의 영웅에 관한 진정한 리더십의 교훈을 보여준다. 그리고 비즈니스에 관한 대부분 의 책들과 달리 이 책은 흥분과 감정, 그리고 진정한 문학적 우아함으로 가득 차 있 다."

**- 토머스 페칭거 주니어, 전임 월스트리트저널 1면 칼럼니스트,**
**뉴욕타임스 '주목할 만한 책들' 필자, 론치사이트 엘엘시 CEO**

"어니스트 섀클턴의 이 자화상은 우리들에게 리더십은 기술이나 지위에 관한 것이 아니라 불리한 상황에서 동기를 부여 하는 것에 관한 것임을 상기시킨다. 이 책은 오늘날의 비즈니스 리더들에게 인지된 한계를 넘어 수행하도록 팀을 고무하는 법 을 가르쳐준다."

**- 제임스 슬라벳, 구루 닷컴 CEO**

"이 책은 옛날 모험 이야기의 매력을 지니고 있다... 그것은 또한 잘 쓰여진 전기의 매력을 가지고 있다. 게다가 이 책은 희망이 절망을 극복하게 하고 실패에서 성공 을 가져오기 위해 섀클턴이 사용했던 기술에 대한 현대의 활동가들로부터 얻은 소 중한 통찰력에 관한 추가적인 가치가 있다."

**- 피플 퍼포먼스**

"이 세상이 알았던 모든 위대한 교사들은-그중에서도 소크라테스와 예수는-이야기라는 매개체를 통해 원칙과 교훈을 가르칠 때 가장 효과적이었다. 많은 사람들은 타인들의 이야기를 읽고 연구하고 그 이야기의 교훈들을 자신들의 생활과 환경에 적용함으로써 그들이 추구하는 것에 대한 영감과 답을 찾았다. 이 책은 이러한 전통에 대한 하나의 훌륭한 부가물이다. 한편으로 이 책은 감수성이 예민한 젊은이들을 대대로 열광시켰던 류의 멋진 이야기이다. 다른 한편으로 그것은 모범적인 리더십 스킬의 본질에 대한 잘 집중된 통찰력을 제공할 뿐 아니라 기후적으로 덜 도전적이지만 그에 못지않게 적대적인 상황에서 그것들을 발전시키고 적용하는 방법에 관한 몇 가지 조언을 제공한다."

– 프라이스워터하우스 쿠퍼스 코퍼레이트 레지스터

"이 책은 항해 중인 배의 갑판이나 주요 기업의 경영 관리에 똑같이 적용할 수 있는 실용적이고 이성적인 리더십의 교훈들로 가득 찬 고전이다. 어니스트 섀클턴의 진정한 용기와, 그의 시대 이래로 세대를 님이 명확하게 전달되고 이 훌륭한 작품 속에 완벽하게 밝혀져 있는 영원한 리더십에는 훌륭하고 빛나는 특질이 있다."

– 제임스 스태브리디스, 미 해군 대장,<br>유럽군 사령관 겸 나토군 최고 사령관

"모험 이야기 이상이다. 섀클턴의 방식을 확인하고 그것들을 사업가들을 위한 실제적인 교훈으로 전환시킨다."

"역사의 전환으로 어니스트 섀클턴 경이 오늘날의 기업에 종사한다면 그는 틀림없이 자신이 잭 웰치, 빌 게이츠, 루 거스너, 그리고 마이클 델의 반열에 있다는 것을 발견했을 것이다. 우리들 모두가 기쁘게도 그의 지속적인 리더십 교훈들은 우리 모두가 원대한 포부를 실현하는 것에 쉽게 적용될 수 있다."

"자신의 전문적 발전에서 다음 단계를 찾는 관리자들은 이 책이 딱 들어맞는다는 것을 알 것이다. 굵은 활자체의 교훈들과 각 장 끝의 리스트들과 함께 감동적인 이야기와 통찰력 있는 분석들은 탁월함에 대한 새로운 헌신을 불러일으킨다.
이 책은 끝없는 위기에도 불구하고 이질적인 개성을 가진 사람들로 팀을 만들어야 하는 오늘날의 경영진을 고무시키는 리더십의 문제와 해결책으로 가득 차 있다."

"만약 당신이 옛날식 리더십을—선두에서 지휘하는— 믿는다면 이것은 이상적인 책이다."

– 비즈니스 라이프

"이 책은 고위험 리더십의 본질에 대한 불굴의 본보기로 가득 차 있다. 본보기에 의한 리더십, 팀 빌딩과 큰 장애를 극복하고 스트레스를 받는 팀을 유지하기 위해 필요한 정신의 특성이 이 책 속에 잘 정의되어 있다. 이 책은 나의 우주 비행 감독관과 우주 비행 관제사들을 위한 필요한 읽을거리일 것이다."

– 진 크렌츠, 전임 나사 우주 비행 감독관, '실패는 옵션이 아니다' 저자

"새로운 모험의 위험들을 무릅쓰고 한 조직을 지도하는 과제에 직면한 사람에게 리더십의 원칙들을 보여주기 위한 독특하고 설득력 있는 기술. 이 책은 독자로 하여금 실패에 직면하는 것이 성공적인 결론에 대한 진짜 원동력이며 실패가 훌륭한 결과를 가지고 있다면 그것이 반드시 나쁜 결론은 아니라는 것을 깨닫게 해준다."

– 크리스 크래프트, 나사 초대 비행 감독관,<br>'비행: 우주 비행 관제 센터에서의 나의 생활' 저자

"나는 그 순간을 마치 내 자신이 산 것처럼 생생하게 기억한다: 어니스트 섀클턴이 내 앞에 서서 좌초된 인듀어런스호 승무원들에게 우리가 남극의 총빙을 가로질러 필사적으로 달아날 수 있도록 불필요한 무게의 모든 것을 버릴 것을 권고한다. 인듀어런스호 전설을 일종의 사례사로 이용해 마고 모렐과 스테파니 케이퍼렐은 섀클턴의 효과적인 방법을 13년간 분석한 것을 모험 이야기와 같은 일종의 리더십 핸드북으로 바꿔 놓았다. 그들은 성공적인 군사 지도자, 닷컴 기업가, 투자은행가, 교육자, 기업 임원, 그리고 심지어 우주비행사들이 어떻게 비교할 수 없는 그 남극 탐험가를 본보기로 삼았는가를 보여준다. 더 좋은 것은 그들이 나머지 우리들을 위해 그의 승리 전략들을 깔끔하게 성문화했다는 것이다."

**– 데이버 소벨, '경도와 갈릴레오의 딸' 저자**

# 섀클턴의 위대한 리더십

20세기 전설적 탐험가에게 배우는 최고의 리더십 강의

# 섀클턴의
# 위대한 리더십

마고 모렐, 스테파니 케이퍼렐 지음 | 김용수 옮김

Leadership
Lessons
from the
Great
Antarctic
Explorer

미다스북스

엘리슨과 제니

그리고

로즈, 네바와 수잔

우리들의 자매, 우리들의 가장 친한 친구들에게

# 서문
*preface*

나는 어릴 때 누군가가 나를 앉히고 할아버지인 어니스트 섀클턴 (Ernest Shackleton)에 관한 얘기를 해준 것을 기억하지 못한다. 아무튼, 언제나 그분이 위대한 남극 탐험가 중 하나였음을 알았던 것 같다. 나는 그분이 1922년, 47세의 나이에 세 번째 탐험대를 이끄는 동안 돌아가셨다는 것과 아버지 에드워드가 그 당시 10살이었다는 것을 알고 있었다. 나는 할아버지가 자랑스러웠지만 그분의 세계는 나의 세상에서 아주 멀리 떨어져 있는 것 같았다.

그러한 거리감은 1991년 내가 영국 해군의 유빙 감시선, 인듀어런스호 (HMS Endurance)에 승선해 남극에서 한 달을 보냈을 때 변했다. 인듀어런스호는 할아버지의 가장 유명한 탐험선 이름을 딴 것이다. "인내함으로써 우리는 정복한다(By Endurance We Conquer)"는 섀클턴 가문의 좌우명이다. 내게는 그 여행이 할아버지 시대로부터 울려 퍼진 순간들로 가득 차 있었다. 가슴에 사무치는 경이로운 경험이었다. 실제로 대부분의 사람들은 남극에 처음 방문했던 경험을 결코 절대 잊지 못한다. 그곳은 엄청난 장소이다. 새 인듀어런스호 함장이 웨델해 속 깊숙이 들어갔던 자신의 첫 남극 배치 근무에서 갓 돌아왔을 때 그를 만난 기억이 난다. 그는 남극대륙을 처음 만났던 때의 영혼을 가진 사람처럼 충격 받은 표정이었다. 그는 대륙에 접근함에 따라 자신의 눈앞에 펼쳐지는 광경이 너무나 엄청났기 때문에 브리지를 뿌리치고 떠날 수 없었다고 말했다. 나는 그의 말이 이해가 된다.

3년 뒤, 영국 해군은 나를 데리고 사우스조지아 섬 위에 버려진 포경기지 그리트비켄에 있는 할아버지 묘를 방문했다. 나는 근처의 또 다른 포경기지인 스트롬니스에서, 엘리펀트 섬부터 지도에도 없는 사우스조지아 내부 산악지대까지 걷는 장대한 보트 여행 끝에 1916년 5월 20일 어니스트 섀클턴과 그의 동료들이 도착한 것을 기념하는 명판을 제막할 예정이었다. 배가 컴버랜드 이스트 베이(Cumberland East Bay)에 접근했을 때 나는 할아버지가 보았을, 장엄한 노르덴숄드 빙하(Nordenskjold Glacier)의 푸른색과 인접한 경사지의 깜짝 놀랄 만한 연두색을 보고 있었다.

나는 범선들을 타고 자신의 해상 경력을 시작했던 할아버지를 놀라게 했을 배의 브리지 위에 서 있었다. 영국 군함 노포크호(HMS Norfolk)는 최첨단 센서와 통신 장비를 갖추고 링크스(Lynx) 헬리콥터 1대를 탑재하고 있었다. 그 군함의 중위와 나는 헬기를 타고 장엄한 노이마이어 빙하(Neumayer Glacier) 위로 날아갔다. 시속 80노트까지 몰아쳐서 항공기를 아래로 끌어내리는 일종의 "배수구"를 만드는 맹렬한 활강바람이 이곳에서의 비행을 종종 곤란하게 만들었지만 만사가 평온했다. 우리는 킹 에드워드 포인트(King Edward Point)에 차륙해 수비대의 환영을 받았고 묘지로 향하는 길에 올랐다. 작은 물개 1마리가 단호하게 우리의 길을 막았다. 그는 마치 우리들 중 누구를 더 미워하는지 결정할 수 없는 것처럼 나를 쳐다보고는 그 중위를 쳐다보았다. 그가 결정을 내리고 있는 동안 우리는 급히 갈라져 물개 주변을 돌아가 울타리가 쳐진 묘지의 안전한 곳으로 갔다. 할아버지의 묘는 산맥의 장엄한 배경 아래 반대쪽 끝에 놓여 있었다. 간단한 화강암 묘비 위에는 "사랑하는 어니스트 섀클턴 경을 추모하며, 탐험가, 1874년 2월 15일 생, 1922년 1월 5일 영생에 들다"라고 쓰여 있었다.

다음 날 노포크호는 스트롬니스 만에 정박했고 함장과 나는 헬기를 타고 육지로 날아갔다. 나는 포경기지에서 짧은 연설을 했고 명판은 기지 관리인 빌라 밖에서 제막되었다. 그것은 섀클턴의 프로필과 제임스 케어드(James Caird)호의 드로잉, 그리고 인듀어런스호 탐험대 이야기로 장식된 멋진 명판이었다. 그리고 나서 떠날 때가 되었다. 노포크호가 사우스조지아의 장관인 해안선을 남겨 두고 떠날 때, 나는 그전 어느 때보다 할아버지와 더 가까워진 느낌이 들었다. 사우스조지아는 재난을 승리로 바꾸는 그의 가장 위대한 업적을 목격했다. 그는 여기에 누워 있는 것이 지당하다.

최근 들어 어니스트 섀클턴 경에 대한 관심이 크게 급증했는데, 이 책이 그 대표적인 예다. 나는 섀클턴 리더십의 본질에 관한 마고 모렐(Margot Morrell)의 13년간의 인상적인 연구가 끝났을 때인 1997년에 그녀를 처음 만났다. 스테파니 캐이퍼렐(Stephanie Capparell)은 1998년 월스트리트저널지에 쓴 기사로 섀클턴에 대한 관심을 되살리는 데 도움을 준 경제부 기자이다. 어니스트 섀클턴의 리더십에서 기업이 배울 수 있는 교훈에 대한 그들의 결론은 성장하는 이 문학 작품에 대한 하나의 혁신적이고 탁월한 기여이다.

내가 결코 알지 못했던 할아버지는 이제 더 이상 멀리 떨어져 있지 않다.

*런던에서*

*알렉산드리아 새클턴(Alexandria Shackleton)*

*Fortitudine Vincimus*

새클턴은 오늘날
기업계 임원들에게 반향을 불러일으킨다.
리더십에 대한 그의 사람 중심의 접근법은
권위직에 있는 모든 사람에게 가이드가 될 수 있다.
오늘날의 지도자들 중 일부는 그들의 업무 상황에
새클턴의 방법들을 성공적으로 적용하고 있다.

# 목차

섀클턴이 가족에게 배운 가치들은 그의 독특한 진보적 리더십 스타일을 형성하는 데 도움을 주었다. 그는 노력을 통해 새로운 분야의 최전선으로 진출했다. 그는 나쁜 경험들을 귀중한 업무 교훈으로 바꾸었다. 또한 종종 협력을 요구하는 기업 풍토에서 존중하는 경쟁을 강조했다. 미국 해군 장관 리처드 단치히는 섀클턴의 광범한 문화적 관심을 사려 깊은 리더십의 주된 구성 요소로 간주한다.

섀클턴은 숙련된 일꾼들을 중심으로 승무원을 뽑았다. 그는 독특한 재능을 발견하기 위해 색다른 인터뷰를 진행했다. 그의 부대장은 가장 중요한 직원이었다. 그는 고용하는 사람들에게서 낙관주의와 명랑함을 찾았다. 그는 직원들에게 자신이 줄 수 있는 최고의 보상과 장비를 제공했다. 제임스 크레이머는 자신의 헤지펀드와 더스트리트닷컴을 이른 파멸에서 구한 것을 섀클턴의 낙관주의적 예의 공이라고 생각한다.

샤클턴은 행동하기 전에 주의 깊게 관찰했다. 그는 질서와 일상을 확립하여 모든 대원들이 자신의 위치를 알게 했다. 그는 전통적인 위계질서를 무너졌으며 직원을 다루는 데 공평했다. 그리고 비공식적 모임을 이용해 단결심을 확립했다. 도널드슨, 러프킨 앤 젠레트사(DLJ)의 선임 고문 에릭 밀러는 샤클턴의 전략이 오늘날의 직장에 잘 들어맞는다고 생각한다.

샤클턴은 본보기로 이끌었다. 그는 선원들의 기벽과 약점들을 이해하고 받아들였다. 또한 비공식적인 일대일 대화를 이용해 부하들과의 유대를 구축했다. 그는 다른 사람들이 일을 끝내는 것을 항상 기꺼이 도왔다. 그는 어떻게 대원 각자가 자신의 잠재력에 도달하도록 도왔는가? 루크 오닐은 개인적 성취에 관한 샤클턴의 메시지를 실천하기 위해 뉴잉글랜드에서 샤클턴 스쿨을 운영하고 있다.

샤클턴은 자신이 성공을 책임지며 성공하는 데 자신이 있다는 것을 모든 사람들이 알게 했다. 그는 모든 사람들에게 낙관주의를 고취시켰고, 그는 불평분자들을 가까이 둠으로써 반대 의견을 가라앉혔다. 그는 모든 사람들을 과거에서 벗어나 미래에 집중하게 만들었다. 그리고 그는 사기를 북돋우기 위해 애썼다. 그러나 때로 아무 것도 하지 않음으로써 이끌었다. 옥토사의 제레미 라르켄은 샤클턴을 위기에 직면하는 총명한 리더십의 모델로 간주한다.

# PART 1

# 위대한 리더십은
# 어떻게 만들어지는가?

그는 본질적으로 어떤 것도, 누구도 두려워하지 않는 투사였다.
게다가 그는 친절함과 관대함이 넘쳐흐르고
자신의 친구들 모두에게 다정하고 충실한 인간이었다.

루이 베르나치, 디스커버리호 탐험대 물리학자

**최초의 승무원들**

섀클턴은 퀘이커 교도와 아일랜드의 전통이 섞인 가정에서 8명의 누이들과 1명의 형제 사이에서 자랐다. 양육 환경은 진보적이고 세심하고 효과적인 그의 리더십 스타일을 형성하는 데 도움을 주었다.

좌로부터, 1880년 무렵의 사진에서: 케슬린, 에델, 클라라, 에이미, 엘리노어, 앨리스, 글래디스, 그리고 헬렌. 어니스트는 맨 위에 있고 프랭크는 앞에 앉아 있다.

## 리더십 스킬을 발전시키는
새클턴의 방식

- 타인들에 대한 동정심과 책임감을 가져라. 당신은 아랫사람들의 생활에 스스로 생각하는 것보다 더 큰 영향력을 가지고 있다.

- 당신이 일단 진로에 대한 결정을 내렸다면 고된 학습 기간 동안 끝까지 참아라.

- 직장에서 긍정적 환경을 만드는 데 도움이 되는 역할을 하라. 긍정적이고 쾌적한 직장은 생산성에 중요하다.

- 보편적 경험 이상으로 자신의 문화적, 사회적 시야를 넓혀라. 다른 관점에서 사물을 보는 법을 배우면 직장에서 문제를 해결하는 데 있어 더 큰 융통성을 발휘할 수 있다.

- 급변하는 세상에서 새로운 기회들을 붙잡고 새로운 기술을 배우기 위해 기꺼이 새로운 방향으로 나아가라.

- 좌절과 실패를 이용하는 방법을 찾아라.

- 대담한 비전을 품고 신중한 계획을 세워라. 새로운 것을 과감하게 시도하되 제안에 충분히 주의를 기울여 당신의 아이디어가 성공할 수 있게 하라.

- 당신과 타인들이 범한 과거의 실수로부터 배워라. 때때로 최고의 교사는 나쁜 상사와 부정적 경험이다.

- 어떤 대가를 치러서라도 목표에 도달하기를 결코 고집하지 마라. 목표는 당신의 직원에게 부당한 어려움 없이 적절한 비용으로 달성되어야 한다.

- 경쟁자들과 공개적 분쟁에 휘말리지 마라. 차라리 예의 바른 경쟁에 참여하라. 당신은 언젠가 그들의 협조를 필요로 할지 모른다.

"용기와 의지력은 기적을 만들 수 있다.
나는 그가 성취했던 것보다 더 나은 예를 알지 못한다."

– 로알 아문센, 노르웨이 탐험가이자 남극점 발견자

탐험가로서 인기가 절정에 달했을 때, 어니스트 섀클턴은 시상을 위해 자신의 소년 시절 모교인 런던의 덜위치 칼리지(Dulwich College)에 초청을 받았다. 학생들의 환호 속에 그는 자신이 마치 덜위치 상을 타는 것 같다고 농담했다.

실제로 섀클턴의 어린 시절은 다가올 영광의 가능성을 거의 보여주지 않았다. 그 탐험가의 친구이자 멘토였던 초기 전기 작가 휴 로버트 밀(Hugh Robert Mill)은 섀클턴의 어린 시절에서 그가 남극에 갈 것이라는 유일한 징후는 분명히 "적도 남쪽 그리고 때로는 위험스럽게 극지에 가까운" 그의 학급 석차였다라고 농담했다. 덜위치에서 연설할 당시, 학생 잡지와 인터뷰를 했던 어느 교사는 어린 섀클턴을 "구르는 돌"로 기억했다. 학생들과 교사들 모두 그 소년을 게임보다는 책에 더 흥미가 있지만 공부에는 곤욕을 치렀던 내성적인 학생으로 알고 있었다. 그의 성적표에서는 "그는 더 잘할 수 있을 것이다."라는 문구를 흔히 볼 수 있었다.

한 급우는 막 형성되고 있던 섀클턴의 기미를 보았다. 그는 40년 전, 작은 소년을 괴롭히고 있던 어느 학교 불량배를 어린 섀클턴이 어떻게 때려 눕혔는지를 기억해냈다. 어릴 때부터 섀클턴은 보호자 역할에 강하게 이끌렸고, 전면에 나서서 페어플레이를 주장했다.

어니스트 헨리 섀클턴은 큰 형님(big brother) 기질을 타고난 사람이었다. 그는 1874년 2월 15일 아일랜드 킬데어 카운티(County Kildare) 킬케어(Kilkea)에서 10명의 자녀들 중 둘째로 태어났다. 그는 청회색 눈에 검은 머리칼을 가진 건강하고 잘생긴 소년이었다. 그의 가족과 가장 가까운 친구들은 그를 유머가 있고 상상력이 풍부하며 장난기 넘친다고 보았다. 모든 이들의 말에 의하면 그는 자상한 여성들에 둘러싸인 애정 어린 가정에서 자랐다. 그의 여덟 누이들과 더불어 할머니와 숙모들은 종종 어머니의 육아를 도와주었다. 시간이 지난 후, 많은 사람들이 그의 강한 여성적 감수성에 관해 말했던 것은 전혀 놀랄 일이 아니다. 건장한 체격, 엄청난 체력, 그리고 강인하고 진지한 태도에도 불구하고 그는 자상하고 온화하고 타인의 약점을 빨리 용서하고 대가를 바라지 않는 관대한 태도를 지닐 수 있었다. 한 친구는 그를 "어머니의 심장을 지닌 바이킹"이라고 불렀다. 남성과 여성들 모두 섀클턴에 내재된 이러한 거부할 수 없는 이중성을 보았다. 섀클턴 자신도 그것을 알고 있었다. "나는 가슴속에 남자다움뿐 아니라 여성적 요소를 가진 특이한 혼합체의 일종이다... 나는 행동에 늘 옮긴 것은 아니어도 마음속으로는 온갖 종류의 범죄를 저질러 왔고 물론 그에 대한 걱정도 별로 하지 않지만, 그럼에도 불구하고 나는 어린아이가 고통을 당하는 것을 보거나 어떻게든 옳지 못한 것을 보는 것을 혐오한다."

## 섀클턴은 리더십 스타일을 형성하는 데 도움이 된 광범하고 동정적인 세계관을 가족으로부터 배웠다.

3회에 걸친 섀클턴의 독자적 탐험 중 2회에서 의사였던 닥터 알렉산더 맥클린(Dr. Alexander Macklin)의 말에 의하면 섀클턴의 가정에는 각각 다른 성격들을 가진 인물들이 있었다. 그는 섀클턴의 어머니 헨리에타 게이번(Henrietta Gavan)은 "마음이 따뜻하고 전적으로 태평스러운" 아일랜드 여성이었다고 적었다. 그녀는 인습에 얽매이지 않았고 남학생용 출판물인 '남학생 신문(Boys Own Paper)'을 계속 구독했다. 반면에 아버지 헨리는 "진지하고 신중하고 철저한 요크셔의 퀘이커 교도"였다. 섀클턴의 조상은 18세기에 아일랜드로 이주해 진보적 학교를 개교했다. 섀클턴 가문은 오늘날까지도 원칙에 입각한 광범한 유형의 개인주의를 지니고 있다.

섀클턴의 아버지는 킬데어 카운티의 비옥한 농지에 자신의 가족을 정착시켰다. 어니스트가 6살이었을 때 그의 아버지는 가족들을 데리고 더

블린으로 이주해 트리니티 칼리지(Trinity College)에서 의학을 공부했다. 그는 가정에 든든한 중산층의 안락함을 제공하는 직업인 의사가 되었다.

헨리 섀클턴은 외관상으로 억압적이지는 않지만 엄한 가정을 이끌었다. 집에서는 성경책이 큰 소리로 읽혔고 연극에 재능이 있었던 어린 어니스트는 그의 형제들을 아이들의 금주 운동으로 이끌었다. 그들은 선술집 밖에서 모여 알코올의 위험에 관한 노래들을 부르곤 했다. 그때 즈음 그 가족은 영국 국교회(Church of England)로 개종했으나 젊은이다운 그러한 행동주의는 퀘이커 문화의 흔적이 일부 남아 있었음을 암시한다. 19세기 후반에 퀘이커 교도들은 전 세계에 걸쳐서 낙태, 형법 개혁, 교육 개혁, 평화주의, 여성 참정권, 그리고 알코올이 가정 폭력과 빈곤의 주원인이라고 주장하는 절주 운동과 같은 다수의 진보적 정치 운동에 적극적이었다.

섀클턴은 그의 일생에 걸쳐 부하들에 대한 태도와 처우에서 시대를 앞서간 것으로 기술되었다. 그는 또한 자신의 누이들에게 언제나 자신을 표현하고 자신의 경력을 발전시키도록 고무했고, 그래서 그들은 화가, 조산원, 세관원, 그리고 작가와 같은 직업들을 택해 당대로서는 인상적으로 자급자족할 수 있는 여성들이 되었다. 성인이 된 섀클턴은 절주와 다른 종교적 관습들을 포기하고 자기 몫의 악덕 행위들을 받아들였다. 그러나 그는 신앙과 윤리 기준을 지켰고 사색적이고 정신적인 측면과 실제적이고 인본주의적인 책무의 균형을 잡았다. 만년에 섀클턴의 아내는 덜위치 졸업생들을 위한 일종의 자전적 기록을 썼는데 거기서 그녀는 남편이 "사회 복지 운동에 관심을 가지고 있었다"고 말했다. 궁극적으로, 리더로서 그의 권위는 자신이 이끌었던 부하들에 대한 그의 진정한 관심과 존경에 달려 있었다.

어니스트 섀클턴과 그의 아버지에게 공통점이 있다면 두 사람 모두 엄청난 열정으로 자신들의 관심사를 추구했다는 것이었다. 섀클턴의 아버지는 가정생활을 즐겼고 런던의 시드넘(Sydenham)에 있는 마지막 가정집에서 과학 교과서들을 탐독할 때보다 더 만족한 적이 없었다. 그는 32년 동안 그곳에 살면서 자신의 개업과 가족, 그리고 꼼꼼히 가꾸었던 장미 정원을 돌보았다. 그와 반대로 어니스트는 시와 바다를 사랑했다. 그는 잘 알려진 바와 같이 한곳에 머물지 못하고 모험을 찾아 지구의 양 끝으로 가게 될 운명이었다. 분명히 그는 의사가 되라는 아버지의 소망을 따르기를 원치 않았다.

그의 가족이 영국으로 이주했을 때 어니스트는 10살이었다. 그의 발음에는 아일랜드 뿌리의 억양이 남아 있었기 때문에 그는 좋든 나쁘든 언제나 외부인으로 식별되었다. 그의 영국-아일랜드 문화는 그로 하여금 관습, 파벌, 그리고 계층에 구애받지 않게 하면서 그가 독자적 사고방식을 형성하는 데 도움이 되었다.

영국에서 섀클턴은 처음으로 학교에 갔다. 그는 11살이었다. 그때까지는 그의 아버지가 집에서 그와 형제들을 교육했다. 처음부터 섀클턴은 형식적인 교실 환경에 다소 불편함을 보였고 그 속에 오래 머물 운명이 아니었다. 그의 최초의 학교는 런던 남쪽의 크로이던(Croydon)에 있는 퍼 로지(Fir Lodge)였다. 섀클턴의 급우들은 그를 괴롭혔고 그와 또 다른 아일랜드 소년을 부추겨 성 패트릭의 날(St Patrick's Day, 3월 17일. 아일랜드 수호성인 기념일—역자 주)에 서로 싸우게 했다. 그 소년들은 섀클턴에게 "미키(Micky)"라는 별명을 붙여주었는데, 그는 그것을 평생 받아들여 아내와 가까운 친구들에게 쓴 편지에 그와 같이 자신의 이름을 서명했다.

13살 때 섀클턴은 주로 전문직 종사자의 자녀들이 통학하던 남학교인 덜위치 칼리지에 보내졌다. 그는 학교 수업에 미숙하고 부주의하다고 여겨졌기 때문에 종종 한 살 더 어린 학생들과 함께 배치되었다. 한 교사는 어린 섀클턴이 "각성을 원한다"고 보고했고 또 다른 교사는 "그는 아직도 완전히 전념하지 못했다."라고 예측했다. 섀클턴이 유명한 탐험가가 된 후 그를 만난 어느 교사는 "당신이 덜위치에 있었을 때 우리는 당신을 결코 발견하지 못했다."라고 고백했다.

섀클턴은 동정심 어린 어조로 대답했다. "맞습니다. 하지만 나도 그 당시에는 자신을 발견하지 못했습니다."

섀클턴은 학교는 사물을 흥미롭게 만들지 못한다고 불평했다. 지리학은 "도시들의 이름, 곶과 만과 섬들의 목록"이라고 그는 말했다. 더 나쁜 점은 지리학이 위대한 시인과 작가들을 데려가 그들의 작품을 "해부하고 문장을 분석함으로써" 그것들을 지루하게 만들어버렸다는 것이었다. 섀클턴은 전형적으로 변덕이 심한 10대처럼 보였지만 그는 결코 파괴적이거나 반항적이지 않았다. 대신 그는 탈출을 꾀했다. 15살 때 그는 해상생활을 하기 위해 집을 떠날 것이라고 발표했다. "나는 자유롭기를 원했다."라고 그는 나중에 썼다. "나는 내 천성과 전혀 맞지 않고 따라서 내

성격에 아무 도움이 되지 않는 일상에서 탈출하고 싶었다. 오리가 물에 의존하는 것처럼 일부 소년들은 학교에 의존한다. 일부 소년들에게는 그들이 그것에 의존하든 않든 그 훈련은 좋은 것이다. 하지만 소수의 거친 기질을 가진 소년들에게 그 체계는 그들을 짜증나게 하고 좋지 않다. 그들은 더 빨리 세상 속으로 내던져질수록 그만큼 더 낫다. 나는 그런 소년들 중의 하나였다."

그 결정은 헨리 섀클턴에게 큰 고통을 주었지만 그는 자기 아들의 길을 막지는 않았다. 오히려 그는 가족의 연줄을 이용해 그가 괜찮은 캐빈보이(cabin-boy, 고급 선원과 선객의 당번 사환—역자 주)직을 얻는 것을 도와주었다. 섀클턴의 어머니는 그가 나중에 전혀 후회하지 않도록 꿈을 추구하라고 격려했다.

섀클턴은 상선대에 들어가 마침내 그 직무의 엄격하고 자유분방한 상업 문화를 배웠다. 그는 학교에 통보했지만 1890년 봄 학기까지 마치며 자신의 자리가 정해지기를 기다렸다. 일단 목표와 목적을 정하자 그는 마침내 공부에 전념할 동기를 부여받았다. 그는 학생으로서 두각을 나타내기 시작했고 31명의 소년들로 구성된 학급에서 5위까지 뛰어올랐다. 그것은 그의 교사가 그에게 필요하다고 말했던 그 각성이었다. 그 학기를 마친 뒤 그는 리버풀로 여행을 가 대형 범선 호튼 타워호(Highton Tower) 선원들과 합류했다.

### 섀클턴은 일단 선택을 한 뒤에는
### 자신의 의무를 끝까지 이행했다.

섀클턴은 바다에서 보낸 4년의 견습 기간의 대부분을 향수병에 시달렸고 불행했다. 그는 자신을 지켜주었던 대체로 여성적인 경건한 가정의 품을 떠나 비정한 선원 세계 속으로 자신을 내던졌다. 당초에 계속 머물러야 할 계약상의 의무는 없었으나 그는 그만두기를 거부했다. 그는 어려운 견습 기간을 마치고 경력을 시작하기로 결심했다. "나는 이 고된 일의 결말이 무엇인가에 관해 명확하게 생각해 본 적은 없었지만 장차 다가올 엄청난 큰일, 모험 세계에서의 큰일을 꿈꾸었다."라고 말했다.

그 일은 섀클턴이 학교 책상에서 꿈꾸었던 어떤 것보다도 더 고되었다. 그는 갑판을 물걸레로 닦고 놋쇠에 광을 내고 등이 부러지게 짐을 싣고 내리는 작업을 했다. 전기 작가 밀(H. R. Mill)은 인도에서 선적할 쌀을 들어올려 그것을 모리셔스(Mauritius, 아프리카 동쪽의 섬나라, 수도 Port Louis—역자 주)까지 가져가는 한 가지 임무를 다음과 같이 기술했다. "매일 무게가 각각 170파운드 나가는 2,600개의 쌀자루를 실어 하나하나 갑판을 따라 이 손에서 저 손으로 전달해야 하는 끔찍한 일이었다." 그 거친 쌀자루들이 섀클턴의 양손에서 터져 두 손이 심하게 멍들어 그는 집에 보내는 편지에서 자신이 그렇게 간단하게 그리고 서툰 글씨체로 쓸 수밖에 없는 것에 대해 사죄했다. "그런 화물 선적 시스템은 그 기계적인 업적으로 유명했기 때문에 빅토리아 여왕 시대의 마지막 10년 동안 심지어 대형 범선 위에서도 존재할 수 있었고 조금도 놀라운 것이 아니었다."

라고 밀은 적었다.

그것은 위험한 작업이었다. 선원들은 때로 수 주일 동안 배의 돛들을 갈가리 찢어버리고, 구명정들을 멀리 끌고 가버리고 선원들을 이리저리 내던져버리는 맹렬한 폭풍우에 맞닥뜨렸다. 최악의 폭풍우가 몰아치는 동안 어린 소년들은 배 밖으로 쓸려 내려가지 않기 위해 배에 묶이곤 했다. 섀클턴은 가차 없이 부는 일련의 폭풍우 속에서 어느 선원이 쓸려가는 것을 보았다. 그 당시 사고로 9명의 선원들이 꼼짝없이 침대에 누워 있었고 섀클턴은 하마터면 떨어지는 삭구에 으스러질 뻔했다. 그는 젖은 옷을 입고 젖은 침대에서 몇 주를 보낸 뒤 요통이 생겼다. 그는 이질로 고생을 했다. 한번은 거친 파도가 이는 동안 배의 짐승 같은 놈들 중 하나가 무거운 자기 장화로 일부러 섀클턴의 발을 짓눌러 뭉갰다. 섀클턴은 갑판으로 내려가 그 자의 다리를 물어뜯고는 놓지 않았다. 그 후로 그는 혼자 내버려졌다.

섀클턴은 선원들의 참을 수 없는 수많은 요소들을 발견했다. 집에 보내는 소년의 편지가 흔히 윤색되는 것을 감안한다 하더라도 그는 자신을 둘러싸고 있는 음주, 욕설 그리고 도박을 얼마나 혐오하는가에 관해 부모에게 몹시 푸념했다(그는 담배를 피웠다는 것을 시인했다). 항구는 한숨 돌릴 여유를 전혀 제공하지 않았다. 항구는 그 소년에게 지저분하고 난폭한 장소여서 섀클턴은 선상에서 별들 아래에서 저녁을 보내고 자연의 아름다움 속에서 위안을 찾았다. 그는 한 편지에서 나음과 같이 석었다. "간밤에 우리가 보았던 스러져가는 붉은 색과 황금색 일몰의 색깔을 포착할 수 있다면 많은 화가들은 자신이 가진 것의 반을 내주었을 것이다… 내 말은 당신이 힘의 외투를 입고 있는 자연을 보기를 원한다면 바다의 폭풍우를 보고, 영광의 외투를 입고 있는 자연을 보기 원한다면 바다의 일몰을 바라보라는 것이다."

섀클턴은 첫 임무 때 배려심 많은 선장 휘하에서 일했는데 그는 견습 선원들을 자신의 만찬 식탁에 초대해 자기 선실에서 찬송가를 부르는 주일 모임을 열었다. 놀랍게도 그 분위기가 너무 좋아서 섀클턴은 동료 선원들의 괴롭힘 없이 성경을 읽을 수 있었다. 심지어 몇 명은 그와 함께 읽었다.

그러나 그의 다음 선장은 훨씬 덜 친절했고 훈련이 덜 된 데다 더 고된 작업을 요구하는 배를 몰았다. 섀클턴의 성경 공부는 그를 남들의 조롱거리로 만들었다. 따라서 그는 보다 은밀하게 신심을 실천하기 시작했고 자신의 행동으로 믿음을 대변했다.

그의 세 번째이자 마지막 견습 항해 즈음에 그는 심한 향수병에 걸렸다. 2년의 여행에서 고통을 덜기 위해 섀클턴은 엽서를 제외하고도 집으로 수백 통의 편지를 썼고 수백 통의 답신을 요구했다.

화물을 운반하는 쾌속 범선에서 4년의 견습 기간을 마친 뒤 섀클턴은 더 높은 직위로 승진하기 위해 2년마다 시험을 보기 시작했다. 20살 때에는 이미 그는 최상급 정기 여객선에서 3등 항해사 직을 얻었다. 24살 때에는 그에게 상선대의 모든 선박의 선장 복무 자격을 주는 선장 면허를 획득했다. 그는 성공을 추구할 한 가지 새로운 이유가 생겼는데 자기보다 몇 년 연상인 교양 있는 런던 사람 에밀리 도먼(Emily Dorman)과 사랑에 빠진 것이다. 그는 그녀와 결혼하기 위해 존경할 만한 직업과 재정적 보장이 필요했다.

  나이가 들어감에 따라 섀클턴은 더 자신에 찼고 더 많은 것을 요구하게 되었다. 그는 더 나은 근무 조건, 더 전도유망한 직업, 그리고 자신이 존경할 수 있는 동료들을 원했다. 그는 근면함, 빈틈없는 정치적 본능과 매력이라는 성공적인 조합 덕분에 자신이 원하던 것을 얻었다. 1899년 초 그는 명망 있는 유니언 캐슬 라인(Union Castle Line)에 입사했다. 섀클턴은 새 고용주가 자신을 더 야심찬 동료들과 연줄 좋은 승객들의 집단 속으로 넣어줄 것이라고 생각했다. 그는 계약을 맺기 위해 가차 없이 일했고 타인들에게 소개해달라고 청했다. 그는 멘토를 찾는 데 시간을 낭비하지 않았다. 탄탈론 캐슬호(Tantallon Castle)의 4등 항해사로 근무하는 동안 섀클턴은 부유한 제강업자 제럴드 리사흐트(Gerald Lysaght)와 만났고 그를 매료시켰다. 리사흐트는 25세 된 그 항해사의 "보기 드문 특성—능력과 결단력"에 매혹되었고 그가 위대한 일을 할 운명이라고 확신했다. 남은 생애 동안 섀클턴은 탐험에 대해 이 후원자의 재정적 지원의 혜택을 받았다.

  섀클턴의 특성의 힘은 또한 그의 상사들과 동료들에게 자석 같은 영향을 미쳤다. 다음 해, 섀클턴은 남아프리카에서 대영제국과 네덜란드 식민지들 간에 벌어진 보어 전쟁에서 싸울 군대를 수송하는 대형 증기선 틴타젤 캐슬호(Tintagel Castle)의 4등 항해사 직을 제안 받았으나 대신에 3등 항해사 직을 달리고 선징을 설득했다. 섀클턴은 요구받은 임부를 훨씬 능가하는 근무로 이름을 떨쳤다. 그는 배 위에서 사업을 경영하는 방법과 처신하는 법에 대한 자신만의 아이디어를 개발해왔다. 그는 또한 전문적 목표에 대한 감을 잡기 시작했다.

새클턴은 그 배의 선의 닥터 맥클린(Dr. W. McLean)과 함께 공저로 자신의 경험에 관한 책을 한 권 쓰기로 결심했다. '공용문서: 틴타젤 캐슬호 항해 기록: 1900년 3월, 사우샘프턴에서 케이프타운까지 지원자 1,200명 수송하기'라는 이 책의 다루기 힘든 제목은 그들의 임무의 일부를 말해주고 있다. 그가 엄청난 성공을 거둔 작가 키플링(Rudyard Kipling, 1865-1936년, 노벨 문학상을 수상(1907)한 영국 소설가—역자주)에게 그 책을 위해 서시 한 편을 써 달라고 대담하게 청했을 때 키플링은 "나는 당신을 위해 최선을 다하겠습니다."라고 호의를 보였다. 새클턴은 그에게 그들이 만난 때를 말하면서 그 작가의 말을 인용했다. 어떤 것도 운에 맡긴 적이 없었던 새클턴은 그 책이 저술되기도 전에 그것을 독자들에게 판매했다. 그는 자신에게 상당한 수익을 보장하는 2,000건의 선주문을 받았다. 1900년 말 그 책이 출간되었을 때 자신에 찬 새클턴은 여왕을 위해 한 권을 특별히 제본했다.

새클턴이 믿을 수 없는 정력으로 유명한 탐험가가 된 후에도 그는 자신이 어떻게 해상 생활의 어려운 시작을 헤쳐 나갔는지를 자부심을 가지고 말하곤 했고 그가 과거에 겪어본 고되었던 견습 선원 시절을 언제나 동정하는 것 같았다. 불행했던 견습 시절은 그를 단련시켰고 동시에 병들거나 불행해지거나 또는 향수병에 걸린 사람들을 더 동정하게 만들었다. 그는 결코 잊을 수 없는 다른 교훈들을 배웠는데 그것은 훌륭한 상사는 일의 부담을 덜어줄 수 있고, 사용 가능한 최선의 도구를 사용하기를 거부하는 것은 일하는 사람들에게 부당하게 부담을 준다는 것과, 한 사람이 전체 작업 환경을 바꿀 수도 있다는 것이었다. 섀클턴은 또한 자신에 관해서도 배운 것들이 있었는데 그가 문명세계에 대한 애정보다 때로 더 강한 자연에 대한 애정을 지니고 있다는 것과 자신이 주목받는 것을 좋아한다는 것, 큰 성공을 갈망한다는 것이었다.

## 그가 했던 모든 일에서 섀클턴은 선원들의 사기를 북돋우었다.

섀클턴이 틴타젤 캐슬호에 합류했을 즈음에는 보다 활기찬 그의 측면이 드러났다. 그는 선상 사기의 중요성을 절실하게 염두에 두게 되었다. 그는 적대적이거나 천박한 분위기 속에서는 일할 수 없었고 남들도 역시 그러지 않을까 생각했다. 그러나 그는 자신이 젊었을 때 시도했던 것처럼 다루기 힘든 선원들을 변화시키려고 애쓰지 않았다. 26살 즈음에는 그는 선원들을 예의바르게 행동하게 만드는 더 나은 방법을 발견했다.

틴타젤 캐슬호에서 섀클턴은 자원해서 군 장교들에게 신호법을 가르쳤다.

배는 일하기에 불쾌한 장소의 하나였다. 그 배는 군대와 선원들로 극히 혼잡했고 배의 장교들은 훈련을 엄격히 감독했다. 선원들은 사기가 떨어졌다. 섀클턴은 스포츠와 연주회, 그리고 적도를 횡단할 때의 전통의 하나인 해신의 왕래를 정성들여 상연하는 것 같은 동료들을 위한 오락을 계획하는 책임을 맡았다. 섀클턴의 노력은 선원들의 사기를 북돋앉고 한 선원의 말에 따르면 그는 그 배의 "생명이자 영혼"이 되었다. 섀클턴에 관해 최초로 그렇게 말했던 때였지만 마지막이 되지는 않을 것이었다. 그는 별명을 지어주고 여러 가지 활동을 조직하는 것, 허튼 소리를 하는 것과 어느 정도 진지한 실험을 좋아하는 성향 때문에 그가 복무했던 모든 배 위에서 알려질 것이었다. 수년간에 걸쳐서 섀클턴은 또한 사무실, 기금 모금 만찬 행사, 기자회견 등과 같은 다양한 토론회에서 재미있게 연설을 하는 진정한 재능으로 사람들을 연결하는 능력을 발전시켰다. 그러나 그는 아마도 타고난 붙임성 있는 자질을 실제보다도 더 인정받았다. 이 모든 징후는 그가 대중을 위한 페르소나를 만들기 위해 열심히 노력했다는 것이었다. 그는 사람들이 좋아하고 그 주위에 있고 싶어하고 돈을 주고 싶은 사람이 되는 것이 자신의 성공에 얼마나 중요한가를 알았다. 그러나 섀클턴은 책들과 함께 홀로 있기를 갈망하고 활짝 열린 공간들의 평온과 고요를 즐기는 일면을 유지했다.

**섀클턴은 생의 모든 여정을 위한
지혜와 지침을 발견하기 위해 폭넓게 독서했다.**

섀클턴은 그의 단축된 정규 교육으로 인해 그가 갈망하는 부와 권력의 세계에서 불리한 입장에 처하지 않기로 결심했다. 그는 항해술과 선박 조종술, 그리고 승진 시험에 합격하기 위해 그가 필요로 하는 것은 무엇이든지 독학했다. 더 중요한 것은 그는 폭 넓은 문학 작품을 읽었다는 것이다. 친구 하나는 틴타젤 캐슬호에 있는 섀클턴의 선실을 다음과 같이 묘사했다. "한쪽에는 책상이 하나 있고 그 뒤의 벽은 친구들 사진으로 덮여 있고 다른 벽 위에는 박식한 주인의 서명들이 있는 책장이 있는데, 거기서 나는 항해술에 관한 책들뿐 아니라 셰익스피어, 롱펠로우, 다윈, 그리고 디킨스를 보았다." 섀클턴은 상선대에 복무하면서 지구를 십자형으로 횡단했고 유럽, 남미와 극동, 중동, 중국, 아프리카, 그리고 미국을 방문했다. 그러나 그의 책처럼 그의 마음을 광대하고 풍요롭고 복잡한 세상으로 개방시켜 준 것은 아무것도 없었다. 책은 그를 자신의 개인적 경험의 범위 너머로 데려가주었다.

섀클턴은 평생 역사와 시를 공부했다. 한 인터뷰에서 그는 활기가 없없던 학생이 어떻게 그렇게 열정적 독자가 되었는지 넌지시 말했다. "나는 전투와 포위 공격, 그리고 제국과 퇴위의 기록에는 별로 마음이 끌리지 않았지만 자유롭기 위해 투쟁하는 민족, 자국 선원들을 미지의 바다 속으로 보냈던 모험 국가들과 식민지 건설과 탐험의 역사에 관한 기록들에는 마음이 끌렸다."

에밀리 도먼을 만나 배움에 대한 그의 열망은 한층 강화되었다. 그녀는 그에게 박물관, 미술, 그리고 여러 가지 강연을 소개했고, 섀클턴의 남은 생애 동안 그에게 특별한 등대가 되어준 로버트 브라우닝(Robert Browning, 1812-89, 영국의 시인)의 시에 대한 깊은 이해를 그의 마음속에 심어주었다. 섀클턴의 아버지는 이미 그의 마음속에 빅토리아 여왕 시대 말기에 너무나 유명했던 영국의 계관 시인 알프레드 로드 테니슨(Alfred Lord Tennyson)에 대한 애호를 고취시킨 바 있었다. 섀클턴에게 브라우닝과 테니슨은 그의 세계를 가리키는 두 개의 주요 나침반이었다. 테니슨의 견해는 부드럽고 수동적이었고 브라우닝의 견해는 대담하고 생존을 갈망했다. 전기 작가 해롤드 베그비(Harold Begbie)는 "내가 브라우닝에게서 발견한 것은 일관된 자발적 낙관주의이다."라는 섀클턴의 말을 인용했다. "지금까지 그보다 더 눈부신 대답으로 우주의 수수께끼에 맞선 시인은 아무도 없었다. 그는 우주가 인간에게 기대하는 것—용기, 인내, 믿음—존재의 선성에 대한 믿음—을 알고 있다."

섀클턴은 다양한 주제의 책을 읽음으로써 넓은 관심사를 통해 수많은 사람들과 쉽게 연결될 수 있었다. 몇 년 뒤 얼음 위에 좌초되었을 때 그는 대원들을 자극해 상이한 유형의 사랑, 동방 정교회와 가톨릭교회 간의 차이점, 미국에서의 흑인들의 처우와 같은 것에 관한 토론을 하도록 했다. 그의 부하들 중 하나인 라이오넬 그린스트리트는 그에 관해서 다음과 같이 말했다. "나는 그가 언제나 솜씨 있게 구절을 인용해 특별한 행사나 일어난 사건을 가득 채우는 방식을 한없이 부러워했다."

### 섀클턴은 기회를 붙잡을 준비를 하고서 새로운 수평선을 지켜보았다.

섀클턴은 벨지카호(Belgica, 벨기에의 남극 탐험선—역자 주)가 남극으로 가는 최초의 과학 탐험대가 되어 그 지역의 사진을 최초로 찍을 계획을 가지고 1897년 12월 칠레의 푼타아레나스(Punta Arenas)를 떠났다는 매력적인 뉴스를 세상 사람들과 함께 읽었다. 이 사건은 그의 인생을 완전히 새로운 길로 인도했다. 그는 남극 탐험의 잠재력과 예상되는 인기를 간파했고 새로운 기술을 습득하기 시작했다. 1899년, 그는 왕립 지리학회(Royal Geographic Society)에 가입해 탐험 문화에 노출되었다.

1900년, 별개의 과학 학회인 왕립 지리학회와 왕립 협회(Royal Society)가 영국이 자국의 국립 남극 탐험대에 자금을 제공해야 한다고 결정했을 때 섀클턴은 준비가 되어 있었다. 그는 즉각적으로 강력한 캠페인을 시작했다. 새로운 세기가 밝아오고 있었고 그와 같이 야심만만한 사람들은 끝없는 가능성과 변화가 일어나고 있음을 보았다. 전기는 가정 생활과 산업에 대변혁을 일으키고 있었다. 증기선들은 대형 범선들을 거의 대체했다. 극지 탐험과 함께 처음으로 세계의 구석구석이 알려질 것이었다. 그리고 남극의 얼음이 귀중한 자원들을 덮고 있다는 추측으로 인해 탐험이 부에 이르는 지름길인 것처럼 생각되었다.

탐험가와 과학자들이 만든 진보는 21세기 초 기술의 확장으로 인한 사이버 공간으로의 이동에서 느꼈던 것과 비슷한 종류의 흥분을 불러일으켰다. 새로운 미지의 세계가 손에 잡히고 있었고, 그것과 함께 돈과 명성을 쉽게 얻을 수 있고 누구나 그것들을 얻으려고 시도한다는 의식이 팽배해 있었다. 세상은 점점 더 빨리 움직이는 것처럼 보였다.

섀클턴의 선원들 중 하나인 토머스 오드 리즈는 1915년, 한 세기 후에 세상이 어떤 모습일까 상상했다. "2015년의 탐험가들은, 탐험할 것이 남아 있다면, 틀림없이 무선 망원경이 달린 포켓 무선전화기를 휴대할 뿐 아니라 무선으로 음식물과 온기, 모터 썰매의 추진력을 제공받을 것이며 그때에는 또한 비행기로 매일 양극으로 여행을 갈 수도 있을 것이다."

샤클턴은 언제라도 자신의 오랜 경력을 뒤로하고 떠날 준비가 되어 있었다. 그의 마지막 상용 항해는 지금까지 승선했던 것 중 가장 큰 배인 희망봉행 여객선 캐리스브룩 캐슬호(Carisbrooke Castle)에 승선한 것이었다. 1901년 초 그가 2개월 동안의 여행에서 돌아왔을 때 그는 자신이 로버트 스콧이 지휘하는 남극 탐험선 디스커버리호(Discovery)의 하급 사관으로 임명되었다는 소식을 들었다. 그 소식은 샤클턴을 기쁘게 했다. 그는 즉각적으로 세상의 주목을 받았는데 거기서 그는 대중을 다루고 언론의 환심을 사는 자신의 재능을 증명해 보였다.

디스커버리호는 1901년 7월 31일 38명의 대원들과 함께 남극을 향해 출항해 이듬해 초 맥머도 지협(McMurdo Sound, 남극 대륙 빅토리아 랜드 북쪽의 로스해 후미의 만-역자 주)에 도착했다. 선원들의 흥분이 활기 넘치는 항해에 이바지했다. 샤클턴은 숙련된 선원이라는 점에서 대부분의 다른 젊은 사관들보다 유리한 입장에 있었다. 남쪽으로 향한 장기 여행은 연료 보급 문제를 제기했기 때문에 탐험선들은 돛과 증기 기관의 조합을 이용했다. 그의 동료 선원들 대부분은 증기선에서 훈련받았기 때문에 돛을 이용한 항해 기술을 배워야 했다.

샤클턴은 과학 실험을 수행하는 법을 배워야 했다. 왕립 지리학회의 다재다능한 과학자 밀(H. R. Mill)은 선원들에게 과학을 가르치기 위해 멀리 마데이라 제도(Madeira, 대서양상의 포르투갈령 군도, 수도 풍샬 [Funchal]-역자 주)까지 항해했다. 그는 샤클턴에게 염분의 양, 물의 밀도를 측정하는 법과 다른 시험들을 실행하는 법을 가르쳤다. 그는 샤클턴이 과학적 작업이 요구하는 정밀성에 있어서는 참을성이 없지만 그 외에는 비판을 잘 받아들이는 좋은 학생임을 알았다.

샤클턴은 디스커버리호 선원들에 의해 또 다시 그 배의 "생명과 영혼"이라고 불려졌다. 그는 선원들을 분발시켰고 럼주 통으로 만든 바퀴가 달린 썰매와 같은 발명품들로 그들을 즐겁게 했다. 그는 시종 특출한 일을 했다. 그는 식물을 발견한 최초의 탐험 대원이었고 에드워드 7세 랜드(Edward VII Land)라고 불린 새 육지를 최초로 발견했으며 그 배의 간행물인 사우스 폴라 타임스(South Polar Times)를 편집하는 멋진 일을 했다. 그는 또한 선원들이 썰매로 짐을 나르는 최초의 노력의 비효율성을 연구한 뒤 썰매 짐 꾸리는 작업을 개선했다. 그 배에 타고 있었던 루이 베르나치와 밀은 27세 된 그 신출내기 탐험가에게 반한 나머지 두 사람 모두 그의 사후에 그의 비상한 리더십 능력에 관해 썼다. 평생 동안 샤클턴의 가까운 친구가 되었던 밀은 귀중한 전기를 썼다.

스콧은 1902년 11월에 시작되었던, 남극점까지 갔다가 돌아오는 1600마일의 트레킹을 시도하는 "위대한 남쪽으로의 여정"에 샤클턴과 탐험대 의사 에드워드 윌슨(Edward A. Wilson)을 택해 동행하도록 했다. 남극의 추위 속에서 위험한 지역을 가로지르는 긴 행군은 추가적인 열과 체력을 증진시키는 여분의 음식물을 요구했다. 그러나 스콧은 썰매 위의 짐을 가볍게 만들기 위해 인색할 정도로 식량을 아꼈다. 크리스마스 즈음에 세 사람 모두 괴혈병의 징후를 보였다. 그들은 그해 마지막 날 남극점에서 460마일 모자란 곳에서 되돌아와야만 했다. 특히 샤클턴은 사투를 벌이고 있었다. 굶주림과 괴혈병에 더해 그는 심장과 폐 질환으로 생각되는 병으로 고통받고 있었다. 흠뻑 젖은 세 사람은 1903년 2월 3일 가까스로 배로 돌아왔다. 병에 걸린 동료에 대해 동정심이나 책임감을 느끼기는커녕 스콧은 행군의 실패를 섀클턴의 병 탓으로 돌리는 듯했다.

디스커버리호 탐험대는 총체적으로는 남극 탐험을 진전시켰을지 모르나 2년의 노력에 대해서는 구체적으로 보여줄 것이 거의 없었다. 무엇보다도 나쁜 것은 탐험 초기에 사고로 선원 1명이 사망했다는 것이었다. 전반적으로 스콧은 자신의 공식적 해군 훈련을 낯설고 혹독한 환경에 적응시키는 것을 꺼려했거나 할 수 없었다. 예를 들면 남극에서 멀리 떨어진 바다에서 꽁꽁 얼어붙은 상태에서 그는 매주 일요일마다 갑판 위에서 공식 사열을 시행했다. 그는 또한 물이 판재에 닿자마자 얼어붙는데도 선원들에게 갑판을 닦도록 시켰다.

섀클턴이 디스커버리호 선원들이 기록했던 많은 기여를 했음에도 불구하고 탐험 중간쯤인 1903년 3월 스콧은 섀클턴에게 자발적으로 구조선을 타고 집으로 돌아갈 것을 요구했다. 그때쯤 섀클턴은 잘 회복하는 중이었기 때문에 저항했다. 그러나 스콧은 섀클턴이 스스로 병들었다고 분명히 언명하지 않았음에도 불명예스럽게 그를 돌려보낼 것이라고 위협했다.

## 섀클턴은 실패를 자신만의 행동을 취할 기회로 바꾸었다.

　섀클턴은 집으로 송환되는 것에 몹시 낙담했다. 탐험 기간 동안 발전된 스콧과 섀클턴 사이의 반감은 결코 개선되지 않았다. 그러나 섀클턴이 공개적으로 앙갚음한 적은 한 번도 없었다. 대신 그는 자신의 경쟁자보다 한 수 위였다. 그는 자신의 조기 귀환을 이용해 더 늦게 집에 돌아온 디스커버리호의 공을 빼앗았다. 그는 그 신비의 대륙 위에서 행했던 대담무쌍한 행동에 관한 극적인 이야기들로 대중을 매료시켰다. 섀클턴은 사람들이 그 남쪽 대륙에 관해 만족할 줄 모르는 호기심을 가지고 있다는 것을 알았고, 그것을 충분히 이용했다. 세인들의 관심은 탐험 계획 전문가로서 그의 평판에 광택을 내는 것을 도왔다. 그는 아르헨티나 정부가 폴렛 섬(Paulet Island)에 보급물자를 남겨 두기 위한 구조 탐험대를 계획하는 것을 도와달라는 요청을 받았다. 거의 비슷한 시기에 그는 러일 전쟁 동안 1만 명의 러시아 병사들을 전선에 체계적으로 수송하는 것을 도왔다.

　섀클턴은 탐험 경력을 더 발전시키기 위해 자신이 배우고 얻었던 것을 사용할 의도로 일련의 다른 일도 시도해 보았다. 그는 맨 먼저 저널리즘에 손을 대어 로열 매거진(Royal Magazine) 잡지사에서 원고를 편집했는데 그의 상사는 그의 매력에 홀딱 반했다. 편집장은 섀클턴의 열정과 창조적 사고는 어떤 직장에서도 매우 유용할 것이라고 말했다. "나는 그가 증권 중개인, 정육점 주인, 목수 또는 극장 지배인 등 누구에게라도 가서 일자리 하나 달라고 요청하더라도 일을 얻을 것이라고 확신한다."

라고 에버렛(F. W. Everett)은 설명했다. "그리고 이런 선량한 사람들 중 그를 고용한 것을 후회할 사람은 아무도 없을 것이다. 비록 증권 중개나 연기가 저널리즘만큼 그의 성미에 맞지는 않는다 하더라도 그는 어떻게 해서든지 그 일에서 이름을 떨칠 것이다... 그는 독창적이고 인습에 얽매이지 않는 독특한 아이디어들이 넘쳐흘렀는데 그것들은 실용적이든 아니든 언제나 자극적이고 도발적이었다."

샤클턴은 잡지사에서 일했던 3개월을 이용해 소중한 연줄을 맺었고 언론을 다루는 법을 배웠다. 그는 기사 한 편의 원고료를 디스커버리호 구조 기금에 기부했다. 스콧의 배는 남극의 얼음에 갇히게 되었고 1904년 2월 큰 비용을 들여 다이너마이트로 얼음을 폭파해 빠져나왔다.

왕립 지리학회에서의 연줄을 이용해 샤클턴은 그 후 에든버러로 이주해 왕립 스코틀랜드 지리학회(Royal Scottish Geographic Society)의 영향력 있는 간부가 되었다. 그는 거기서도 이름을 떨쳤다. 그 협회의 새 간사로서 그는 회원 수를 500명이나 늘린 공로를 인정받았다.

이때쯤 재정이 충분히 향상되어 1904년 4월 9일 그는 에밀리 도먼과 결혼했다. 그 부부는 계속해서 레이몬드(Raymond), 세실리(Cecily), 그리고 에드워드(Edward) 세 자녀를 얻었다. 에밀리는 가족 생활의 긴 이별과 혼란에 결코 익숙해지지 않았다. 여러 해 동안 그녀에게 보낸 샤클턴의 편지는 탐험을 포기한다는 반복된 약속과 그렇게 하지 않는 데 대한 반복된 사과로 가득 차 있다. 그럼에도 그 부부는 함께 지냈고 에밀리는 남편 사후에 결코 재혼하지 않았다.

샤클턴은 심지어 정치에도 손을 댔지만 실패했다. 그는 자신이 1906년

선거에서 던디(Dundee)의 자유 통일당원(Liberal-Unionist) 자격으로 의회 의원 입후보에 시도해 볼 만큼 인기가 있다고 생각했다. 그는 대중의 호감을 끌었으나 표를 벌지는 못했다. 그는 완전히 패했다. 그 선거 후 그는 유명 사업가들 사회에 자신을 소개한 글래스고우 공학계의 거물 윌리엄 비어드모어(William Beardmore)의 조수가 되었다.

이러한 모든 활동은 섀클턴의 필연적인 남극 귀환에 대한 서곡에 불과했다. 그에게는 탐험의 전율이나 만족감에 필적하는 것은 아무 것도 없었다. 그 견인력은 저항할 수 없었다. 극지 탐험가들은 당대의 유명 인사들이었다. 그들의 위업은 영화라는 새로운 매체에서 연대순으로 기록되었다. 섀클턴은 1907년 자신의 남극 탐험대를 이끌 계획을 세웠다. 비어드모어는 님로드호(Nomrod)라고 명명된 배를 마련하는 것을 도와주었다. 명성과 행운은−전자가 후자보다 훨씬 더 쉽게 찾아왔지만−손닿는 곳에 있을 것처럼 보였다. 섀클턴의 독자적 항해 계획들이 많은 사람들에게 충분한 충격을 주었기 때문에 국왕 에드워드 7세와 알렉산드리아 왕비는 그 매력적이고 현대적인 젊은 탐험가에게 개인적 관심을 가졌고 님로드호 선상에 방문해 그가 잘되기를 빌어주었다. 섀클턴에게 특히 매혹된 왕비는 그에게 남극점에 꽂을 유니언 잭을 하사했다.

그 힘든 여행을 하기 위해 대원과 선박들을 마련하는 것은 많은 비용이 들었고, 국왕의 관심에도 불구하고 극지 연구를 수행하기 위한 자금을 조달하기는 어려웠다. 영국 지배층은 영국 해군이 탐험에서 이름을 떨칠 것을 원했고 독자적인 개인들이 주제넘게 나서는 것을 환영하지 않았다. 적게나마 구할 수 있는 공공자금은 경쟁이 치열했다. 섀클턴은 기업가들을 설득해 그들이 돈을 쓰게 하려고 열심히 일해야 했다.

　그의 좌절에도 불구하고 새클턴은 결코 자신의 후원자들에게 님로드호 탐험을 과대 선전하지 않았다. 그는 자신의 계획과 목표를 분명히 했다. 배는 뉴질랜드에서 출항해 1908년 2월에 상륙 전초 팀(shore party)을 하선시킬 예정이었다. 그 배는 뉴질랜드로 돌아갔다가 1909년 초 대원들을 회수하기 위해 돌아올 것이었다. 한 팀은 동쪽으로 이동해 에드워드 7세 랜드를 탐험하고 또 한 팀은 서쪽으로 가서 자남극점을 발견할 것이었다. 그리고 주 팀은 지리학적 남극점을 찾을 것이었다. 그 탐험은 개들 대신 강인한 만주 산 조랑말과 같은 여러 가지 물자 운반의 혁신을 시도할 것이며 특수하게 설계된 자동차를 시험해 볼 것이었다. 귀환 여행 도중 사용하도록 남쪽으로 향한 여행을 위해 100마일마다 식량을 내려놓을 예정이었다.

　1907년 남극으로 가는 도중 쓰여진 에밀리에게 보낸 편지에서 새클턴은 그녀가 그의 위대한 일을 할 기회를 자랑스럽게 여겨야 한다고 말했다. "남극에 가기 위해서라면 무슨 일이든지 할 사람들이 수천 명 있다. 이 탐험이 세상에 빚진 것은 아무 것도 없지만 그럼에도 그것은 국가의 명예를 도울 수 있을 것이다."라고 그는 썼다. 그리고 그 여행이 그에게서 돈은 조금밖에 모으지 못하면서 해마다 사업에 "부지런히 힘써야 할" 필요성을 덜어주기를 바란다고 말했다. 만약 성공한다면 "우리는 풍요롭게 원하는 대로 우리의 삶을 살 수 있을 거야."라고 그는 말했다.

**섀클턴은 계획을 세우는 데 대담했지만
실행하는 데는 신중했고 세부 사항에 세심한 주의를 기울였다.**

섀클턴은 이전의 극지 탐험을 괴롭히고 가장 열정적인 탐험가들마저
도 낙담시킨 잘못 구상된 계획들을 잘 알고 있었다. 누구든지 남극에 달
려드는 사람은 용기가 많다고 간주되었는데, 그는 이런 허세가 아니라
신중함으로 명성을 얻었다. 그는 종종 자신을 "신중한 늙은이"라고 불렀
고 다른 사람들도 그렇게 불러줄 때 아주 기뻐했다. 그것이 사람들이 섀
클턴을 생각할 때 꼭 가장 먼저 떠올린 형용사는 아닐지라도 그의 지휘
를 받는 대원들은 모두 그가 자신의 일에 신중하고 무엇보다도 안전을
염려한다는 것을 알고 있었다. 이러한 평판은 민간 공급자들로부터 자금
을 조달할 때 특히 중요했는데 그들은 자신들의 투자가 바다 밑바닥으로
떨어지지 않을 것이라는 얼마간의 보장을 원했다.

님로드호 선상에서 섀클턴은 병든 선원들이나 개 무리 속의 불화를 돌
보는 유일한 사람이 될 것이었다. 밀(H. R. Mill)은 세부사항들에 대한 섀
클턴의 꼼꼼한 주의를 그의 천성의 이중성에 대한 추가 증거로 간주했
다. "장래에 대한 철저한 대비와 일상에 필요한 것들을 기계적으로 공급
하는 데 여념이 없는 마음은 위험한 사업에 끌리지 않고, 때문에 탐험을
계획하고 그 장비를 갖추기 위해 어떤 학회나 또는 신중한 위원회를 통
상적으로 준비하는 것과 신중한 명령의 속박을 받아 그깃을 수행하는 용
감한 동료에 좀처럼 끌리지 않는다. 그러나 최고의 탐험가는 '생각하고
감행하는 것을 모두 할 수 있고, 두 발 위에 자신의 조직 위원회를 짊어

지고, 자신 외에는 실패에 대한 책임을 져야 할 사람이 아무도 없다는 것을 알고 있는 사람이다. 그런 탐험가에게는 그가 돌아왔을 때 계획과 그것의 수행에 대한 완전한 찬사가 주어지는 것이 마땅하다." 그런 탐험가가 바로 섀클턴이었다.

## 섀클턴은 과거의 실수로부터 배웠다. 경험은 되고 싶지 않은 종류의 리더를 가르쳐주었다.

모든 위대한 개척자들과 마찬가지로 섀클턴은 미래를 꿈꾸는 한편 과거를 연구했다. 그는 이전의 탐험에서 그가 사용할 수 있는 소중한 것을 추출하고, 자신이 해결할 수 있는 문제들을 확인했으며 혁신하기 위해 스스로를 채찍질했다.

님로드호 선원들은 섀클턴을 "보스(Boss)"라고 불렀고 그 별명은 그를 평생 동안 따라다녔다. 그는 선원들을 고르는 법과 과학적 실험과 관찰을 착상하고 실행하는 법과 변화하는 요구에 맞도록 계획을 조정하는 법을 배웠다. 부하들의 안녕을 가장 중시하고 각 개인을 존중하는 것에 대한 믿음과 같은 오래된 그의 확신은 그의 인기가 높아지고 일에 대한 부담이 증가했을 때에도 감탄할 만큼 확고부동하게 남아 있었다. "그는 경탄할 만한 사람이고 나는 어느 곳이든 그를 따라갈 것이다."라고 님로드호 기관장 해리 던롭(Harry Dunlop)은 그의 친구에게 보낸 편지에 썼다.

섀클턴은 이름을 떨치고 경쟁자 스콧과 자신을 구별하기 위해 님로드호 탐험을 떠났다. 그는 조심스럽게 스콧의 공헌에 대해 존경을 보였지만 기준을 더 높이기로 작정했다. 그는 에밀리에게 보낸 편지에서 님로드호는 디스커버리호보다 비록 크기는 더 작지만 더 좋은 배라고 자랑했고 자신은 전문적으로 물자를 공급했으며 신중하게 선택된 선원들을 모았다고 자랑했다.

스콧에게서 섀클턴은 정확하게 자신이 되고 싶지 않은 타입의 리더의 초상을 보았다. 영국 해군에서 훈련받은 스콧은 엄격하고 격식을 차렸다. 그에게는 상이 언제나 가장 중요했고 군사 훈련에서 그는 약간의 인명 손실은 불가피하다고 명령했다. 그는 탐험대를 위해 자신과 같은 훈련을 받은 대원들을 고용하는 것을 선호했는데 이는 때로 불행한 결과를 초래했다. "해군에서는 명령은 명령이고, 우리는 우리가 있는 장소에 머물러 있으라는 명령을 받아 왔다."라고 프랭크 와일드는 디스커버리호 선원의 일원으로서 그가 겪었던 경험에 관해 썼다. "우리들은 모두 뼛속까지 얼었고 1명은 심한 동상에 걸려 그곳에 머물러 있다가는 서너 시간 안에 우리들 모두가 죽을 수밖에 없었지만 오랜 시간이 지나서야 나는 비로소 다른 사람들이 계속 이동해 배를 찾도록 설득할 수 있었다."

스콧은 엄하고 약자를 괴롭히고 지배적이었고 섀클턴은 온화하고 유머가 넘치고 평등주의적이었다. 스콧은 자기 부하들을 학대한다고 알려져 있었다. 섀클턴은 놀리곤 했으나 창피를 주는 일은 결코 없었다. 스콧은 부하들이 일거수일투족을 조정하려고 시도했고 섀클턴은 자신의 부하들에게 책임과 어느 정도의 독립성을 부여했다. 스콧은 비밀스럽고 믿을 수 없었고 섀클턴은 작업의 모든 면에 관해 부하들과 함께 툭 터놓고 솔직하게 얘기했다. 스콧은 자신의 목표를 성취하기 위해 팀을 위험에 처하게 했고 섀클턴은 다른 무엇보다도 부하들의 생명을 소중히 여겼다.

님로드호 탐험에서 대원들이 남극 해안 위에 동계 캠프를 설치했을 때 섀클턴은 그 오두막을 일종의 집으로 만들었다. 그곳은 혼잡하고 어수선하고 깨끗하게 유지하기 어려웠지만 대원들은 불만스러워 하거나 우울해한 적이 한 번도 없었다. 레이몬드 프리스틀리(Raymond Priestley)는 다음과 같이 썼다. "긴 겨울 동안 과학자들이 어둠과 추위 속에서 일상적 실외 업무에 힘쓸 때 우리들의 지도자의 도움과 동행에 언제나 의존할 수 있었다."

섀클턴은 사교적인 사람이었지만 그것이 그가 느슨한 규율을 허용함을 의미하지는 않았다. 예를 들면 적당한 남극 상륙 장소를 찾으려고 애쓰는 동안 님로드호 선장 루퍼트 잉글랜드(Rupert England)는 신경질적으로 배를 몰아 모든 사람들을 미칠 지경으로 만들었다. 그럼에도 누군가가 공개적으로 선장에 관해 경멸적인 말을 했을 때 섀클턴은 격노했고 그 선원에게 그들은 제해권이 명령하는 대로 선장의 권위를 존중해야 한다는 것을 상기시켰다. 그도 선장이 대원들의 안전을 위태롭게 하고 있다고 판단했음에도 그렇게 했고 뉴질랜드에 있는 자신의 대리인에게 편지를 써 봄에 그 선원을 대신할 후임자를 선발해 줄 것을 요청했다.

그러나 섀클턴은 지도자 자리는 처음이어서 여러 가지 실수를 했다. 그는 때로 자신의 부하들을 마주하는 데 어려움을 겪었는데 예를 들면 부상을 입은 필립 브로클허스트(Phillip Brocklehurst)에게 그가 남극까지 갈 수 없다고 차마 말하지 못하고 질질 끌었다. 그의 어머니가 그 19살 청년을 탐험대에 데려왔고 섀클턴은 그에게 신세를 졌다고 생각했기 때문이었다. 그는 또한 우유부단한 때도 있었다. 닥터 마샬(Dr. Marshall)은 섀클턴의 여성적 면에 대한 자신만의 견해가 있었는데 지나치게 신중한 것 때문에 그를 "작은 노부인"이라고 불렀다. 비록 부당한 비판이라 하더라도 그것은 섀클턴이 반대자들을 다루는 것에 미숙함을 보여주었다.

그러나 섀클턴은 무엇이든 빨리 배우는 사람이었고, 엄격한 규율에 잘 따르지 않고 자기들의 말을 경청해주기를 요구하는, 숙련된 그의 선원들을 지휘하기 위한 또 다른 방법을 찾아야 한다는 것을 알고 있었다. 섀클턴은 또한 다음 탐험에서 그가 고쳐야 할 최소 세 가지 실수에 주목했다. 조랑말들은 얼음에 뒤덮인 지형에서는 너무 무겁고, 내륙으로 여행하려면 식량은 훨씬 더 영양가가 높고 간편해야 했으며, 핵심 선원들은 자신의 기질과 비전을 공유하지 않는다는 것이었다.

## 섀클턴은 자신의 선원들의 안녕을 가장 중시했다.

섀클턴은 언제나 한 가지 목표의 비용과 그것에 실제로 도달하는 비용을 비교 검토했다. 그는 피루스의 승리(Pyrrhic victory, 기원 전 279년 에피루스[Epirus]의 왕 피루스[Pyrrhus]가 큰 희생을 치르고 로마군을 꺾은 승리-역자 주)를 믿지 않았다. 그는 실패한 목표를 보다 더 야심찬 시도로 대체하는 것을 선호했다.

셰클턴과 그의 세 동료인 닥터 에릭 마샬(Eric Marshall), 제임슨 애덤스 중위(Lt. Jameson Boyd Adams), 그리고 프랭크 와일드(Frank Wild)는 1908년 11월 3일, 91일 동안 먹을 충분한 식량을 지니고 남극점을 향해 출발했다. 11월 26일 즈음 그들은 디스커버리호 팀이 달성했던 기록을 벌써 깼지만 와일드의 일기는 그가 남극점까지 갔다가 2월 말 구조선이 떠나기 전에 돌아올 수 있을지 의심하기 시작했음을 보여주고 있다. 와일드는 거의 못 갈 뻔했다. 그 팀이 데려간 4마리 중 마지막 조랑말이 그를 끌고 크레바스 속으로 빠졌을 때 그는 하마터면 죽을 뻔했다. 그러한 불운으로 인해 남극점에 도달할 가능성이 사실상 배제되었다. 조랑말 고기가 다 떨어지자 대원들은 식량이 극도로 모자랐다. 그들은 한 달 더 힘들게 계속 걸었고 셰클턴은 자신의 일기에 "난관은 어쨌든 극복해야 할 것들이다."라고 적었다.

1909년 1월 9일 그들은 남쪽으로 마지막 돌진을 감행해 남극점에서 불과 97마일 떨어진 남위 88도 23분 지점에서 알렉산드리아 왕비가 하사했던 국기를 꽂았다. 그들은 더 이상 갈 수 없었다. 와일드는 셰클턴을 알고 지낸 20년 동안 그가 몇 번이고 자신의 한계까지 자신을 밀어붙이는 것을 보았기에 셰클턴이 그렇게 먼 곳에 도달하기 위해 "모든 근육과 신경을 극단적으로 혹사했다"고 말했다. 보스는 일행 전부의 생환을 보장하기 위해 자신의 목표를 포기했다.

그들은 아사하기 전에 배로 달려 돌아와야 했다. 그들은 저장해 두었던 마지막 조랑말 고기 조각을 먹었으나 상한 것이었고 네 사람은 심한 이질에 걸렸다. 한때 그들은 너무나 쇠약해 캠프조차 칠 수 없었다. 죽음이 임박한 것을 두려워한 섀클턴은 와일드에게 자신이 좋아하는 찬송가 "친절하게 빛을 인도해 주소서(Lead Kindly Light, Aled Jones가 작곡한 찬송가—역자 주)"를 불러달라고 부탁했다.

에워싸는 어둠 속에서 친절하게 빛을 인도해 주소서,
나를 이끌어 주소서.
밤은 어둡고 나는 집에서 멀리 떨어져 있나이다.
나를 이끌어 주소서.
내 발을 지켜주소서. 나는 먼 곳을 보기를 원하지 않나이다.
한 걸음이면 충분하옵나이다.

서서히, 그들은 병에서 회복하기 시작했지만 배로 되돌아갈 시간이 바닥나고 있었다. 섀클턴은 와일드에게 자신의 아침 식사용 비스킷을 먹으라고 강요하며 그가 자신보다 더 필요할 거라고 주장했다. 와일드가 거절하자 보스는 자신이 그것을 먹지 않고 눈 속에 파묻을 것이라고 위협했다. 와일드는 그 비스킷을 가졌다. 그것은 그가 결코 잊지 못할 행동이었다.

굶어죽기 바로 직전에 그 네 사람은 님로드호 지원 팀이 그들을 위해 놓아두었던 풍부하게 갖춰진 물자저장소에 다다랐다. 닥터 마샬은 싫증날 때까지 잔뜩 먹었다. 눈보라로 인해 그들은 하루 종일 덴드 속에서 꼼짝 못했지만 그 의사는 33마일을 돌진해 배로 돌아갈 만큼 건강하지 못했다. 보스는 님로드호의 새 선장에게 2월 28일까지 그 팀이 돌아오지 않으면 출항하라는 지시를 남긴 바 있었다. 그와 와일드는 그 기한을 맞추기 위해 앞서 달려가야 했다. 마샬과 애덤스를 뒤에 남겨 두고 섀클턴과 와일드는 출발했다. 캠프에서 1마일 떨어졌을 때 섀클턴은 와일드의 손을 잡고 "프랭크, 이 늙은 친구," "때마다 힘든 길을 가는 건 늙다리 개야."라고 말했다. 와일드는 자신의 미출간 회고록에서 그 두 마리 "늙은 개들"은 35살 먹었고 뒤에 남겨진 두 마리는 20대였다는 것을 기꺼이 지적했다.

섀클턴과 와일드는 기지에서 3마일 이내까지 힘겹게 나아갔는데 그때 그들은 자신들이 입구의 반대편에 있다는 사실과 그곳이 자신들이 바랐던 만큼 단단히 얼어붙지 않았음을 깨달았다. 그들은 텐트, 취사도구, 그리고 침낭을 버리고 1,000피트의 빙하를 힘들게 횡단해 섀클턴이 자신들의 귀환 날짜라고 계산했던 바로 그 마지막 날에 오두막에 도착했다. 그들은 오두막에 못 박힌 편지 한 통을 발견하고 크게 당황했다. 자남극 팀이 목표를 달성했으며 그 배는 더 나은 피난처를 찾아 예정보다 이틀 앞서 떠났다고 설명하고 있었다. 그것은 거의 1년이 지나야 다른 구조선이 돌아올 수 있다는 것을 뜻했다.

그의 전성기 특징이었던 정신력, 낙관주의, 그리고 결단력과 함께 죽음을 암시하는 모든 증거에도 불구하고 섀클턴은 절망에 굴복하기를 거부했다. 그와 와일드는 배에 신호를 보내기 시작했다. 그들의 손가락은 너무 꽁꽁 얼어붙어 깃발을 계양하기 위한 매듭을 묶을 수 없었지만 마침내 그들은 오두막에서 가져온 목재들을 이용해 간신히 불을 피웠다. 침낭이 없었기 때문에 그들은 너무 추워 잠잘 수 없었다. 그래서 그들은 오두막의 사진 암실 안으로 들어가 휴대용 프리무스 스토브에 불을 피웠는데 하마터면 연기로 질식할 뻔했다. 다음 날 아침 무렵에 구조가 진행되었다. 전날 밤, 님로드호에 승선한 아이네아스 맥킨토시(Aeneas Mackintosh)는 섀클턴이 해안에 도착했다는 느낌을 이기지 못했다. 자정에 그는 자신의 직감에 따라 돛대 꼭대기로 올라가 뒤를 돌아보고 그들이 피운 불을 발견했다.

그들의 구조 작업은 원래의 선장을 대체하기 위해 고용되었던 선장의 도움 없이 진행되었다. 비록 그가 하마터면 섀클턴과 그의 세 동료들의 목숨을 희생시킬 뻔했지만 보스는 결코 그를 비난하거나 그 사고를 언급하지 않았다. 2명의 선장이 자신을 실망시켰기 때문에 보스는 다음 선장을 고르는 데 매우 신중할 것이었다.

섀클턴과 와일드는 3월 1일 구조되었다. 섀클턴은 이틀 밤을 한숨도 못 자고 보냈을 뿐 아니라 네 달 동안의 믿을 수 없는 신체적 어려움을 견뎌 왔지만 배에 도착한 지 불과 3시간 만에 회복해 마샬과 애덤스를 구출하기 위한 구조팀을 지휘하기를 고집했다. 게다가 섀클턴은 그 구조 여행의 취사를 전담했다. 이틀 후 그들은 2명의 낙오자들과 함께 돌아왔다. 님로드호에 다시 승선했을 때 구조 팀의 3명은 모두 침대에 쓰러졌으나 구조 작업 동안 한숨도 자지 않았던 섀클턴은 함교로 가서 배를 외해로 안내했다. 마침내 보스는 4일 동안 99마일을 항해했다.

님로드호 영국 남극 탐험대의 입직은 인상적이었다. 남극에 상륙한 지 5주도 안 되어 탐험대원들은 13,350피트 높이의 화산 에레부스 산(Mount Erebus)을 최초로 등정했다. 맥머도 지협의 로이즈 곶(Cape

Roys)에 있는 베이스캠프에서 겨울 동안 그 일행은 남극광(Aurora Australis)이라는 책을 저술하고 인쇄했다(섀클턴은 대원 2명을 보내 2-3주 단기 집중 강좌로 활자 조판, 인쇄, 그리고 석판 인쇄술을 배우게 했다). 인쇄된 100권의 책은 순식간에 보물이 되었다.

훨씬 더 의미 있는 것은 1909년 1월 16일, 3명으로 구성된 팀이 자남극점에 도달했다는 것이었다. 대원들은 여행을 하고 기지로 돌아오기 위해 122일 동안 총 1,260마일을 터벅터벅 걸었다. 그러나 가장 중요한 것은 보스 팀이 다른 누구보다도 지리학적 남극점에 더 가까이 도달했다는 것이었다. 그들은 노정의 대부분을 부족한 식량에 의지해 잠도 거의 못 자고 썰매를 끌면서 1,740마일을 전진했다.

섀클턴은 스콧의 최남단 도달 기록을 357마일 앞질렀다. 그는 동료 탐험가들 무리에 앞섰고 그의 명성은 전 세계에 걸쳐 퍼졌다. 그는 기사 작위를 받았고 많은 나라로부터 아낌없는 상을 받았다. 그는 또한 연설자로서 매우 인기가 있었고 성공한 강연자가 되었다. 그는 이탈리아, 오스트리아, 헝가리, 독일, 러시아, 캐나다, 그리고 미국을 순회했다. 그는 종종 자신의 강연을 현지 언어로 통역하게 한 다음 비록 더듬거리는 말투였지만 그것을 읽어 대단한 효과를 보았다. 그는 상선대 초기에 여행을 하는 동안 중국어 단어 몇 개를 알게 되었기 때문에 중국어로도 연설을 할 수 있다고 자랑한 적 있었다. 그의 인기에도 불구하고 그의 강연료는 님로드호의 비용을 감당하지 못했다. 그가 탐험대 빚을 다 갚는 데는 몇 년이 걸렸다.

섀클턴은 지도자로서뿐 아니라 님로드호 탐험의 성취에 대해 모험가로서도 환영받았다. 1909년 6월 14일 런던의 데일리 미러지(Daily Mirror)는 탐험에서 집으로 돌아오는 여행에서 섀클턴과 함께 이틀을 보냈던 어느 기자의 이야기를 실었다. "섀클턴 중위의 귀향"이라는 1면 헤드라인 아래에는 그가 "타고난 지도자"라고 선언하는 부제가 있었다.

섀클턴은 자신의 님로드호 탐험에 관한 책을 저술했다. 밀(H. R. Mill)은 '남극의 심장(The Heart of the Antarctic)'을 "사진의 시대가 도래한 이래 지금까지 여행 서적을 아름답게 장식했던 도해들 중 가장 풍부한 것들의 집합"이라고 기술했다. 그 책은 네덜란드에서 영어 수업에 쓰이기 위해 사용되었다.

미국에서 섀클턴은 태프트(Taft) 대통령의 백악관에 초대되었고 5,000명의 관중들 앞에서 내셔널 지오그래픽 협회(National Geographic Society)가 수여하는 금메달을 받았다. 그는 아메리칸 지오그래픽 협회(American Geographic Society)에서 로버트 피어리(Robert Peary) 제독으로부터 또 다른 메달을 수여받았고 활기찬 대학 응원가와 함께 하버드 대학교에서 따뜻한 환대를 받았다. 그해에 그는 또한 님로드호 탐험에 대해 말하는 녹음을 했다. 그것은 전형적인 섀클턴 식이었다. 그는 제일 먼저 탐험대의 업적들에 관해 말하고 그 다음에는 그들이 그 공적을 공유할 수 있도록 자신의 14명의 동료들의 이름을 소개하고 사람들이 덜 다니는 길을 택하는 것에 관한 로버트 서비스(Robert W. Service)의 시 "외로운 길"의 편집된 버전과 함께 끝마쳤다.

세상에는 무수한 오솔길이 있고 사람들은 대부분의 오솔길을 시험 삼아 다닌다.

당신은 길이 갈라지는 곳에 올 때까지 많은 이들의 뒤를 밟는다.

그리고 한 길은 햇빛 속에 안전하게 놓여 있고 다른 길은 황량하고 어둡다.

그럼에도 당신은 비스듬히 외로운 길을 쳐다보고, 외로운 길은 당신을 계속 유혹한다.


샤클턴은 스포트라이트 받는 것을 즐겼지만 영웅이라고 불리는 것은 싫어했다.

님로드호 이야기가 학교용 독본으로 출간되고 있을 때 샤클턴은 그 책에 'The Hero Readers'라는 제목을 붙이는 것을 거부했다. 샤클턴을 알던 많은 사람들은 그가 유명해진 뒤로 실제로 더 매력적이고 표면에 더 나서지 않게 되었다고 말한다. "샤클턴은 아직 젊었음에도 이러한 모든 자극적인 일들을 놀라울 정도로 겸손하게 받아들인 것 같다."라고 닥터 맥클린은 나중에 썼다. "그는 조금도 우쭐대지 않았다. 그렇게 하기엔 참으로 너무 큰 사람이었다."

**섀클턴은 공개적인 싸움을 피하고
언제나 경쟁자들과 정중한 경쟁을 했다.**

극지 탐험은 국가적 자부심 문제였다. 일본인, 노르웨이인, 독일인, 그리고 오스트레일리아인들 모두 남극점과 남극의 다른 목적지를 차지하기 위해 경쟁하고 있었고 탐험가들은 깃발을 흔들며 탐험에 대한 열정을 북돋았다. 그러나 섀클턴은 다른 탐험가들과 형제애를 느꼈고 탐험 분야의 여러 현실은 그들이 어떤 면에 대해서는 서로 협력해야 함을 의미한다고 믿었다. 그는 새로운 아이디어를 찾기 위해 그들에게 의지했고 보답으로 그들에게 자신의 아이디어를 제공했다.

실제로 그의 가장 큰 경쟁 상대는 자신의 동포 스콧이었지만 섀클턴은 자신의 케케묵은 복수의 감정을 남에게 알리지 않았다. 예를 들면 스콧이 남극점을 차지하려는 또 다른 시도로 테라노바호(Terra Nova)를 타고 남극으로 갈 것이라고 발표했을 때 섀클턴은 프랭크 와일드에게 자신은 당분간 앉아서 구경만 하고 스콧이 그 탐험을 시도하게 내버려두겠다고 말했다. 섀클턴은 심지어 1910년 스콧이 탐험을 시작하는 것을 도왔고 식량 준비를 거들었다. 그는 또한 다른 나라의 탐험대 장비 조달을 도와주었고 생존에 필요한 물자들을 꾸리고 계산하는 것에 관해 자신이 배웠던 것을 나누었다.

1903년 어느 날 보낸 수신지 미상의 한 편지에서 섀클딘은 다음과 같이 썼다. "나는 당신이 북극 탐험을 할 작정이라는 것을 알고 있으며 나도 이 모든 일에 큰 관심이 있기 때문에 당신이 이에 대한 준비를 하거나 장비에 관한 아이디어를 얻을 수 있도록 내 힘닿는 대로 조금이라도 당신에게 도움을 줄 수 있다면 매우 기쁠 것입니다. 국립 남극 탐험대에 참가했던 내 경험은 아마도 도움이 될 수 있을 것이며, 남쪽으로 향한 썰매 여행 팀의 일원으로서 개들을 다룬 경험이 있기 때문에 약간의 정보도 도움이 될 것입니다. 그밖에도 나는 해군성을 위해 테라노바호 준비를 막 마친 바입니다. 필요한 물자를 잘 알고 있으므로 내가 당신을 도울 수 있을 겁니다."

"나는 언제라도 당신을 만난다면 기뻐할 것입니다. 이는 단지 한 탐험가가 다른 탐험가에게 갖는 존경일 뿐입니다. 그 안에 돈 문제가 전혀 없기 때문입니다."

스콧이 자신의 탐험 준비를 하고 있던 바로 그때 노르웨이의 로알 아문센(Roald Amundsen)은 부하들과 세상 사람들에게 말했던 5년 동안의 북극 횡단 여행을 위한 항해를 하고 있었다. 그러나 그는 경로를 바꾸어 마데이라(Madeira) 제도에 이르러 자신의 실제 목적지는 남극이라고 발표했다. 경쟁이 시작되었다. 남극대륙에 도착한 뒤 그는 남극점으로 가는 새 루트의 지도를 만들었다. 그는 1911년 12월 14일 남극점에 도달했다.

"진심으로 축하드립니다. 위대한 업적입니다."라는 것이 아문센에게 보낸 섀클턴의 전보 내용이었다. 그는 영국 당국처럼 그 업적을 폄하하기를 거부했고, 신문에 만약 스콧이 최초였다면 노르웨이인들은 그에게 경의를 표했을 것이라 믿는다고 썼다.

동료 탐험가의 호의를 유지한 것은 섀클턴이 인듀어런스호 탐험을 위한 사업설명서를 쓸 때가 왔을 때 성과를 보았다. 그는 당대의 가장 성공한 탐험가들로부터 열렬한 추천을 받았다. 아문센은 다음과 같이 썼다. "만약 당신이 (내가 당신이 그럴 것이라고 확신하는) 훌륭한 사업에 성공하신다면 당신은 틀림없이 당신 몫의 일을 해내고 용감하고 진취적인 영국 탐험가들이 차지했던 장엄한 왕관에 가장 아름다운 보석 한 개를 추가할 것입니다."

로버트 피어리 제독은 다음과 같이 덧붙였다. "그 아이디어는 정말 멋지다.... 그는 의심할 나위 없이 영국 내에서 그 일에 가장 적합한 인물이며 이 지역에서 그가 성취했던 이전의 업적은 그가 그 탐험을 성공적 결말로 이끌기 위해 필요한 경험을 제공했다."

1910년부터 그가 대륙 종단 인듀어런스호 탐험을 준비하기 시작한 1913년 여름까지 그는 할 수 있는 최선을 다해 국내 생활에 뛰어들었다. 그는 또한 여러 가지 벤처 사업에 잠깐 손을 대었는데 그것은 모두 앞으로의 탐험에 자금을 대기 위한 이익을 빨리 돌려주기 위해 고안된 것이었다. 그는 미국인들에게 멋들어진 담배를 판매하고, 불가리아에 택시 회사를 설립하고, 헝가리에서 금을 채굴하는 것과 같은 위험한 사업에도 투자했다.

1912년 4월 타이타닉호(Titanic)가 침몰해 1,500명의 사람들이 사망했다는 충격적인 소식이 전해졌다. 섀클턴은 빙해 항해 전문가의 한 사람으로서 공식 조사에서 증언해 달라는 요청을 받았다. 그는 신장의 무쇠를 선언하고 가장 큰 문제는 그 배의 선주가 승선해 점점 더 빠른 항해를 계속 요구했다는 것이라고 말했다.

더 충격적인 소식이 뒤따랐다. 그해 초 스콧과 그의 동료 4명이 아문센 일행보다 한 달 후에 남극점에 도달한 뒤 귀환하는 트레킹에서 사망했다. 대중은 빅토리아 시대 영웅의 이미지에 어울리는 스콧의 희생에 집착하게 되었다. 다른 사람들이 남극점에서는 스콧을 앞질렀을지 몰라도, 대중은 스콧이 남극으로 가는 길을 닦았고 결국 그에 대한 궁극적인 대가를 치렀다고 여겼다. 섀클턴은 스콧에 경의를 표했고, 그 암울한 상황을 감안했을 때 그가 결코 스콧의 적으로 자처하지 않았던 것은 다행이었다.

섀클턴은 남극으로 돌아가려고 필사적이었고, 남극은 그의 마음에서 결코 멀리 있지 않았다. 그의 사업상 거래는 대부분 틀어졌고 골칫거리에 불과했다.

"남쪽의 모든 문제들은 매일의 사업에 비하면 아무 것도 아니다."라고 그는 말했다.

1998년 미국 해군 장관으로 임명된 리처드 단치히(Richard Danzig)는 훌륭한 리더십 모델로서 섀클턴에게 너무나 감동한 나머지 1999년 12월 섀클턴의 인듀어런스호 탐험에 관한 세미나를 개최했다. 국방 차관, 해군 고위 장교, 펜타곤의 고위 민간인들을 포함한 약 70명의 초대받은 손님들이 참석했다.

"그가 제공하는 리더십의 가치는 영원하다."라고 단치히 장관은 말했다. "그 가치는 인간성의 본질에서 유래하며 대담한 모험을 하는 것과 인간 속에 내재해 있는 최선의 것을 끌어내는 것을 포함한다."

그 장관은 수년 전 알프레드 랜싱(Alfred Lansing)의 '인듀어런스'를 읽었을 때 섀클턴을 발견했다. 그는 매우 다양한 문학에 대한 섀클턴의 지식이 리더로서 그 탐험가의 성공에 기여했다고 확신한다. 단치히는 방문하는 고위 인사들뿐 아니라 해군과 해별대 장교들에게 인듀어런스호 이야기에 관한 책들을 제공하고 있다. "픽션이나 역사를 읽는 큰 이점 중의 하나는 그것이 당신에게 다른 관점과 시대, 상이한 심리 상태에서 세상을 이해하는 기회를 제공한다는 것이다."라고 그는 말한다. "리더에게는 그 점이 중요하기 때문에 그 책들을 배부하는 나의 주된 목적 중의 하나는 사람들로 하여금 자신을 빗어나 폭 넓게 사고하도록 하는 것이다."

그 장관은 1999년 마린 코즈 가제트지(Marine Corps Gazette)지를

위해 20세기의 픽션 및 논픽션 작품들을 추천하는 기사를 썼다. 그것들은 다음과 같다. 기원전 480년 테르모필레에서의 스파르타의 전투에 관한 스티븐 프레스필드(Stephen Pressfield)의 'Gates of Fire', 로마 황제에 관한 로버트 그레이브스(Robert Graves)의 'I', 'Claudius'와 'Claudius the God', 17세기 일본의 어느 영국인에 관한 제임스 클라벨(James Clavell)의 'Shogun', 어느 항해가의 영예의 상실에 관한 조셉 콘래드(Joseph Conrad)의 'Lord Jim', 1930년대 루이지애나의 정치 현실 속에서 어느 젊은이가 순진함을 상실해 가는 것에 관한 로버트 펜 워렌(Robert Penn Warren)의 'All the King's Men', 그리고 전체주의 국가에서 어느 러시아 가족의 생존을 다룬 바실리 악쇼노프(Vassily Aksyonov)의 'Generations of Winter' 등이다.

단치히는 자신이 감독하는 해군과 해병대에서 장려하고 싶은 종류의 리더십을 실제로 보여주기 위해 인듀어런스 이야기를 이용한다고 말한다. 그에게 섀클턴의 리더십 모델은 여러 단계에서 작용하는데 그것은 위험과 역경에 대응하고, 극한의 환경에서 작동하고, 예측하지 못한 도전에서 생존하고, 융통성 있게 계획을 세우고, 지휘하에 있는 사람들의 충성심을 얻어내고 유지하는 것 등이다. 엄청난 위험을 겪고 심한 압박을 받는 상황에서 그 탐험가는 대원들을 단결시키고 사기를 유지했으며 모든 사람들을 안전한 곳으로 데려갈 때까지 자신의 탈출 계획들을 개선시켰다고 단치히는 말한다. 그는 특히 모든 의미에서 섀클턴의 사려 깊음에 감탄한다. "그는 정서적 의미에서 사려가 깊었는데 공감하고 배려하는 마음이 있었다. 그는 또한 인지적 의미에서도 사려 깊었고 엄청난 스트레스를 받는 동안에도 논리적으로 생각했다."

단치히는 섀클턴에게도 결점이 다소 있었다고 믿고 있다. "그는 완전 무결한 리더는 아니었다. 그러나 그는 우리들이 매우 소중하게 생각하는 일련의 특성을 가진 예외적인 예이다.... 전투는 끊임없이 적응과 혁신을 필요로 하며 그 점에서 그는 비범하다."라고 그는 말한다.

펜타곤 최고 관리자의 한 사람으로서 단치히는 여러 조직의 특성에 관한 몇 가지 예리한 관찰을 했다. 잡지 시빌라이제이션지(Civilization지) 2000년 2/3월 호에서 그는 "조직은 그것의 전임자들을 괴롭혔던 것에 관한 일종의 화석 기록이다."라고 말한 것으로 인용되었다. 그는 조직이 어떻게 변화할 것인가를 더 잘 예측하기 위해서 그 기록을 연구해야 한다고 주장한다. "문제는 여러 조직들이 상이한 유형의 위기를 만날 것인지 여부가 아니고 만난다는 것이다. 문제는 위기가 발생했을 때 조직들이 그 위기들에 대비할 만큼 신속하게 변할 것인지 여부이다."

그럼에도 불구하고 역사학도인 단치히는 자신이 과거로부터의 "과잉학습"이라고 부르는 것, 즉 현재 상황에서 사람들이 직면할 수 있는 모든 가능성과 불연속성을 숙고하는 대신 한 가지 일련의 상황들에만 지나치게 주목하는 것을 경고하고 있다. 미찬가지로 그는 미래를 예측할 수 있는 개인의 능력을 그다지 확신하지 않는다. 따라서 그는 고도로 융통성 있는 전략에 관심이 있다. 그런 이유로 그는 섀클턴이 부하들을 구조하기 위해 대체 가능한 여러 가지 단계적 계획들을 세운 방식을 높이 평가하고 있다. "상황을 억지 해석하는 일은 없었다."라고 그는 말한다. "섀클턴은 차갑고 힘든 현실에 직면해 그의 일행에 탈출 방법을 제공하는 옵션들을 끊임없이 만들어 내었다."

단치히 장관은 법률, 국가 안보, 그리고 리더십, 특히 위기 상황에서의 리더십이라는 주제로 광범위한 저술을 한 바 있다. 그는 예일 대학교에서 법학 박사 학위와 자신이 로즈 장학생(Rhodes scholar)이었던 옥스퍼드 대학교에서 사학 박사 학위를 받았다. 그는 바이런 화이트(Byron White) 대법관의 서기로 근무했고 나아가 스탠퍼드와 하버드 대학교에서 법학을 가르쳤다. 1979년 그는 학계를 떠나 국방장관 휘하에서 부차관 직을 수행했다. 후일 그는 워싱턴 소재 로펌 래섬 앤드 왓킨스(Latham&Watkins)의 공동 경영자의 한 사람이 되었다. 그는 그 로펌을 떠나 1993년부터 1997년까지 해군 차관으로 근무했다. 차관 직에 있는 동안 그는 해군과 해병대의 기능을 통합하고, 자기 부서의 규모를 줄이고, 장교 계급에서 소수 집단 참여를 증가시키는 프로그램을 개발하고, 온라인 정보 시스템을 사용 가능하게 만드는 것을 도왔다. 그가 받은 서훈에는 국방공로훈장과 해군공로훈장이 포함되어 있다.

단치히는 자기 휘하 사람들의 충성심을 강화하는 법의 예를 찾기 위해 섀클턴에 의지했다. 자신의 부하들에 대한 섀클턴의 헌신은 전적인 것이었고 그는 육체적 및 심리적 위험으로부터 그들을 보호했다. 궁지에 몰린 그 탐험가는 공포, 분노, 그리고 절망을 포함하는 인간 감정 전체를 다루어야 했다고 단치히는 관찰하고 있다. "동시에 대원들은 자산이라고는 오직 하나밖에 없었는데 그것은 서로였다. 수천 마일의 거리에 다른 사람이라고는 아무도 없었다. 그런 상황과 그 상황의 압박하에서 여러분들은 부서지거나 갈라지거나 또는 한데 뭉쳐서 단단한 일행이 될 수 있다. 섀클턴의 놀라운 업적은 그가 항상 모든 것을 함께 머물러 있는 방향으로 진행하게 만들었다는 것이다."

오늘날의 군대는 신병 모집을 강조하지만 그보다 더 큰 도전은 훌륭한 병사들을 유지하는 것이라고 단치히 장관은 말한다. 그는 자신은 군대에서 "징집병 정신", 즉 리더십이 있으면 언제나 무제한의 저렴한 노동력을 얻을 수 있을 것이라는 생각을 제거하려고 애를 쓴다고 말한다. 그의 목표는 그들에게 더 나은 도구, 더 나은 근로 조건, 그리고 부담을 덜 수 있는 자동화를 제공하는 것이다.

1999년 그는 의회가 15년 만에 해군과 해병대를 위한 최대 임금 인상을 승인하도록 도왔다. 그는 또한 "흠잡을 데 없는 기록 대신 최고의 병사들"을 진급시키기 위해 "무결점" 승진 정책을 역전시켰다.

그는 군대를 다루는 법에 관한 자신의 철학은 섀클턴의 전통을 따르고 있으며 그것이 그가 그 탐험기에 대한 세미나를 개최한 또 다른 이유라고 말한다. 그는 해군과 해병대 장교들 사이에 "우리의 사병들은 전문가들이고 그들은 귀하게 대접받아야 하고 그들의 충성심을 얻고 유지해야 한다는 보다 풍부한 느낌"을 주입시키려고 노력했다고 말한다.

"죽은 사자보다는 살아 있는 당나귀가 더 낫소."

– 섀클턴이 아내 에밀리에게 보낸 편지 중에서

# PART 2

# 무엇이 우수한 인재를 움직이는가?

그의 본성에 옹졸한 면은 아무 것도 없었다.
그가 우리들 모두에게 요구했던 유일한 것은 쾌활함이었고
반면에 그는 휘하에 근무하는 모든 대원들로부터 절대적 충성을 받았다.

———

레너드 허시, 인듀어런스호 기상학자

출처: 스콧 극지연구소

## 사업을 시작하다

심지어 가장 위대한 노력도 사업을 하는 가장 기본적인 것에서 시작
된다. 인듀어런스호 탐험 계획을 발표한 다음 날인 1913년 12월 30일 섀
클턴은 런던에서 사진에 찍혔다. 이 사진은 데일리 미러지 1면에 실렸
다. 사진 설명문은 어니스트 경이 혹한의 겨울 공기 속에서 외투를 입지
않은 유일한 사람이라고 언급했다.

대원들을 선발하고 조직하는
새클턴의 방식

◆ 이전 직장에서 당신이 알고 있거나 신뢰할 수 있는 동료가 추천하는 확실한 핵심 직원들과 함께 출발하라.

◆ 당신의 2인자는 가장 중요한 직원이다. 당신의 경영 스타일을 칭찬하고 아첨꾼이 아니면서도 충성심을 보여주고 타인들과 일하는 재능이 있는 사람을 뽑아라.

◆ 당신의 비전을 공유하는 사람들을 고용하라. 당신의 성격이나 사풍과 맞지 않는 사람은 당신의 일을 방해할 것이다.

◆ 당신이 만약 창조적이고 색다른 사람들을 찾는다면 창조적이고 색다른 면접관이 되라. 직무 경험과 전문성보다 더 깊이 들어가라. 지원자의 성격, 가치관, 일과 삶에 대한 관점이 드러나는 질문을 하라.

◆ 쾌활하고 낙관적인 사람들로 자신을 둘러싸라. 그들은 성공에 필수적인 충성심과 동지애로 당신에게 보답할 것이다.

◆ 일을 가장 갈망하는 지원자들이 그것을 유지하려고 가장 열심히 일하는 경향이 있다.

◆ 태만한 사람을 제거하려면 어떤 일에도 기꺼이 달려들고 인기 없는 일도 마다 않는 마음가짐을 보여주는 직원을 선택하라.

◆ 당신에게 없는 재능과 전문 지식을 가진 사람들을 고용하라. 그들에게 위협을 느끼지 마라. 그들은 당신이 최첨단을 유지하는 것을 도와주고 당신의 조직에 차이를 가져올 것이다.

◆ 새 직원들에게 그들의 정확한 직무와 요구사항, 보상 방법을 명확히 설명하라. 다수의 실패한 직장 관계는 소통의 결핍과 함께 시작된다.

◆ 당신의 직원들이 최고의 작업을 수행하는 것을 도우려면 그들에게 당신이 줄 수 있는 최고의 장비를 제공하라. 신뢰할 수 없는 구식 도구로 하는 작업은 불필요한 부담을 야기한다.

"나는 그가 가장 암담한 사태에서도
언제나 최선을 다해 대원들을 고취시키는 것을 보았다."

― 프랭크 헐리(Frank Hurley), 인듀어런스호 사진사

새클턴의 사업 재능은 자금을 조달하는 그의 천재성에 있었다. 독자적 탐험가로서 그는 영국 정부와 지리학회들로부터 변변찮은 도움밖에 받지 못했고 따라서 민간 자금원에 기대야 했다. 어떤 의미로 이는 새클턴에게 일종의 이점이었다. 그는 낭비를 없애야 했고 그래서 능률적인 선원들을 보유한 탐험대를 꾸리는 데 초점을 맞추었다. 새클턴은 독자적 항해 각각에 대해 오늘날 통화 가치로 1천만 달러나 되는 자금을 조달했다. 그는 런던의 가장 부유한 남녀들에게 탐험의 짜릿한 대리 만족과 다양한 빙하, 곶, 그리고 구멍보드들에 자신의 이름을 붙이는 자부심을 제공함으로써 이를 가능케 했다.

그러나 보스는 전통적 사업에서는 돈벌이에 별 재주가 없었다. 님로드

호 탐험대의 성공으로 그는 극심한 생존 경쟁에서 대부분 벗어났고 특히 예산에 관한 한, 판에 박힌 매일의 지루한 사무를 몹시 싫어하게 되었다. 그는 자신의 탐험 경력을 포기하는 쪽으로도 얘기했으나 그렇게 할 수는 없었다. 그가 왜 그렇게 해야 하는가? 섀클턴은 자기가 가장 사랑하는 일이 자신이 가장 잘하는 일이며, 가장 많은 재정적 보답을 제공해주고, 뿐만 아니라 그를 엄청나게 유명하게 만들어준다는 승리의 공식을 발견했다.

1914년 초 섀클턴은 탐험 사무소가 선호하던 지역인 런던의 부산한 피카딜리(Piccadilly) 지역의 뉴 벌링턴(New Burlington) 4가에 공식적으로 제국 남극 종단 탐험대(Imperial Trans-Antarctic Expedition)라고 이름 붙인 인듀어런스호 탐험대 본부를 개설했다. 항해를 위해 그는 돛대 3개와 석탄 화력 증기 엔진을 갖춘 길이 144피트의 노르웨이에서 건조된 목재 선박을 구입했다. 그 배는 원래 나중에 취소되었던 상업용 극지 여행 사업을 위해 주문되었던 것이었다. 섀클턴은 그 배를 인듀어런스호라고 다시 명명했다. 다른 준비에 관해서 그의 주된 일은 세 가지였다. 첫째는 그 여행을 하기 위한 훌륭한 대원들을 찾는 것이고, 둘째는 과학 프로그램의 윤곽을 그리는 것, 셋째는 장비를 준비하는 것이었다. 그는 첫 번째 일을 즐겼고 나머지 두 가지 일은 자신의 의무라고 생각했는데, 세 가지 일 모두를 매우 훌륭하게 해냈다.

이번에는 모든 사람들이 그 위대한 탐험가를 위해 일하고 싶어 했다. 1913년 12월 29일 섀클턴이 런던의 더 타임스지(The Times)에 보낸 편지에 남극으로 돌아가려는 계획을 발표하자 그에게 요청이 쇄도했다. 7년 전 님로드호 탐험대의 지원자가 불과 400명이었던 것에 비해 거의 5천 명에 달하는 전도유망한 사람들이 지원서를 제출했다. 수천 명의 지원자들 가운데서 그는 인듀어런스호와 두 번째 탐험선 오로라호(Aurora) 승무원을 충당하기 위해 약 30명의 대원들을 고용했다. 로스해 팀이라고 알려지게 된 두 번째 선원들은 인듀어런스호 상륙 장소의 반대쪽 남극 대륙에 접근해 섀클턴의 대륙 종단 팀을 위해 식량 저장소를 설치할 것이었다. 섀클턴은 과잉의 노동력을 이용하지 않았다. 그는 자신의 항해사들에게 임금 등급보다 약간 높은 급여를 지급했다.

아문센의 성공과 스콧과 그 일행의 비극적 사망은 극지 탐험에 대한 영국인들의 열정을 꺾어버렸다. 그러나 섀클턴은 웨델해로부터 로스해까지 개들과 썰매를 이용해 최초의 도보 대륙 횡단을 달성한다는 아이디어로 관심을 다시 불러일으킬 수 있었다. 그것은 탐험 시대의 마지막 위대한 상이라는 야심찬 목표이자 궁극적으로는 그가 도달하지 못한 목표였다. 약 40년 후에야 비로소 영국 탐험가 비비안 푹스(Vivian Fuchs)가 에드먼드 힐러리 경(Sir Edmond Hillary)의 지원을 받아 대륙을 횡단했는데 그는 자동차를 이용했다.

마케팅 전문가들과 경영대학원 교수들은 제국 남극 종단 탐험대가 다음과 같은 역사상 가장 성공적인 구인 광고를 냄으로써 지원자들을 모았던 경위에 관한 이야기를 오랫동안 해 왔다. "위험천만한 여행을 위한 대원 모집. 적은 임금, 혹독한 추위, 수개월 긴의 완전한 어둠, 끊임없는 위험. 무사 귀환 의심스러움. 성공할 경우 명예와 인정을 받을 수 있음." 그러나 그 광고는 출처가 불분명한데 그 이유는 지금까지 사본이 발견된

적이 없기 때문이다. 게다가 낙관주의자 섀클턴이 안전한 귀환을 의심했던 적이 있었던가? 오히려 그 광고는 아마 그런 끔찍한 임무에 지원하는 긴 대열을 보며 즐거워했던 누군가가 지어낸 이야기였을 것이다.

그 열정에는 충분한 이유가 있었다. 탐험가들은 당대의 영웅이었고 자신과 조국에 영예를 가져다줄 기회가 있었기에 부러움을 받았다. 레이먼드 프리스틀리(Raymond Priestly)는 탐험의 낭만을 찾아 평범한 세상에서 달아났던 많은 청년들 중 하나였다.. 그는 님로드호 지질학자로 섀클턴의 첫 번째 독자적 탐험에 합류하기 위해 브리스톨(Bristol) 대학교에서의 연구를 그만두었다. 만년에 그는 선발되는 것이 무엇인지를 다음과 같이 말했다. "특히 나의 탐험 시대에서처럼 그 목표가 지구의 양극이었을 때 요란하게 선전되던 탐험은 주위 모든 사람들의 관심과 존경의 목표였다. 그들이 자신을 정당화할 기회를 가지기도 전에 대원들은 환영받고 맛난 술과 음식 대접을 받았으며 아첨과 특별한 관심에 노출되었고 종종 그들이 충분히 알지 못하는 주제들에 관한 권위자로서 존경을 받고 경청 받았다." 그들의 리더에게 그 혜택들은 몇 번이고 다시 확대되었다.

그러나 극지 탐험대 생활은 몽상가들을 위한 것은 아니었다. 남극대륙은 지구상에서 가장 춥고, 바람이 가장 많이 불고, 가장 건조한 대륙으로 두께가 3마일이나 되는 얼음 층에 덮여 있다. 그 얼어붙은 사막에서 눈은 1년에 1–2인치밖에 내리지 않는다. 맹렬한 바람이 끊임없이 마른 눈을 긁어모아 모래알처럼 느껴지게 만든다. 지금까지 지구상에서 기록된 최저 기온은 남극의 것인데 화씨 영하 128.6도(섭씨 영하 89.2도)였지만 남극점 근처의 연평균 기온은 화씨 영하 70도가량이다.

극지 탐험대는 일반적으로 탐험대원과 과학자들로 구성된 상륙 전초 팀과 항해사와 선원들로 구성된 탐험선 승조원의 두 팀으로 구성되었다. 예를 들면 섀클턴의 님로드호 탐험에서 탐험선은 상륙 전초팀 대원들과 그들의 보급물자를 내려놓고 겨울 동안 뉴질랜드로 회항했다가 이듬해 하계 대원들을 태우기 위해 돌아왔다. 인듀어런스호 탐험을 위한 섀클턴의 원래 계획은 겨울 동안 남미로 배를 보내는 것이었다. 그러나 사우스조지아에서 그는 마음을 바꿔 그 배를 웨델해에 그대로 두기로 결정했다.

남극에 상륙한 뒤 상륙 전초 팀은 신속하게 베이스캠프를 세울 것이었다. 대원들은 몇 차례 초기 탐사를 시도한 뒤 그들의 프로젝트를 수행하기 위한 장비와 계획을 조정하면서 겨울 몇 개월을 보낼 것이었다. 극지의 봄이 도래하는 즉시 그 일행은 여름 내내 일하면서 자신들의 목표를 달성하기 위해 소그룹들로 나뉘어 각기 다른 방향으로 출발할 것이었다.

극지 탐험에 가담했던 과학자와 전문가들 대다수는 안락한 생활을 영위했던 청년들이었다. 그들은 한두 차례의 모험을 마치고 반드시 자신들의 가정과 직업에 돌아갈 생각이었다. 그들 대다수는 고독과 가혹한 작업에 대한 준비가 되어 있지 않아 잘 단합되는 팀을 선정하는 일이 복잡해졌다. 가장 중요한 것은 대원의 기질과 성격을 결정하는 것이었다. 님로드호 탐험에 관한 자신의 보고서 '남극의 심장(The Heart of Antarctic)'에서 섀클턴은 다음과 같이 이상적인 선원들을 조합하는 일을 기술했다. "선발된 대원들은 그 작업에 적격이어야 하고 또한 극지 상황에 대처하기 위한 특별한 자질을 가지고 있어야 한다. 그들은 외부와의 소통 없이 장기간 동안 함께 조화롭게 살 수 있어야 하고 각자의 소망에 이끌려 이 세상의 전인미답의 길로 온 사람들은 일반적으로 개성이 뚜렷하다는 것을 기억해야 한다. 직원들을 선택하는 것이 내게는 결코 쉬운 문제가 아니었다."

섀클턴은 한때 런던의 어느 극장 지배인이 그에게 레퍼토리 극단(repertory company, 일정 수의 프로그램을 번갈아 상연하는 극단-역자 주)을 만드는 난제에 관해 얘기했던 것을 기억해 냈다. "성격과 기질은 연기 능력만큼이나 중요하다."

"그건 바로 내 문제야."라고 섀클턴은 대답했다. "나도 역시 내가 좋아하는 유형들의 균형을 유지해야 한다. 그리고 그들의 과학 지식이나 선박 조종술은 그들이 어떤 종류의 친구들인가에 비하면 별로 중요하지 않다."

## 섀클턴은 숙련된 일꾼들로 구성된 핵심 인력을 중심으로 팀을 구축했다.

님로드호 탐험 이후 섀클턴은 가장 힘든 임무를 위해 "늙은 개들"을 원했다. 전문적 분위기를 확립하기 위해서도 그들이 필요했다. 젊은 대원들은 강인하고 열정적이었지만 일이 무서워지면 더 빨리 겁에 질리거나 그 상황에 몸을 맡겨버리는 것 같았다. 숙련된 대원들을 찾는 것은 쉽지 않았다. 남극 탐험은 새로운 일이었기 때문에 나이 든 선원들은 계속해서 남극으로 돌아가는 것을 좀처럼 원하지 않았다. 섀클턴은 과거 탐험에서 자신이 알고 있던 사람들에게 접근함으로써 사람을 찾기 시작했고 그런 다음 동료들의 추천을 받은 자원자들을 추가했다.

1907년 섀클턴이 님로드호 탐험대를 위해 대원들을 고용했을 때 그는 스콧의 디스커버리호 항해의 베테랑 대원 9명에게 자리를 제공했다. 이전의 책임과 스콧에 대한 충성심을 포함한 여러 가지 이유로 2명만이 받아들였다. 섀클턴이 혼자 힘으로 이름을 떨친 뒤 차후의 각 탐험에는 점점 더 많은 수의 재신청자들이 뽑혔다. 님로드호 탐험대 대원 4명이 제국 남극 종단 탐험대에 합류했다. 놀랍게도 곤경에 처했던 인듀어런스호 탐험대 대원 8명이 섀클턴의 마지막이 될 항해에 계약을 하고 퀘스트호(Quest)에 승선했다.

섀클턴이 시드니 대학교 지질학 교수인 50세의 엣지워스 데이비드(T. W. Edgeworth David)를 고용했을 때 사람들은 약간 놀랐다. 그의 나이는 선원들 다수의 두 배였다. 보스는 그 과학자의 차분함이 "더 젊은 대원들 사이에서 지속적으로 좋은 영향을 끼칠 것"이라고 정확하게 예측했다. 그는 또한 자신이 수행 중인 여러 가지 과학 프로젝트를 조정하기 위해 특별한 경험을 가진 대원이 필요하다는 것을 알고 있었는데 그 교수는 그 작업을 매우 잘 수행했고 섀클턴은 그것을 다룰 전문 지식이 없었다.

디스커버리호에서 인듀어런스호에 합류했던 2명의 대원 중 1명은 톰 크린(Tom Crean)이었다. 크린도 또한 스콧의 테라노바호 남험에 잠가했으며 그 후 그는 앨버트 훈장을 수여받았다. 그는 괴혈병으로 죽어가고 있던 에드워드 에반스 중위(Lt. Edward Evans)를 위해 배로 돌진함으로써 그의 생명을 구했다. 크린은 영국 해군에서의 별난 경력을 소유하고 있었는데 주취와 부적절한 행동으로 인한 강등 때문에 승진이 여러 차례 가로막혔던 것이었다. 스콧은 그를 선원으로서만 받아들였지만 새클턴은 다소 거칠지만 용감한 그 탐험가에게서 큰 잠재력을 보았고 그래서 그를 인듀어런스호 2등 항해사로 삼았다. 그는 결국 보스가 가장 좋아하고 가장 신뢰했던 대원들 중 하나가 되었다.

### 새클턴은 리더십에 관한 자신의 견해를 공유하고 무엇보다도 충성심이 있는 신뢰할 수 있는 부관을 선택했다.

새클턴이 맨 처음 뽑은 대원 중 하나는 님로드호의 다른 "늙은 개" 프랭크 와일드였다. 와일드의 남극 경험을 능가할 수 있는 사람은 아무도 없었다. 새클턴과 와일드는 디스커버리호에서 만났다. 그 당시 새클턴은 그에게 님로드호의 물자에 대한 책임을 맡겼다. 그 후 와일드는 상륙 전초 팀 대장의 일원으로서 남극대륙 아델리 랜드(Adelie Land)로 가는 더글라스 모슨 경(Sir Douglas Mawson)의 과학 탐험대에 합류했다.

새클턴은 자신이 이끌었던 세 탐험대 모두에서 복무했던 유일한 대원인 와일드에게서 진정한 리더십의 잠재력을 보았다. 님로드호로 돌아오는 필사적인 돌진에서 새클턴의 옆에 있었던 사람은 탐험대 부대장 애덤스 중위가 아니라 와일드였다. 새클턴은 와일드에게서 2인자가 필요로 하는 모든 것을 발견했는데 바로 충성심. 쾌활함, 예의바름, 정신력, 그리고 경험이었다. 그는 섀클턴과 동갑이었고 섀클턴만큼 강인했지만 작고 강단 있는 정반대의 체격을 지녔다. 그는 상선대와 영국 해군에서 복무한 적이 있었기 때문에 영국 탐험대의 두 가지 문화에 익숙했다.

와일드의 임무는 선원 선발을 돕고 그 다음에는 그들과 배 위에서 계속 같이 일하면서 일상 업무를 처리하고 그들과 보스 사이의 연락관 노릇을 하는 것이었다. 그는 모든 대원들의 불평과 조언에 대한 필요를 처리했다. 그는 모든 유형의 사람들을 다루는 법을 알았고 그래서 필연적으로 대원들의 신뢰와 충성심을 얻었다. 토머스 오드 리즈는 인듀어런스호 선상의 와일드에 대해 다음과 같이 말했다. "와일드는 우리의 부대장이고 (대장을 제외하고는) 우리들 가운데서 가장 인기 있는 대원이다. 그는 아무 말도 하지 않고도 사람들을 자기가 요구하는 대로 일하게 만드는 드문 재치와 적절한 요령을 갖고 있다. 그는 어니스트 경의 부관 노릇을 하며 우리에게 내릴 명령이 있는 경우, 특히 그것이 석탄 저장고의 석탄 정리 작업이나 바닥 청소와 같은 불쾌한 작업을 하기 위한 지시인 경우에도 가장 기분 좋은 방법으로 명령한다."

와일드는 교사의 아들이었다. 그는 영리했지만 아이디어맨은 아니었으며 그도 그것을 알고 있었다. 그는 자신이 전적으로 헌신하는 섀클턴에게 생각을 맡겼다. 즉, 그는 섀클턴을 완전히 보완하는 존재였다. 그의 미공개 회고록은 멘토와 함께한 삶에 대한 진심 어린 보고서이며 역동적인 섀클턴 리더십에 대한 진정한 통찰을 보여주고 있다. 그는 섀클턴의 전략에 대한 매우 훌륭한 생도가 되었고 필요한 경우 언제든지 보스를 돕고 나설 수 있었으며, 섀클턴은 그를 완전히 신뢰했다.

## 섀클턴은 탐험에 대한
## 비전과 열정을 공유할 사람들을 원했다.

님로드호 탐험에서 섀클턴은 위험을 감수하는 과감한 탐험 문화에 부적합한 사람들을 고용하는 실수를 했다. 님로드호의 두 선장은 자질은 훌륭했지만 궁극적으로는 남극이라는 독특한 도전을 감당할 수 없었다. 섀클턴은 4년 전 스콧 탐험대의 구조선 모닝호(Morning)에서 님로드호의 첫 번째 선장 루퍼트 잉글랜드(Rupert England)를 만났는데 그는 거기서 1등 항해사로 근무하고 있었다. 그러나 잉글랜드는 예측 불가의 모진 날씨에 직면해서는 지나치게 신중한 선장임이 드러났고 배의 위치를 끊임없이 바꾸어 소중한 연료를 낭비했다. 그는 배의 귀환을 위해 필요량보다 거의 40%가 넘는 석탄 공급량을 고집했고, 상륙 전초 팀에게 억지로 혹독한 겨울 동안 그들 몫의 석탄을 인색할 정도로 아끼게 했다. 겨울이 끝난 뒤 상륙 전초 팀을 구출하기 위해 프레데릭 에반스(Frederick Pryce Evans) 선장이 잉글랜드 선장을 대신했지만 그는 훨씬 더 나빴다. 그는 섀클턴과 그의 팀을 뒤에 남겨 두고 예정보다 빨리 출발했던 소심한 선장이었다.

인듀어런스호를 위해서 섀클턴은 약간 허세를 부리는 선장을 원했다. 프랭크 워슬리(Frank A. Worsley) 선장은 확실히 그런 면이 있었다. 그는 대담했고 약간은 괴짜였는데 인듀어런스호 선의였던 닥터 맥클린은 그를 "미치광이"라고 불렀다. 그는 좋은 이야기와 멋진 농담을 좋아했고 섀클턴의 적합성 테스트를 통과했다. 그는 자신이 빙산들을 통과해 런던의 벌링턴가(Burlington Street)를 항해하고 있는 꿈을 꾼 뒤 일을 얻었다고 말했다. 그의 이야기에 의하면 꿈을 꾼 다음 날 아침 그는 그 거리를 걸어 내려가다가 제국 남극 종단 탐험대 간판을 알아보고는 안으로 들어가 고용되었다고 한다.

나머지 선원들은 단지 약간 더 정통적인 방식으로 선발되었다. 와일드는 산더미 같은 질문을 급히 처리해 대부분을 재빨리 기각해버렸다. 전보를 분류할 때 그는 "정신 나간", "가망 없는", 그리고 "가능성 있는"이라고 표시해둔 3개의 서랍 중 하나에 넣었다. 가능성 있는 전보들은 새클턴에게 보여주었다. 보스가 승낙하는 경우 인터뷰가 허락되었고 그런 다음 새클턴이 결정을 내리곤 했다. 그 인터뷰는 그 후로 몇 년 동안이나 대원들에게 회자되었다.

## 새클턴은 독특한 재능을 발견하기 위해 색다른 인터뷰를 진행했다.

새클턴은 성격에 대해 기민한 심사 위원이었고 자신의 사업상 거래에서도 가능한 경우 언제든지 대면 만남을 고집했다. 지원자들과 처음 만나는 동안 그는 간단하지만 집중적으로 자유분방한 대화를 주고받았다. 지원자들이 어떻게 대답하는지가 대답 내용보다 더 중요했다. 보스는 그들의 열정과 팀의 일부가 될 수 있는 그들의 능력의 조짐에 귀를 기울였다. 그의 전기 작가 제임스 피셔(James Fisher)가 관찰했듯이 "그는 항상 핀으로 그들을 골라내는 것처럼 보였지만 매번 적절한 사람을 얻었다."
관찰자들은 그의 방법을 "변덕스럽고" "별난" 것이라고 불렀지만 섀클턴
은 남극의 광대한 얼음을 직면할 비범한 대원들을 찾고 있었다. 전통적
인터뷰는 그가 찾는 종류의 독불장군들에게는 효과가 없었을 것이다.

지원자들 중 섀클턴을 경박하다고 생각한 사람은 아무도 없었다. 그와
반대로 그들 다수는 겁을 내었다. 심지어 탐험가에 대한 가장 큰 기대를
가진 사람들조차 깊은 인상을 받고 떨어져 나갔다. 인듀어런스호 선의로
고용된 닥터 제임스 맥클로이(James McIloy)는 "보스는 나폴레옹 같은
매우 무서운 류의 사람이었다. 그는 매우 근엄하게 보였고 강철 같은 눈
으로 사람을 응시했다. 나는 앉으라는 요청도 받지 않았다. 나는 햇빛을
향해 그의 앞에 서 있었다... 그는 내게 많은 질문을 했다."라고 말했다.

인듀어런스호 물리학자로 선발된 레지널드 제임스(Reginald W. James)
는 다음과 같이 그의 독특한 인터뷰를 묘사했다. "섀클턴은 내게 이는 튼
튼한지, 정맥류를 앓고 있는지, 혈액순환은 좋은지, 성격이 좋은지, 그리
고 노래를 부를 수 있는지를 물었다. 이 마지막 질문에 나는 아마도 약간
당황한 표정을 지었는데 왜냐하면 나는 그가 '오, 내 말은 카루소 같은 소
질을 뜻하는 게 아닐세. 하지만 자네가 젊은 친구들과 소리 좀 내지를 수
는 있겠지?'라고 말한 것을 기억하기 때문이다."

노래 부르기에 관한 그 질문은 섀클턴의 상투적 질문의 하나가 되었고
대원의 단체정신에 대한 그의 기준이 되었다. 님로드호 지질학자로 명명
되었던 레이먼드 프리스틀리는 비슷한 경험에 관해 다음과 같이 썼다.
"그는 내게 노래를 부를 수 있는지 물었고 나는 할 수 없다고 말했다. 그

러자 그는 내가 황금을 보면 그것을 알 수 있는지 물었고 나는 다시 아니라고 말했다. 그는 내게 틀림없이 다른 질문들도 했지만 그 질문들이 특이했기 때문에 기억하고 있다." 프리스틀리는 "그 임무에 대한 우등 졸업 학위를 가진 사람들이 12명이나 있는데" 자신이 대학교 학위 하나 없이 그 일을 얻은 것에 놀랐다. 그러나 섀클턴은 그에게서 자신이 좋아하는 무언가를 보았던 것이다. 실제로 프리스틀리는 정말로 소중하고 인기 있는 선원이었음이 판명되었다.

### 섀클턴은 낙관주의자들을 좋아했다.
### 그들을 가장 알맞은 팀 플레이어로 여겼기 때문이다.

섀클턴은 단결심(esprit de corps)에 기여하는 대원들, 탐험가의 삶에 대한 열정과 성공에 대한 확신이 있는 사람들을 원했다. 섀클턴이 찾았던 한 가지는 행복한 사람이었다. 그는 인듀어런스호 기상학자 레너드 허시에게 "충성심은 표정이 무거운 사람보다는 쾌활한 사람에게 결국 더 쉽게 귀착된다."라고 말했다.

허시의 인터뷰 동안 보스는 끊임없이 사무실을 천천히 걸으면서 겉으로는 그 왜소한 젊은이에게 귀를 기울이는 것 같지 않았지만 분명히 집중해 듣고 있었다. "불과 몇 분 만에 그는 나를 파악한 것이 틀림없었다."라고 허시는 썼다.

"좋아, 허시. 난 자네를 채용하겠네."라고 그는 말했다.

허시는 보스가 나중에 그에게 자신이 선택된 이유를 얘기해 주었다고 말했다. "난 자네가 재미있어 보인다고 생각했지!" 그는 옳았다. 인듀어런스호 선원들 중 가장 체구가 작은 대원인 허시는 어느 동료 선원이 그를 묘사한 대로 "엄청 재미있고", 밴조를 잘 연주했다. 남들을 즐겁게 해 주는 그의 재능은 인듀어런스호를 잃어버린 뒤 용기를 잃지 않으려고 애를 썼던 어두운 나날 동안 매우 소중하다고 판명되었다.

물론, 섀클턴의 은총 속에 한 자리를 보장한 것은 성격만이 아니었다. 그것은 진정한 재능을 동반해야 했다. 허시의 경우 그가 또 다른 탐험대의 일원으로 있었던 수단(Sudan)에서 지원했다는 것에 섀클턴은 감명받았다. 그것은 지구를 아우르는 탐험과 연구에 대한 애정을 보여주었다. 허시는 섀클턴이 "탐험에 참가하려는 5천 명의 지원자들 중에서 아프리카 심장부에서 온 한 사람을 발견하고 엄청 기뻐했다"고 말했다.


### 섀클턴은 그 일을 정말 원하는 대원들을 찾았다.

보스가 애걸하는 경우는 드물었다. 그는 자신의 일에 심장과 영혼을 송두리째 바쳤고 그와 똑같이 할 대원들을 원했다. 그는 고용되기를 가장 갈망하는 지원자들이 대개 그 일에 대한 자신들의 패기를 입증한다는 것을 알았다. 그는 자신이 님로드호 탐험대를 위한 선상 화가로 조지 마스턴(George Marston)을 고용했던 경위를 상기했다. 그는 30명에 달하는 지원자들을 걸러 3명으로 적당히 줄인 다음 어느 금요일 오후 각자에게 그다음 날 특정 시간에 자신의 사무실에서 만날 것을 요청하는 전보를 보냈다.

그 토요일에 섀클턴은 폭우 속에 사무실로 가서 지원자들 중 1명이 보낸 짧은 편지를 발견했다. 그 편지는 자신이 시외로 가는 중이며 그래서 그 약속을 월요일로 바꾸기를 요청한다고 말했다. 두 번째 편지는 그 일을 얻을 것이 확실하다면 자신은 집에서 사무실까지 4시간 걸리는 여행을 할 것이라고 적혀있었다. 세 번째 지원자에게서는 아무 연락도 없었고, 섀클턴이 사무실을 떠날 채비를 하고 있을 때 머리가 헝클어지고 비에 흠뻑 젖은 한 사람이 들이닥쳤다. 그는 섀클턴에게 그 전보가 숙소에 전달되었을 때 자신은 콘월에서 도보 여행을 하고 있었다고 말했다. 그는 즉시 런던을 향해 출발해 기차를 여러 번 갈아타고 거기에 도착했다.

"나는 즉각 그를 고용했다."라고 섀클턴은 적었다. "나는 자리 하나를 얻기 위해 그렇게 빨리 움직일 수 있는 사람이라면 바로 그가 그 일에 적임인 사람이라고 생각했다. 그리고 밝혀진 바와 같이 내 의견은 정당한 것 이상이었다."

마스턴은 인듀어런스호 탐험대를 위해 다시 고용되었다.

## 섀클턴은 하찮은 일에 위축되지 않는 열심히 일하는 사람들을 필요로 했다.

섀클턴은 관련 업무는 하나도 하지 않으면서 탐험대 유명 인사의 화려함을 원하는 프리마돈나를 제거하려고 애를 썼다. 그는 자신만큼 열심히 일하는 대원, 거드름 피우지 않는 팔방미인들을 필요로 했다. 그는 그 대원이 사회에서 어떤 지위를 차지하는지 신경 쓰지 않았다.

인듀어런스호 선상에 여객은 아무도 없었다. 모든 사람들은 대체로 고생을 같이 했다. "그들이 누구인지 그들이 무엇인지는 문제가 되지 않았다. 그들의 자격은 어떤 것에도 중요하지 않았다."라고 선원 월터 하우(Walter How)는 기억했다. "선의들도 번갈아 타륜을 잡았고 주방에서 거들었고 돛대에 올라가 돛을 말았고 갑판에서 돛을 펴곤 했다. 말하자면 모든 이들은 일종의 공익사업체였다."

1921년 자신의 마지막 항해에서 섀클턴이 남아메리카에 도착했을 때 그에게는 3개의 공석이 있었다. 크리스토퍼 나이스빗(Christopher Naisbitt)을 포함한 약 100명이 지원했는데 그는 브라질 소재의 영국 클럽 임원에게 자신을 섀클턴에게 소개해 달라고 요청했다. 섀클턴은 팜비치 정장을 입고 파나마 모자를 쓴 그 사람을 한 번 쳐다보고는 살면서 하루라도 힘들게 일해본 적이 있는지 물었다.

"나는 4년 동안 해군에서 복무했고 스포츠를 좋아한다고 말했다"고 나이스빗은 상기했다. 섀클턴은 그가 흔들리는 배 위에서 바닷물에 흠뻑 젖는 동안 주방에서 음식을 날라야 한다는 것을 알고 있는지 물었다.

"나는 그에게 그 일을 할 수 있으리라 확신한다고 말했다"고 나이스빗은 말했다. 섀클턴은 그가 탐험대에 참가하는 것을 단념시키려고 애를 썼고 그렇게 할 수가 없자 나이스빗에게 하루를 시험해 볼 것을 제안했다. 가망 있는 지원자들을 시험하는 것을 때로 좋아했던 보스는 그에게 물자를 끌어 올리고 감자 껍질을 벗기고 부엌을 닦는 일을 시켰다. 그는 아무런 불평 없이 그 더러운 일을 했다. 섀클턴은 그를 고용했다.

## 섀클턴은 자신에게 없는<br>전문 지식을 가진 사람들을 모집했다.

섀클턴은 과학에는 관심이 거의 없었지만 그것이 가장 기본적인 탐험대 임무라는 것을 알고 있었다. 따라서 그는 캠브리지 대학교의 재능 있는 물리학자 레지널드 제임스와 이전의 웨델해 탐험 성과를 만들어 낸 생물학자 로버트 클라크(Robert S. Clark)와 같은 대원들을 모집했다. 섀클턴은 그들의 우수한 교육과 전문 지식을 조금도 겁내지 않았다. 그는 심지어 그들이 그 탐험에서 자신들의 프로젝트를 추구하도록 격려했다.

특별한 관심이나 능력이 없는 현장 과학 연구로부터 거리를 두기는커녕 일단 탐험이 시작되면 실험에 익숙해지려고 노력했다. 맥클린은 다음과 같이 경탄했다. "나는 언제나 이 비범한 사람의 가장 놀라운 특성의 하나로 훈련받은 적 없는 과학적 및 기술적 문제들을 실제로 파악할 수 있는 능력을 꼽아왔다."

인듀어런스호 항해 직전에 또 다른 재능이 섀클턴의 눈길을 끌었다. 그는 그 당시 매우 인기 있던 새로운 장르인 모험 다큐멘터리의 놀라운 예를 보기 위해 영화관에 간 적이 있었다. '블리자드의 고향(Home of the Blizzard)'은 더글라스 모슨의 1912년 남극 탐험에 관한 눈을 뗄 수 없는 장면을 보여주었다. 그것은 제임스 프랜시스 "프랭크" 헐리(Frank Hurley)라는 이름의 26세의 오스트레일리아 사진가에 의해 영화로 촬영되었다. 섀클턴은 헐리의 작품이 높이 평가받을 것이라는 것을 알았고 그래서 실물도 보지 않고 그를 고용했는데 이는 평소 대면을 고집하던 그에게서는 드문 행동이었다. 와일드는 모슨 탐험대에서 그와 함께 일한 적이 있기 때문에 헐리를 보증할 수 있었다.

그것은 현명한 선택임이 입증되었다. 헐리는 재능 있는 사진사였을 뿐 아니라 또한 "훌륭한 제안들로 가득 차 있었다"고 후에 섀클턴은 적었다. 동료 선원들 중 일부는 헐리를 허풍쟁이라고 생각했지만 그는 강인하고 영리하고 독창적이었다. 금속 세공인으로 훈련받은 기술은 부서진 인듀어런스호 잔재를 난로와 같은 유용한 물품으로 바꾸는 데 사용되었다.

보스는 또한 토머스 오드 리즈의 잠재력을 알아보았는데 그는 새로운 엔진에 관한 자신의 지식을 자랑하기 위해 오토바이를 타고 인터뷰하러 왔다. 탐험대를 위한 지원의 표시로 영국 해병대는 오드 리즈를 빌려주었다. 그는 엔진이 장치된 탐험대 썰매를 감독하기 위해 고용되었는데, 그 썰매는 섀클턴이 님로드호 위로 끌어올렸던 자동차를 보다 실용적으로 대체할 수 있었다.

**샤클턴은 고용한 모든 대원들이
할 일을 반드시 정확하게 알도록 했다.**

샤클턴은 거짓 약속에 결코 현혹되지 않으려고 애를 썼다. 예를 들면 맥클린은 샤클턴이 대원 각자에게 팀에서 한 대원의 지위는 궁극적으로 정규 임무 외에 그가 선상의 전반적인 작업을 도왔는지에 달려 있음을 분명히 했다고 회상했다.

그는 신임 대원들에게 편지를 써서 그들의 의무가 어떤 것이며 급료는 얼마나 될 것이고 그 보답으로 자신이 무엇을 원하는지를 정확하게 진술했다. 그 편지들은 또한 개인적인 관계를 맺을 수 있는 일종의 기회였고 샤클턴이 끊임없이 강화했던 습관이었다.

보스는 1914년 7월 1일 로버트 클라크에게 그가 배의 생물학자로 고용된 뒤 다음과 같은 편지를 보냈다.

제국 남극 종단 탐험대

뉴 벌링턴 4가
리젠트 가
런던 서부
1914년 7월 1일

로버트 클라크 귀하
영국 해양 생물학회
플리머스


친애하는 귀하,


　본인은 업무의 분망함으로 인해 지금까지도 우리가 나눈 대화의
각서를 작성하지 못했음을 유감스럽게 생각합니다.

본인은 6월 28일 귀하의 서신과 메모 내용을 받았습니다. 본인은
이제 귀하에게 제공할 준비가 된 것에 관해 다음의 진술을 하겠지
만, 그렇게 하기 앞서 단지 1년 동안의 결근 휴가에 관한 귀하의 발
언을 언급하는 바입니다. 우리는 어떻게 해서든 이 난제를 극복해
야 하는데 왜냐하면 1년은 충분치 않기 때문이며 편지에 이 문제를
언급할 것입니다.

1. 귀하의 급여는 귀하가 탐험대에 참가한 때부터 탐험대가 잉글랜

드로 귀환할 때까지, 2년을 넘지 않는 기간 동안 매년 400파운드가 될 것입니다(탐험대가 제공하는 모든 의류 등). 탐험에서 귀환하는 즉시 귀하는 매년 250파운드의 급여를 받고 생물학적 결과를 산출하는 연구에 종사할 것이며, 그 작업은 실험실에서 귀하의 임무와 함께 수행될 것입니다. 급여 문제에 관해서 본인은 귀하가 수행할 연구에 비례하는 급여를 기꺼이 수락한다는 점에 주목합니다. 본인은 항시 고정급을 지급하며 한 사람이 할 수 있는 모든 연구를 기대합니다.

2. 본인은 귀하가 탐험대의 결과를 산출하기 위한 자금이 마련될 것이라는 보장을 특별히 강조하는 데에 주목합니다. 본인은 결과를 산출할 준비가 되어 있고 그것을 위한 자금이 있으나 그러한 문제에 관해 누구에게도 보장을 하지 않습니다. 결과가 산출되지 않는다면 생물학자를 채용하는 것이 소용없다는 것은 명백한 일입니다.

3. 귀하는 탐험선 인듀어런스호와 남극 바다와 기타 장소에서의 생물학 연구를 위해 주어진 모든 시설에 영구히 소속될 것입니다.

4. 본인은 500패덤(fathom, 수심 측정 단위, 6피트-역자 주)에 달하는 저인망 장비를 제공할 것이며 선상과 육상에서의 연구를 위해 귀하가 필요하다고 생각하는 어떤 장비라도 제공할 준비가 되어 있습니다.

5. 본인은 귀하의 휘하에서 연구를 수행할 보조 생물학자 1명을 승선시킬 것을 제안하며 로스해 탐험선과 기지, 그리고 웨델해 탐험선과 기지 양쪽 모두의 생물학 연구 전체는 귀하의 지시를 받을 것이며 수집품들은 귀하가 담당할 것입니다.

6. 귀하는 인듀어런스호의 안전 및 필요한 운항과 양립 가능한 생물학 연구를 위해 귀하에게 제공되는 시설 일체를 소유할 것입니다.

7. 귀하는 훈련 목적을 위해 매달 1실링의 가격으로 "인듀어런스호"의 물품을 계약할 것이며 탐험대의 일원인 동안 귀하는 선장의 명령을 따르겠지만, 선장은 귀하에게 연구를 위한 모든 시설을 제공하기 위해 본인의 지시를 받을 것입니다. 이와 관련해 워슬리 선장은 이 탐험에서 수로학 및 생물학 기록을 작성하기를 열망하고 있으며 그 주제에 매우 흥미를 느끼고 있다는 것을 덧붙이는 바입니다.

8. 결근 휴가 문제에 관해서 귀하가 그것이 바람직하다고 생각하신다면, 본인은 더 장기간의 휴가를 위해 쉬플리(Shipley) 교수에게 개인적으로 다가가 신의를 얻을 것이며, 본인은 귀하가 이 탐험에 참여하는 동안 일시적으로 실험실에서 귀하의 연구 일부를 맡을 대원을 위해 연간 200파운드를 더 지급할 준비가 되어 있습니

다. 본인은 보다 고급 연구를 여러 사람들에게 위임할 수 있고 1인당 연간 200파운드는 그들을 교체시키기 위해 많은 것을 할 수 있다고 생각합니다.

본인은 현재 장비를 준비시키기 원하기 때문에 이러한 조건들이 수용 가능한지 가급적 빨리 소식을 듣고 싶습니다. 본인은 저인망 작업용 스팀 윈치 1대를 이미 주문해서 설치 중에 있고 1,500패덤의 1.5인치 와이어를 주문한 바 있습니다.

본인은 선상에 생물학 실험실 1동을 마련하게 했으나 이것의 치장과 준비는 생물학자가 처리하도록 맡길 예정입니다.

저를 믿으십시오, 친애하는 귀하,

그럼 안녕히 계십시오

(E. H. Shackleton 서명)

추신: 귀하의 여행비용을 위해 4파운드 수표를 동봉합니다.

전반적으로, 섀클턴은 선원들을 위해 일을 쉽게 만들려고 노력했다. 예를 들면 그는 대원들 다수가 항해가 끝난 후 자신들의 정규 직업으로 돌아가리라는 것을 알고 있었다. 때문에 그들의 상사들에게 일을 원활하게 처리하라고 말하거나 일시적인 후임자의 고용을 도와주라고 할 것을 권했다. 그는 또한 더 숙련된 대원들에게는 별도의 급여를 지불했고 때로 사고사에 대한 일종의 보험으로 가족들을 위한 별도의 대책을 추가했다. 이상하게도, 그는 자신의 가족을 위해서는 신중한 대비를 하지 않았다. 그의 아내 에밀리는 남편 사후에 자신의 돈에 의지해 살아야 했다.

## 섀클턴은 대원들에게 최고급 장비를 갖춰 주었다.

비록 끊임없이 자금에 쪼들렸지만 섀클턴은 최고급 장비에 투자했다. 그는 조잡한 연장이 시간과 돈을 낭비한다는 결론을 내렸다. 아마도 그는 일개 견습 선원으로서 자신의 고용주가 배에 짐을 싣고 내리기 위한 최신 장치들을 사용하기를 거부함으로써 자신이 얼마나 고통받았는가를 결코 잊지 않았을 것이다. 남극에서는 그렇게 돈을 절약하는 것은 생명을 위협할 수 있다. 인듀어런스호를 위한 모든 것은—썰매, 스키, 도끼, 밧줄, 연장, 전기 조명, 심지어 일기장과 치약까지도 – 그 당시 구할 수 있는 최고의 제품이었다.

리즈는 인듀어런스호 탐험대에 관해 다음과 같이 적었다. "생명과 사지와 일행의 전체적 건강을 보호하기 위해 모든 것을 고려했고 식사에 관한 모든 중요한 문제에 무한한 관심을 기울였으며 극지용 장비와 과학 기구들은 모두 최신형이었고 거의 완벽했다. 실제로 얼음을 제외하고는 운에 맡긴 것은 아무 것도 없었는데 얼음은 아무리 많은 준비를 해도 조절할 수 없는 요인이었다."

섀클턴은 인듀어런스호에 장비를 갖추는 작업을 분담해 장비를 사용하는 대원들의 구매 결정을 돕도록 허용했다. 섀클턴은 배와 그 부품과 개들을 다루었으며 와일드는 식량을 떠맡았고 마스턴은 의복, 텐트, 침구류, 그리고 개의 가슴 줄을 준비했다. 마스턴과 와일드 두 사람은 썰매와 스키 그리고 오두막을 마련하는 것을 도왔고 오드 리즈는 기계류와 연장들을 다루었고 선의와 과학자들은 의료기구와 의료 장비들을 평가했다.

대원들은 5켤레의 양말과 함께 사용하기 위해 아문센의 디자인에 근거한 버버리 장화들을 지급받았다. (나중에 밝혀졌지만 장화 갑피는 물이 새는 경향이 있었다.) 그들은 또한 글자 그대로 "핀란드 신발"인 피네스코(finneskos)도 가져왔는데 그것은 순록 가죽으로 만들어 습기를 흡수하는 풀 종류로 안을 덧댄 것이었다. 거친 얼음 위에서 빨리 닳기 때문에 육상 팀의 대원들에게는 여러 켤레를 지급했다. 그들은 귀를 덮는 발라클라바 헬멧과 설맹을 예방하기 위해 녹황색이 가미된 최신 스노 고글을 갖고 있었다. 육로 여행에 사용하기 위해 섀클턴은 왕립 지리학회와 해군성에서 약간의 과학 기구들을 빌렸고 나머지는 구입했다. 또한 관습에 따라 인듀어런스호는 친구들과 제조업체들로부터 선물을 받았다. 그들은 대영백과사전(Encyclopedia Britannica)의 특수 박엽지 판을 가지고 있었다. 한 친구는 극지 서적들로 구성된 일종의 사설 도서관을 기증했는데, 감사의 표시로 2명의 대원들이 몰래 남겨 둔 책 두 권을 제외하고는 나중에 재난 속에서 소실되었다. 스콧의 사진사인 유명한 허버트 폰팅(Herbert Ponting)은 케이크와 와인을 보냈고 에밀리 섀클턴은 대원들에게 집에서 만든 사탕을 주었다.

모든 탐험가들과 마찬가지로 섀클턴은 물류와 복잡한 탐험을 시작하는 방법에 있어 아무리 작은 개선과 혁신이라도 끊임없이 찾아나서는 열렬한 발명가였다. 실제로 그의 가장 큰 기여는 이러한 영역에 있었다. 예를 들면 섀클턴은 노르웨이 탐험가 프리드쇼프 난센(Fridtjof Nansen)의 모피 의류를 개선해 무겁고 다루기 힘든 소재를 더 가볍고 방풍이 되는 버버리 개버딘 의복으로 대체했다.

상선대와 해병대 출신이라는 것과 함께 화물 포장은 섀클턴의 특별한 장점이었다. 그의 경험으로는 탐험대장들은 종종 이 분야에 관심을 너무 적게 기울여 제조업체들이 제공한 컨테이너 속에 장비를 운반했다. 스콧은 베네스타(Venesta)사에서 만든 주문 제작한 상자를 사용했는데 그것은 아교로 접착시킨 3층의 목재로 만든 초창기 합판이었지만 다양한 크기와 형태가 있었다. 님로드호를 위해서 섀클턴은 균일한 크기의 베네스타 포장 상자 2,500개를 주문했다. 화물 포장은 더 용이해졌고, 그뿐 아니라 상자들을 비운 뒤에는 그것들을 오두막을 짓기 위한 칸막이와 가구를 만드는 데 사용할 수 있었다. 섀클턴은 배에 가구를 실을 필요가 없어짐으로써 4톤의 무게를 절약했다고 생각했다. 인듀어런스호 탐험대용 오두막은 전나무 목재와 여러 층의 사개 물린 판자로 지어졌는데 추위가

들어가지 않도록 이중의 문과 창이 있었다. 또한 마스턴은 블리자드 속에서도 신속히 설치할 수 있고 이전 탐험들에서 사용된 텐트들보다 더 널찍한 두 종류의 후프 텐트를 솜씨 좋게 고안했다.

섀클턴은 식량 보급에 가장 신경을 썼다. 그는 다양한 식사가 건강과 좋은 사기의 비결이라고 믿었다. 이전 탐험들에서 최악의 고통은 잘못된 식량을 가져가거나 식량이 너무 적거나 부패한 데에서 왔다. 섀클턴은 첫 번째 남쪽 여행에서 비타민C 결핍으로 괴혈병에 걸렸고 사지와 잇몸이 부었다. 돌아오자마자 그는 그 질환과 예방법을 연구해서 당대의 대다수 의료 전문가들보다 더 박식하게 되었다. 님로드호 최남단 탐사 팀이 심각한 식량 부족으로 고생했음에도 불구하고 그들은 신선한 조랑말 고기를 먹었기 때문에 아무도 괴혈병에 걸리지 않았다.

인듀어런스호는 당대의 가장 선진적 포장 방법을 사용했기 때문에 2년치 식량을 비축할 수 있었다. 일부 물품은 용접 밀봉되었다. 수프는 고도로 농축되었다. 채소는 건조시켜 평방 3인치 통 속에 압축되었다. 영국 군대가 끊임없이 이동하는 집단들을 먹이는 데 있어 비슷한 어려움에 직면한 것을 알았던 섀클턴은 육군성 소장 윌프레드 비버리지 경(Wilfred Beveridge)과 협의하기 위해 와일드를 보냈다. 그들은 행군하는 대원들이 필요로 하는 칼로리를 계산했고(하루에 약 4,000칼로리) 극지 기후 속에서 행군해야 하는 대원들에게 적합한 영양가 있는 식사를 찾아내었다.

섀클턴이 과도한 메뉴를 구성하는 경향이 있다고 생각하는 사람들도 있었다.

오스트레일리아 탐험가 더글라스 모슨은 님로드호에서 거대한 초콜릿 블록 1개를 집으로 가져와 그 후 몇 년 동안 애들레이드 대학교(Adelaide University)에 있는 자신의 사무실을 방문하는 사람들에게 얼음도끼로 한 덩어리를 쳐내 나눠주었다. 님로드호는 매우 호화로운 식량을 남겼기 때문에 1910년에서 1913년의 스콧의 테라노바호 탐험대 중 한 팀이 섀클턴의 로이즈 곶(Cape Royds) 오두막에 도착했을 때 가열하면 부풀어 오르는 비스킷, 과일 단지, 끓인 닭고기, 콩팥, 버섯, 생강 양고기 갈비, 그리고 설탕 조림한 오렌지 껍질을 대접받았다.

그 모든 것에 대한 대금을 치르기 위해 섀클턴은 광범한 모금 활동을 해야 했다. 약 3만 파운드(오늘날의 통화가치로 약 600만 달러)가 들었던 님로드호 탐험을 위해 그는 신용에 의지해 막대한 빚을 내었다. 약 5만 파운드(오늘날의 통화가치로 약 1,000만 달러)가 들었던 인듀어런스호 탐험을 위해서 그는 탐험 이야기, 사진, 그리고 영화 판권을 사전 판매하는 매우 현대적인 조치를 취했다. 인듀어런스호의 예산은 13년 전 공개적으로 자금을 대었던 디스커버리호 예산의 절반에 불과했다.

섀클턴은 개인 서신이 동봉된, 공들여 작성한 내용 설명서를 수백 명의 잠재적 후원자들에게 보냈다. 영국의 일부 부유한 실업가들은 섀클턴을 지구 밑바닥으로 보냄으로써 자신들의 아내들로부터 떼어낼 수 있어 너무 행복하다는 농담을 하곤 했다. 섀클턴은 로잘린드 쳇윈드(Rosalind Chetwynd)라는 연극 여배우를 포함하여 여러 여성들과 염문이 있었다. 다수의 사교계 기혼부인들이 그의 매력에 마음이 흔들린 것은 분명했지만 그가 많은 이들이 주장한 정도의 바람둥이였는지는 분명치 않다.

심신을 지치게 만들고 종종 좌절감을 주었던 섀클턴의 자금 조달 노력은 마침내 결실을 맺었다. 막판에 어느 주요 후원자가 24,000파운드의 관대한 선물과 함께 도움을 제의하고 나서서 인듀어런스호 탐험을 진행시켰다. 그는 스코틀랜드의 황저포 제조업자이자 여행을 좋아하는 자선가인 제임스 케어드 경(Sir James Caird)이었다. 그는 아무 조건 없이 그 돈을 제공했고 다른 기부자들에게도 상환을 요구하지 말라고 공개적으로 호소했다. 그의 관대함은 케어드에게 불후의 명성을 하나 가져다 주었는데, 좌초한 대원들의 구조에 도움을 얻기 위한 남대서양 횡단 항해에서 섀클턴이 탔던 구명보트에 그의 이름이 붙었던 것이다. 인듀어런스호 전설에서 유명해진 다른 2척의 구명보트들은 영국의 담배회사 상속녀 자넷 스텐컴윌스(Janet Stancomb-Wills)와 영국 실업가 더들리 다커(Dudley Docker)의 이름을 따 명명되었다. 정부 기부금은 변변찮은 10,000파운드였고 왕립 지리학회로부터 1,000파운드가 나왔다.

와일드와 섀클턴은 1914년 여름 초까지 탐험대 고용 작업을 대부분 끝마쳤다. 그들은 막바지에 일부 대원들을 교체해야 했으므로 결국 일부 대원들은 신중하게 선발되지 못했다. 유럽에서의 전쟁의 위협은 가장 적임자였던 대원 일부를 흡수해버렸고 화물 배달 문제를 일으키고 말았다. 그럼에도 결국 인듀어런스호는 대원이 잘 배치된, 잘 갖춰진 탐험대가 되었다.

상황은 결코 예상치 못했던 식으로 이 대원들을 시험할 것이었나. 그러나 그들은 근 2년 동안 힘을 합쳐 무사히 돌아왔다. 프랭크 와일드는 섀클턴이 부득이하게 대원들로부터 떼어 놓았을 때에도 동요하지 않고 임무를 계속 수행할 수 있었다. 선원 티머시 맥카티(Timothy McCarthy)는 다른 사람들이 제 정신을 잃을까 두려워할 때에도 쾌활해지려고 애를 썼다. 프랭크 워슬리는 뛰어난 항해가였다. 톰 크린(Tom Crean)은 그 여행의 가장 어려운 구간 동안 대원들을 구조하는 것을 도왔다. 루이 리킨슨(Louis Rickinson)은 지칠 줄 몰랐다. 선의인 알렉산더 맥클린과 제임스 맥클로이는 둘 다 냉철하면서도 다재다능했다. 사진사 프랭크 헐리는 평생의 최고의 작업을 하게 될 것이었다.

인듀어런스호는 1914년 8월 1일 출항했다. 그 배는 눈부신 여름 태양과 제 1차 세계대전의 시작이라는 어두운 구름 아래 웨스트 인디아 부두(West India Dock)를 떠났다. 그 탐험대는 부두에 서서 환호하는 사람들과 다른 배들의 사이렌 합창과 "The Wearin' o' the Green"을 연주하는 어느 백파이프 연주자의 떠들썩한 배웅을 받았다. 배는 템즈강을 따라 항해했다.

그리고 월요일, 섀클턴은 영국 마르게이트에 상륙해 총동원령에 관한 뉴스를 읽고 맥이 빠졌다. 항해사 몇 명은 즉시 떠났다. 섀클턴은 배로 돌아와 대원들에게 그 배를 해군성의 재량에 맡기기 위해 그들의 승인을 요청했다. 전보를 보낸 지 1시간 뒤 그는 "진행하시오(Proceed)."라는 회답을 받았다. 뒤이어 곧 해군장관 윈스턴 처칠(Winston Churchill)로부터 "최고의 지리학 권위자들"이 수립한 계획을 중단시킬 필요는 없다고 주장하는 또 다른 전보가 왔다. 국왕은 탐험대를 위해 몸소 자신의 안부를 전했다. 마침내 섀클턴은 양심에 부끄럽지 않게 배를 배웅할 수 있었다. 그 다음 토요일에 인듀어런스호는 외해로 들어갔다.

섀클턴과 와일드와 2명의 과학자들은 최종 준비를 하고 제때에 배달되지 못한 일부 필수 품목들을 기다리느라 뒤에 남았다. 마침내 9월 25일 섀클턴은 리버풀을 떠나 부에노스아이레스로 향했고 거기서 인듀어런스호와 합류할 것이었다. 그때까지 그는 피곤하고 초조하고 걱정에 잠겨 있었다. 그는 일 때문에 가족을 희생시키는 것에 대한 마음속 깊은 갈등과 그가 지키지 못했던 약속을 기꺼이 지키겠다는 마음을 보여주는 회한의 편지를 아내에게 보냈다. "나는 단지 내 일과 내가 해야 하는 모든 것에 사로잡혀 있을 따름이오… 나는 이 일을 완수할 것이며 그런 연후에는 극지에서의 나의 방랑이 영구히 끝날 것을 기대하고 있소."

아르헨티나에 도달하는 데 걸린 두 달 동안 대원들 다수는(대부분이 전문가와 과학자들인) 향수병에 걸리고, 뱃멀미하고, 두려워하고, 자신이 올바른 결정을 내렸다는 확신이 없었다. 불만스럽지 않은 사람들(대부분 선원들)은 흥청망청 마시고 항구에서 법에 저촉되는 짓을 하며 떠들썩한 시간을 보내고 있었다. 이 모든 것들은 가장 유능한 대원들이라도 여전히 훌륭한 지도자를 필요로 한다는 것을 입증하고 있다.

오드 리즈는 자신의 항해 첫날에 관해 불평하기 시작했다. "나는 여느 때처럼 꽁무니를 빼기 시작하고 있고, 오지 않았더라면 좋았을 거라는 생각이 든다. 나는 극지 탐험이 무슨 소용이 있는지 전혀 모르겠다."라고 그는 일기에 적었다. 키를 잡은 섀클턴의 침착한 손이 없는 가운데 선원들 여러 명이 전전 더 난폭해졌기 때문에 몇 주가 흘러가는 동안 그의 절망은 더 커졌다. 1914년 10월, 그는 또 다음과 같이 적었다. "12명 중 적어도 10명의 선원들은 가장 불충실하게 행동하고 있고 매일 돌아다니며

술을 마시고 우리들 간부에게 모든 일을 떠맡기고 있다. 이는 무언가 잘 못되었음을 보여주고 있지만, 고맙게도 어니스트 경이 도착하면 모두 바로 잡힐 것이다."

제임스 크레이머(James J. Cramer)는 월가(Wall Street)의 큰손의 하나로서 자신이 부와 성공과 국제적 명성을 얻기 불과 몇 달 전, 재정적 파탄과 무명 상태였던 그를 구조한 것은 섀클턴의 낙관적 본보기 때문이라고 생각하고 있다.

그는 간단히 말한다. "섀클턴은 나의 생명을 구했다."

크레이머는 전문직 생활 중 최악의 해였던 1998년 말, 섀클턴에 관한 책을 읽었다. 뉴욕에 근거지를 둔 그의 헤지 펀드 크레이머 베르코비츠 앤 컴퍼니(Cramer Berkowitz&Company)사는 1987년에 사업을 시작한 이래 최악의 슬럼프에 빠져 있었다. 그해 말 주식 시장의 폭락으로 그 공격적 펀드는 1억 달러의 손해를 보았고 2%에 불과한 자산 수익률과 함께 그해를 마감했다. "사람들은 자본을 빼내고 있었다."라고 크레이머는 회상한다. "내 개인적으로도 1,500만 달러를 손해 보았다. 숨어버릴 때였다."

그는 또한 1996년 뉴 리퍼블릭지(The New Republic) 사주이자 편집인 마틴 페레츠(Martin Peretz)와 공동으로 설립했던 신출내기 재정 뉴스 웹사이트 TheStreet.com 때문에 골치를 앓고 있었다. 1998년에 수익이 100만 달러를 넘어 있음에도 그 회사 손실은 전해의 580만 달러에서 1억 6,400만 달러로 급격히 확대되었다.

크레이머는 스스로와 그의 후원자들에게 "우리가 녹아웃 당했는가?"라고 물어야 할 시점에 이르렀다. 그는 동업자들에게 전화를 했고, 그가 놀랄 정도의 압도적인 비관주의를 발견했다. 그들은 그에게 포기하자고 말했다. 그는 패배한 느낌이 들었다. "당신은 매일 아침 억지로 직장에 나가지만 의기소침해 있고 사람들은 당신을 비웃고 있다."라고 그는 말하면서 매일 자신의 월가 사무실에서 직원과 동료들을 대해야 하는 고문을 상기했다.

그때 그는 섀클턴을 발견했다.

내셔널 지오그래픽지(National Geographic)에서 그 탐험가에 관한 기사를 본 뒤 크레이머는 알프레드 랜싱이 쓴 인듀어런스호와 동일한 탐험에 관한 섀클턴의 보고서 '사우스(South)'를 읽었다. "나는 이 책이 삶의 원리이기도 하지만 특히 사업을 위한 원리라는 느낌이 들었다."라고 그는 말한다.

자신에게 포기하라고 말하는 모든 목소리들 가운데서 그는 섀클턴이 힘내라고 자신에게 말하는 소리를 들었다. 그는 자신과 직원들의 사기를 북돋우기 위해 사무실의 화이트보드 위에 빨간 매직펜으로 섀클턴의 인용구들을 적기 시작했다. "낙관주의는 진정한 도덕적 용기이다."라는 인용구는 1998년 주가 급락이 끝날 때까지 머물러 있었다고 크레이머는 말한다.

"섀클턴에 의해 단련되지 않았더라면 나는 포기했을 것이다."라고 그는 말한다. "그것은 지금까지 중 내가 겪었던 최악의 해였다. 섀클턴은 모든 사람들이 포기하라고 말했던 궁지에서 나를 벗어나게 해주었다. 나는 믿을 수 없는 정도의 유형의 사람으로 돌아왔고 비관주의자들이 틀렸다는 것을 입증했다."

정말로 틀렸다. 1999년 초 즈음 그의 주식은 극적으로 역전되었고 그는 명성과 많은 재산을 얻었다. 뉴욕 타임스사(New York Times Company)와 루퍼트 머독(Lupert Murdoch)의 뉴스 코퍼레이션사(News Corporation)가 TheStreet.com의 소수 지분을 인수하고 결국에는 합작투자회사를 설립했다. 1998년에 자산이 약 1억 8,000만 달러로 폭락했던 그의 헤지 펀드는 가치가 두 배 이상이 되었다.

TheStreet.com이 주식을 공개한 1999년 5월에 큰 이득이 발생했다. 섀클턴 같은 크레이머의 미디어 지식과 말재주는 그 회사에 관한 큰 소문을 만들어내어 주식에 대한 수요가 나스닥 주식 시장에 쇄도했다. 증시 개장 후 2시간이 될 때까지 주식거래가 지연되었다. 마침내 주식을 모집했을 때 주당 가격은 최초 매출 가격인 19달러의 거의 4배인 73달러까지 급등했으며 마감을 위해 60달러에서 안정되었다. 그날 TheStreet.com 주식 1억 3,500만 주가 거래되었다. 최초 종가에 근거해 그 회사의 전체 시총은 14억 2,000만 달러로 평가되었다. 그것은 44세 된 크레이머의 회사 지분이 2억 1,500만 달러 이상의 가치가 있음을 의미했으며, 당시 그의 연봉은 25만 달러였다.

그 회사는 국제적 관심을 끌었다. 그 사이트에 대한 구독과 방문이 급등했고 더 많은 직원들이 추가되었으며 더 큰 본사로 회사를 옮겼다. (증권업자 겸 시장해설자로서 크레이머는 TheStreet.com의 활동으로부터 신중한 거리를 유지해야 하므로 자신의 사무실에서 근무하지 않는다.) 그 회사가 결코 수익성이 없었다고 걱정하지 마시라. 1999년에 수익은 3배 이상이 되었다. 수지 결산은 선구적인 인터넷 회사에게는 상관없다고 시장의 매수자들은 판단했다. "TheStreet.com은 미래를 대표한다."라고 유에스에이 투데이지(USA Today)는 말했다. 성공의 공로는 크레이머에게 돌아갔는데, 그 신문은 그를 "혈액형 A형 행동 양식에 대한 카페인이 과다 함유된 남자 모델 얼굴 표정을" 갖고 있다고 묘사했다.

그 후 붉은 염소수염을 뽐내는 크레이머의 명랑한 얼굴은 어디서든 볼 수 있게 되었고, 월스트리트 저널지(The Wall Street Journal)는 그를 "관심과 홍보를 위한 월가의 피뢰침"이라고 불렀다. 그는 네트워크 TV와 케이블 뉴스쇼에 출연했다. "틀린 말이야!"라고 버젓이 불리는 자신의 온라인 칼럼을 쓰는 것 외에도 그는 다른 잡지와 신문을 위해 기사를 냈고 수많은 매체와 회사 아웃렛과 제휴를 맺었다. 그의 엄청난 인기로 토크 (Talk) 잡지사는 1999년에 경청해야 할 50명의 미국인 중 1명으로 그를 지명했다.

크레이머의 해설은 귀에 거슬리게 말하는 데 거리낌이 없다. 그는 유행에 뒤떨어진 재정 개념들을 과장해서 말하고 인쇄 매체들 속의 "고목들"을 놀려댄다. 특유의 뻔뻔함과 함께 그는 TheStreet.com이 "사람들의 선택"이라고 선언한다.

1년 만에 크레이머는 벼랑 끝으로부터 별처럼 돌아왔다. "포기하고 그만두라는 믿을 수 없는 압박감이 있었다."라고 그는 회상했다. 그가 그렇게 했다면 "그것은 내 인생에서 가장 바보 같은 결정이었을 것이다."라고 그는 지금 말한다.

하버드 졸업생인 크레이머는 그 대학교에 법학 학위를 획득하러 가기 전 하버드 크림슨지(The Harvard Crimson) 대표로 일했다. 그는 한동안 기자로 근무했고 스마트 머니(Smart Money) 잡지사를 설립하는 것을 도왔다.

그는 1987년 자기 아내 카렌(Karen)과 함께 크레이머 앤드 컴퍼니(Cramer&Company)를 시작하기 전에 골드만삭스 앤드 컴퍼니(Goldman Sachs&Company)의 개인 고객 서비스 부에서 잠시 일했다. 약 4년 후 그는 제프 베로코비츠와 회사를 합쳤다.

오늘날 역사에 관심이 있는 크레이머는 자기 사무실에 어니스트 경의 사진과 경매에서 구입한 님로드호 탐험대 시기로 추정되는 섀클턴의 친필 메모를 가지고 있다.

사람들을 고용할 때, 크레이머는 섀클턴이 자신의 대원들을 분석했던 방법에 관한 생각을 한다. 그는 낙관주의자들과 사업에 대한 자신의 아이디어와 희망을 공유하는 사람들을 선택한다고 말한다. 그는 여전히 그 탐험가를 더 충실하게 모방하기 위해 노력하고 있음을 인정한다. "조금이라도 더 그를 닮을 수 있다면 좋겠는데"라고 그는 애통해한다. "사람들은 내가 꿈꿀 수 있는 방식으로 그의 지위를 존경했다. 그와 그의 대원들 간에는 존중할 만한 거리가 있었다. 나는 직원들과 너무 사이가 좋다."

새로운 세기가 밝아 옴에 따라 인터넷 주식에서의 열기 일부가 없어졌고 TheStreet.com은 다시 타격을 입었다. 열광적인 최초의 주식 공모 후 회사는 최고 경영진의 대대적 개혁을 겪었고 주식은 시가종가 이하로 떨어졌으며 사이트는 대부분 무료가 되었다. 크레이머는 스톡옵션에 찬성해 자신의 급여를 포기했으며 매각이 진행 중이라는 소문도 있었다.

그러나 그는 목표를 향해 열심히 일하는 사람들은 반드시 낙관적이어야 한다며 계속해서 반대론자들을 무시했다. "만약 당신이 비관주의자들로 자신을 둘러싼다면 당신은 사업에 실패하게 되어 있다."라고 크레이머는 말한다. "그것들은 당신이 머릿속에 넣을 수 없는 목소리들이다. 당신이 비관주의자들의 말을 듣는다면 당신은 잘못된 결정을 내리거나 너무 혼란스럽고 어리둥절해져서 자신에게 필요한 정신적 에너지를 잃어버릴 것이다."

*Ernest Shackleton*

"섀클턴은 진정한 위대함의 광채 중
하나를 보여주었다. ...
그는 결코 자신의
낙관주의를 잃지 않았고,
거울에 대한 준비를 했다."

– 닥터 맥클린이 섀클턴에 대해 쓴 기록

# PART 3

# 강력한 파트너십은
# 어디에서 나오는가?

대원들은 어떤 임무도 쾌활하게 그리고 기꺼이 떠맡고 어떤 난관이나
불편에도 지금까지 불평이나 투덜거리는 소리는 전혀 들리지 않는다.
이것의 주요 공로는 탐험대장의 재치와 리더십과
와일드의 기분 좋은 행복감과 친밀감 덕분이다.
그들은 둘 다 존경과 신뢰 그리고 애정을 장악하고 있다.

프랭크 워슬리, 인듀어런스호 선장

### 승무원들 삭발

어느 날 오후 인듀어런스호 대원들은 갑자기 머리를 밀고 싶은 충동을 느꼈고, 그 결과 누군가가 기술한 것처럼 "죄수들로 구성된 화물"처럼 보였다. 보스는 동지애를 확립하고 유쾌한 분위기를 유지하기 위해 그 무리들이 함께 일하고 놀도록 고무했다. 그들은 촌극을 공연하고 함께 노래를 부르고 생일을 축하했고, 매주 토요일 밤에는 "연인과 아내"를 위한 전통적인 선원들의 축배를 들었다.

## 단합되고 충성스런 팀을 구축하는
새클턴의 방식

- 행동하기 전, 특히 당신이 현장에 처음이라면 시간을 들여 관찰하라. 모든 변화는 개선을 목표로 해야 한다. 단지 당신의 발자취를 남기기 위해 변화를 만들지는 말아라.

- 당신의 직원들에게 항상 문을 열어 놓고 그들에게 영향을 미치는 정보에 관대하라. 사정에 밝은 직원들은 더 열성적이고 참여할 각오가 더 잘되어 있다.

- 모든 직원들이 자신의 위치와 그들에게 기대하는 바를 알도록 일의 순서와 일상을 확립하라. 규율은 직원들이 자신들이 유능한 사람에게 맡겨져 있다고 느끼게 만든다.

- 하찮은 것에서 도전적인 것까지 직원들이 다양한 일을 하도록 훈련시켜 전통적인 위계질서와 파벌을 무너뜨려라.

- 가능하면 직원들을 어떤 임무에 함께 일하도록 만들어라. 그것은 신뢰와 존경과 심지어 우정도 구축해준다.

- 보상과 업무량, 그리고 벌을 주는 데 있어 공정하고 불편부당하라. 불균형은 모든 사람들, 심지어 편애하는 사람들조차 불편하게 느끼도록 만든다.

- 본보기로 지도하라. 때로 당신이 다른 사람들에게 시키는 일을 거들어 주어라. 그것은 당신에게 높은 기준을 설정할 기회를 제공하고 그 일에 대한 당신의 존중을 보여준다.

- 단결심을 조성하기 위해 정기 모임을 가져라. 이는 직원들이 사무실 밖에서 자유롭게 말할 수 있는 비공식적 점심식사가 될 수도 있을 것이다. 또는 단지 동료로서가 아니라 사람으로서 직원들을 서로 연결해주는 특별한 휴일이나 기념 축하행사가 될 수도 있다.

"나는 우리 모두가 살아 있는 것은 그의 리더십과,
매우 다양한 부류의 대원들로부터 충성스럽고 일치단결한
팀을 만들어 내는 그의 능력 덕분이라는 것에
의심의 여지가 없다고 생각한다."

– 레지널드 제임스(Reginald W. James), 인듀어런스호 탐험대 물리학자

섀클턴은 선상의 여러 가지 일들을 정돈했는데 토머스 오드 리즈조차
도 그의 리더십이 얼마나 큰 차이를 만들지 예상할 수 없었다. 섀클턴은
유능한 대원들을 선택하는 데 능한 만큼 그들을 지휘하는 데는 더 능했
다. 그는 가장 평균적인 대원들에게서도 평균 이상의 수행능력을 얻을
수 있음을 알았기 때문에 성격과 특성에 따라 고용할 여유가 있었다.

1907년 님로드호 탐험이 시작될 때 경험이 부족한 섀클턴은 자신의
"완벽한" 대원들과 식량에 관해 아내에게 허풍을 떨었다. 그는 결국 일부
핵심 인물들에게 실망했고 다른 사람들과 의견 충돌을 일으켰고 필요한
보급품에 대한 계산착오로 위험에 빠졌다. 1914년 인듀어런스호가 출항
했던 즈음에 섀클턴은 40살이었고 숙련된 리더가 되어 있었다. 그는 더

이상 대원들이나 보급품의 완벽함에 관한 환상을 가지지 않았다. 그는 얼음이 그런 것들을 다 파괴할 수 있으며 모험의 궁극적인 성패는 그 자신에게 달려 있다는 것을 알고 있었다. 그는 더 자신 있고, 더 영리하고, 훨씬 더 결단력 있는 리더로 성숙했다. 그는 바다에서 보낸 최초의 몇 년을 통해 그가 자신의 일에 있어 가장 싫어하는 것이 무엇인가를 배웠는데 그것은 옹졸함, 무책임한 상사, 참을 수 없는 근무 조건, 그리고 선원들 간의 신뢰와 존경의 결여였다. 신출내기 탐험대장으로서 그는 엄격하고, 냉담하고, 비민주적이고, 불확실한 리더십은 효과가 없다는 것을 배웠다. 인듀어런스호 탐험에서 그는 목표에 도달하는 최고의 기회를 제공한 한 가지, 바로 단합에 초점을 맞추었다.

인듀어런스호 기상학자 레너드 허시는 "세상에 좋은 것들도 많지만 나는 그 모든 것 중에서 동지애가 최고가 아닌가 싶어."라고 섀클턴이 말하던 것을 기억했다.

단합되고 충성스런 팀을 만드는 것은 섀클턴 리더십의 기초였다. 보스에게 팀워크는 성공의 일개 구성 요소 이상이었다. 아니 그것은 그 자체로 하나의 목표였다. 그가 비록 언제나 구성원들 모두를 사랑하지는 않았지만 그는 언제나 그의 팀을 사랑했고, 그들 사이에 그리고 그들과 함께 유대감을 쌓는 일을 즐겼다. "모험의 존재 핵심은 그것이 대원들 간의 진정한 화합을 끌어낸다는 것이다."라고 섀클턴은 허시에게 말했다.

인듀어런스호 선원들을 결속시키는 것은 쉽지 않을 것이었다. 그 집단은 사회 계층, 직업, 그리고 기질에 따라 나뉘어 있었다. 그들은 영어권 국가 전체에서 고용되었고, 다양한 초기 임무로 아르헨티나에서 합쳤다.

프랭크 와일드, 지질학자 제임스 워디, 그리고 물리학자 레지널드 제임스는 썰매 개들과 함께 따로따로 부에노스아이레스에 도착했다. 사진사 프랭크 헐리는 오스트레일리아에서 들어왔다. 최초의 분리는 무너져야 할 파벌을 만들었다. 그러나 여행 첫 구간에 인듀어런스호를 타고 대서양을 횡단했던 팀마저도 분열되었다. 전문가들은 선원들에게, 선원들은 나약한 대학생들에게 우월감을 느꼈다.

게다가 프랭크 워슬리 선장이 책임자로 있는 가운데 대원들은 갈등과 훈련 결핍에 익숙해졌다. 다수가 자신들이 해야 할 일을 원망했고 간신히 그것도 최소한밖에 하지 못했다. 그래도 자기의 역할을 다하려고 애쓰는 사람들은 인정받지 못한다는 느낌을 받았다. 그들의 참여에 보답하는 대신 워슬리와 항해사 휴버트 허드슨과 라이오넬 그린스트리트는 오만으로 반응했다. "그들은 거만하게 굴었고 과학자들을 아주 열등한 존재로 취급했다."라고 1957년 닥터 알렉산더 맥클린은 평했다.

섀클턴의 도착과 함께 그것은 변했다.

**현장에 익숙하지 않은 섀클턴은 행동하기 전에 관찰했고 개선하기 위해 변화를 만들 뿐이었다.**

보스는 인듀어런스호가 정박한 지 약 6주 후인 10월 16일 금요일, 부에노스아이레스에 도착했다. 그럼에도 그는 며칠 동안 배에 오르지 않았고 대신 배 안팎의 문제들을 평가하는 동안 팰리스 호텔에 머무르는 것을 택했다. 섀클턴은 자신이 책임자라는 것을 입증하기 위한 인위적 결정들을 결코 내리지 않았다.

한 가지 즉각적인 문제는 그 배가 관료주의 때문에 항구에서 지체되고 있다는 것이었다. 어니스트 경은 최고위 관료에게 가서 교착 상태를 타개했다. 전기 작가 밀(H. R. Mill)은 영국에서 "냉혈한 사업가들"을 성공적으로 매료시켜 그들의 돈을 내게 만들었던 섀클턴이 더 호의적인 아르헨티나 관리들을 다루는 데 별로 힘들어 하지 않았다고 익살맞게 적었다. "모든 문이 활짝 열렸고 바퀴는 모두 부드럽게 굴러갔으며 모든 것이 신속하게 완료되었다. 그리고 카스티야(Castile, 스페인의 한 지방-역자 주)의 우아함이 느껴졌다."

섀클턴은 대원들 문제를 정리하는 데에는 매력을 덜 사용했다. 그는 그들 중 일부를 해고하고 항구에서 후임자들을 고용했다. 경험을 통해 그는 그 일을 감당할 수 없는 사람들을 제거하는 데 망설이지 않아야 한다는 것을 배웠다. 그는 님로드호에서는 영국을 떠난 뒤 아무 것도 바꾸지 않았으나 인듀어런스호에서는 4명을 해고했고 마지막 항해인 퀘스트호에서는 그는 남미로 가는 내내 고용하고 해고했다.

부에노스아이레스에서 섀클턴이 취한 최초의 조치들 중 하나는 인듀어런스호의 무능한 조리사를 해고하는 것이었는데, 섀클턴이 음식을 크게 중요시했던 것을 고려하면 전혀 놀랍지 않았다. 후임자는 대원들이 놀리기 좋아했던 카랑카랑한 목소리를 가진 괴짜 제빵사 찰스 그린(Charles Green)이었다. 그린은 강풍이 부는 동안 얼음에 뒤덮인 바위들에 매달려 있으면서 엄청난 양의 뜨거운 음식을 잽싸게 만들어 낼 수 있는 경이로운 인물로 판명되었다. 섀클턴은 후일 그를 그 탐험대의 영웅들 중 하나로 뽑았다.

섀클턴은 그와 동시에 미국 선원 윌리엄 베이크웰(William Bakewell)과 계약했는데 그는 자신을 그 탐험을 통해 영국 국민 자격을 얻고자 하는 캐나다인이라고 밝혔다. 이틀 뒤 섀클턴은 허락 없이 1주일 동안 결근한 선원 2명을 해고했다. 다음 날 또 다른 선원이 해고되었다. 보스는 언제나 자신의 취향에 맞게 규칙을 굽혔지만 여전히 규칙을 믿었다. 그는 항구에서 보고된 많은 속임수들을 못 본 체했지만 책임 결핍은 용인하지 않았다. 그럼에도 섀클턴은 해고된 대원들이 남미에서 궁지에 몰리게 내버려두지 않았다. 그는 그들이 영국으로 돌아가는 증기선에서 일을 찾도록 도와주었다.

**섀클턴은 대원들이 자신에게 접근할 수 있도록 했고
대원들의 관심사를 경청했고
그들에게 배의 업무에 관해 계속 알려주었다.**

섀클턴은 부에노스아이레스에 머무르는 동안 몹시 바빴으나 그의 문은 선원들에게 항상 개방되어 있었다. 오드 리즈는 어느 일요일 예배 후 지신이 부에노스아이레스에 있는 보스의 호텔 숙소에서 커피를 마시자는 초대를 받아서 얼마나 기뻐했는가에 관해 적었다. 섀클턴은 그 원동기 전문가가 여행 계획에 관해 갖고 있는 모든 의문에 대답했고 그와의 대화로부터 선원들이 항해에서 어떻게 지냈는지 감을 잡았다. "내가 그를 만날 때마다 점점 더 그를 사랑하게 된 게 분명했다."라고 오드 리즈는 일기에 적었다.

그것은 님로드호 선원 애덤스 중위에게도 마찬가지였다. 부대장이었던 그는 그 탐험 동안 남극 해안 위에 설치되었던 동계용 오두막에서 방침의 변화에 대한 어떤 요청도 언제나 그 영향을 받는 사람들과 함께 논의되었다고 적었다.

마침내 섀클턴이 인듀어런스호에 승선했을 때 그의 선실은 대원들이 다른 사람들이 듣지 못하도록 그에게만 이야기하거나 건강을 회복하기 위해 찾아 갈 수 있는 안전한 피난처 역할을 했다. 보스는 처음에는 워슬리를 더 잘 알기 위해, 그리고 그에게 영향을 주고 그를 적응시키기 위해 그 공간을 공유했다. 나중에 선원들이 배의 더 따뜻한 곳으로 옮겼을 때도 섀클턴은 자신의 선실에 남아 있었다. 이러한 분리는 그가 나머지 대원들과 경의를 표하는 거리를 유지하는 데 도움이 되었고, 그에게 생각하고 글 쓰는 개인적 자유를 주었다.

인듀어런스호는 10월 27일 아르헨티나에서 남대서양에 있는 사우스조지아를 향해 출항했다. 바다로 나온 지 이틀 되었을 때 한 젊은 밀항자가 나타났는데 그는 새 미국 선원 베이크웰의 친구인 퍼스 블랙보로(Perce Blackborow)였다. 그는 사물함 속에 숨어 있었다. 배의 화가 조지 마스턴은 섀클턴의 반응에 대해 "나는 그가 그 아이디어를 좋아했다고 생각한다."라고 말했다. 섀클턴은 밀항할 배짱이 있는 친구라면 분명히 재산이 될 수 있을 것이라고 생각했다. 그리고 그는 선원 2명이 부족했기 때문에 배가 사우스조지아에 다다를 때까지 19살 먹은 그를 시험해 보았다. 2주 후 인듀어런스호가 그 섬에 도착할 즈음에는 보스는 자신이 그 청년을 매우 좋아한다고 결정했다. 마침내 팀이 완성되었다.

이 시기에 섀클턴은 생의 소명과 가족에 대한 감정을 다시 한 번 토로하는 편지들을 집에 있는 에밀리에게 보냈다. "말하기 어려운 것 같지만 나는 이것이 이스마엘 자손의 삶이자 나에게 어울리고 내가 누구에게도 뒤지지 않는 한 가지 일이라는 걸 알고 있소... 나는 단지 탐험가로서 유능할 뿐 그밖에는 아무 것도 아니오."라고 그는 한 편지에 썼다. 나중에 보낸 편지에서 그는 "나는 결코 다시는 이와 같은 긴 여행을 위해 떠나지 않을 것이오. 나는 온 가족이 편안하게 정착된 것을 보고 싶고 그런 연후에 밧줄을 감고 쉬고 싶소. 나는 세상과 대중에 대해서는 아무 생각도 하지 않소. 그들은 한순간 당신에게 환호하다가 다음에는 호통을 쳐서 당신의 입을 다물게 하오. 중요한 것은 누가 자기 자신인가 하는 것과 사람이 자신의 생을 무엇으로 만드는 것인가 하는 것이오."

보스는 또한 아내에게 익명의 승무원 몇 명에게 불만이 있다고 하는 편지를 썼다. 프랭크 헐리의 오만함, 레지널드 제임스의 무경험, 그리고 토머스 오드 리즈의 이기적인 나태함 같은 대부분의 문제들은 시간이 처리할 수 있을 것이었다. 그러나 그 시련이 끝난 뒤 기진맥진한 섀클턴은 에밀리에게 또 다른 편지를 써서 한 사람을 "바보"라고 그리고 또다른 대원을 "아무 쓸모가 없다"고 불렀다. 궁극적으로는 섀클턴은 그들이 애를 쓰는 동안 중요한 순간에 워슬리 선장에 대한 반항적 항의를 한 목수 해리 맥니쉬(Harry McNeish), 자신이 한때 모든 대원들에게 버리라고 명령했던 귀중품들을 슬쩍 훔친 것이 분명한 선원 존 빈센트(John Vincent), 그리고 분명치 않은 이유로 선원 어니스트 홀니스(Ernest Hilness)와 윌리엄 스티븐슨(William Stephenson) 등 4명의 대원들에게는 수훈에 대한 극지 훈장을 거부했다. 이후 그들에 대한 개인적 포상을 거부한 것이 섀클턴의 관대한 성격에 비해 지나치게 가혹하고 관대하지 않으며 모순되는 일이라고 다수의 대원들은 여겼다. 그러나 섀클턴이 관례에 어긋나거나 남들의 생명을 위험에 처하게 하는 행동을 못 본 척했다면 그게 더 이상했을 것이다. 섀클턴은 자기 대원들의 수행능력을 일을 잘하는 것과 충성심을 입증하는 것, 이 두 가지 수준에서 판단했다. 충성심이 훨씬 더 중요했다. 에밀리에게 보낸 섀클턴의 편지에는 배에 대한 그의 불안감도 드러난다. 영국에서 오는 동안 배에서는 물이 샜고, 부에노스아이레스 부두에서의 "그 배의 행동 방식"은 그 배가 섀클턴의 첫 번째 배만큼 튼튼하지 않다는 것을 암시했다. "나는 안락함을 제외하고는 언제라도 그 배를 낡은 님로드호와 바꿀 것이다."라고 그는 썼다. 대원들과 식량과 개들과 개집들을 잔뜩 채워 넣은 인듀어런스호는 11월 초 사우스조지아 그리트비켄(Grytviken)의 노르웨이 포경기지에 도착했다. 섀클턴은 웨델해의 얼음이 누구의 기억에도 없는 최악의 상태라는 경고를 받았다. 그는 남반구의 여름이 진행됨에 따라 상황이 개선될 것을 기대하면서 한 달 동안 그 섬에서 기다렸다. 12월 5일 배는 마침내 남극을 향해 떠났다.

## 섀클턴은 안전하고 생산적인 분위기를 조성하기 위해 선상의 질서와 일상 업무를 확립시켰다.

섀클턴은 하루의 계획을 짜는 데 까다로운 사람이었고 일과 여가 둘 다를 위한 분명한 경계를 설정했다. 안락한 일상 업무는 각 대원들이 자신의 일이 배의 순조로운 운항에 기여한다고 느끼게 도와주었다. 섀클턴이 승선한 직후 오드 리즈는 자신의 일기에 다음과 같이 썼다. "어니스트 경이 배 위에 있어서 정말 잘됐다. 모든 것이 시계장치처럼 작동하고 사람들은 자신이 있는 장소를 정확히 알고 있다."

대원들은 자신들의 거주 구역을 청소했고 자기 빨래는 자기가 해야 했다. 가장 간단한 일도 엄청난 양의 시간과 노력이 들었다. 예를 들면 옷을 빨려고 욕조에 채울 충분한 물을 얻기 위해 얼음같이 찬 물 밑에서 불을 때는 데 몇 시간이 걸렸다. 그러나 섀클턴이 잘 알고 있듯이 대원들을 끊임없이 바쁘게 만드는 것이 지루함과 싸우는 것을 도와주었다.

전체적인 일상 업무는 간단한 것이었고 아무도 감히 그것을 무시하지 않았다. "아침 식사는 오전 9시 정각이었고 그렇지 않으면 재앙이 있으라."라고 힐리는 적었다. "아침에 식사 전의 어니스트 경의 유머는 매우 별난 것이다."

섀클턴이 설계한 것처럼 매 시간마다 엄한 훈련이 없는 것은 워슬리 선장 휘하의 대원들을 혼란스럽게 만들었는데 워슬리는 개선을 고마워했다. "우리들의 쾌활함의 대부분은 어니스트 경이 정착한 곳에 확립시킨 질서와 일상 업무 덕분임이 분명하다."라고 선장은 나중에 썼다. "규칙적인 매일의 일은 그 자체에 대한 자신감을 고취시키고 리더의 정신 상태가 자연스럽게 일행 전체에 반영된다."

> 섀클턴은 모든 대원들이
> 선상의 모든 작업에 협력하게 만들어
> 전통적인 서열을 파괴해 버렸다.

섀클턴은 자신이 "A.B.들(able-bodied seaman, 숙련 선원)과 B.A.들 (bachelor of arts, 문학사)"이라고 부르는 선원과 과학자들의 작업의 균형을 맞추는 독특한 방식이 있었다. 그는 과학자들을 배의 허드렛일에 참여하게 만들어 때로 그들이 과학 연구를 제쳐놓고 보다 긴급한 임무를 수행하게 했다. 그는 또한 선원들에게 과학 실험의 결과를 판독하고 시료를 채취하는 것을 돕도록 했다. 심지어 조리사도 새로 훈련받은 예비 인원이 있었다. 섀클턴의 전략 일부는 그가 절약해야 하는 상황에서 발전되었다. 또한 그것은 전통적인 선원 계급제도에 대한 일종의 거부였고 배의 운항의 모든 측면에 숙련된 다방면의 전문가들로 구성된 팀을 구축하는 건전한 효과도 있었다. 그것이 이상적이라고 받아들여지기 오래 전에 섀클턴은 민주적인 팀을 얻으려고 애를 썼다. "섀클턴이 배의 통제권을 접수했을 때 항해사들은 한두 단계 물러나야 했고 그래서 새로운 계획을 기꺼이 따르지는 않았다."라고 닥터 맥클린은 말했다.

모든 대원들이 번갈아 배를 조종하고 야간 경비를 섰는데, 후자에는 얼음 상황을 주목하고 보일러 화로 속의 불씨를 유지하고 기상학 판독을 하는 것이 수반되었다. 게다가 모든 선원들은 공용 공간을 청소하고, 석탄 더미를 평평하게 해 석탄을 "정돈"하고, 식량 꾸러미를 포장하거나 풀고, 개를 보살피는 것과 같은 임무를 분담해야 했다. "그들이 넙죽 엎드려 바닥을 닦는 것을 볼 수 있었다."라고 선원 월터 하우(Walter How)는 설명했다. "클라크와 닥터 맥클린, 그들은 모두 자기 당번을 섰다." 아무도 불평하지 않았다. 그리고 "설사 그들이 불평해도 아무 소용이 없었다. 오직 한 사람, 보스가 거기 있었고 그의 말은 통했다."라고 그는 말했다.

프랭크 와일드에 의하면 님로드호 탐험에서는 인기 있는 급식 당번은 설거지를 할 때 언제나 많은 도움을 받은 반면 인기 없는 당번들은 혼자서 일하도록 내버려졌다. 인듀어런스호 탐험에서 섀클턴은 그런 제스처를 우연에 맡겨두지 않았다. 그는 모든 사람들이 자기가 필요로 하는 도움을 확실히 받도록 했다. 섀클턴은 또한 그가 님로드호에서 했던 필요 이상의 감독을 제거했다. 그 탐험에서는 에지워스 데이비드 교수가 과학자들을 감독했다. 인듀어런스호 탐험에서 섀클턴은 과학자들이 자신의 프로젝트에 책임을 지도록 했고 각자가 그에게 직접 보고하도록 했다.

섀클턴의 요구사항의 논리와 혜택은 오드 리즈에게도 의미가 있었는데 그는 영국에서 남미로 오는 여행 동안 내내 허드렛일에 관해서 워슬리 선장과 싸웠다. "그래서 나는 우리가 일해야 한다는 것을 알겠다!"라고 토머스 오드 리즈는 영국 항구를 떠난 시 오래 지나지 않아 자신의 일기에 적었다. 오드 리즈는 언제나 명령이란 다른 사람을 위한 것이라고 생각하는 일꾼들 중의 하나였다. "나는 오늘 밤 12시에서 새벽 4시까지 야간 당번이다. 우리는 잠자리에 들고 필요한 경우에만 일어날 뿐이다. 사람들은 대개 우리를 깨우지만 내가 보기에 정말로 필요한 경우는 결코 없다. 그러나 모든 상선대와 해군 장교들은 배만 생각하고 다른 사람들 모두가 불쾌한 배에 똑같은 양의 관심을 가져야 한다고 생각한다. 그들은 남을 가장 배려하지 않는 사람들이며 '승객들'과 그들의 야간 휴식에 대한 존경심이 없다."라고 계속했다.

섀클턴이 배를 인계받은 뒤로 오드 리즈는 사물을 달리 보기 시작했다. "나는 고상하게 양육된 사람들에게 바닥 청소는 공평한 작업이 아니라고 여긴다. 반면에 나는 현 상황에서는 그것이 일종의 훈련 수단으로 바람직한 목적이 있다고 생각한다. 그것은 사람을 겸허하게 만들고, 자기 안에 남겨 두었던 마지막 남은 헛된 자존심을 제거해 준다. 그리고 이런 이유로 나는 부탁하지 않아도 자발적으로 그 일을 하지만 언제나 혐오감과 자기희생이 뒤섞인 감정을 느낀다."

항해가 시작할 때 도입된 작업의 평등한 분배는 외부인들의 관심을 끌만큼 이례적이었다. 닥터 맥클린은 그들이 현지 예인선의 안내를 받아 부에노스아이레스 항에 입항했던 것을 다음과 같이 기술하고 있다. "우리가 항구에 들어갔을 때 나는 타륜을 잡고 있었다. 그리고 도선사는 의사가 그런 일을 해야 한다는 것에 매우 재미있어 하면서 아르헨티나 의사들은 발을 배 위에 들여놓는 순간 모두들 뱃멀미를 한다고 말했다. 우리가 마침내 정박지에 다다랐을 때 그는 일종의 큰 호기심거리로 모든 구경꾼들에게 나를 자랑했다."

모든 사람들의 지위가 정확히 평등한 것은 아니었지만 각자는 똑같이 소중하게 여겨졌고 똑같은 존중으로 대우받았다.

> **새클턴은 작업 배당을 교대시켜
> 시간이 지나면서 각 대원은 다른 모든 대원들과 함께 일했고
> 그로 인해 일의 분배는 희미하게 되었다.**

보스의 작업 순환 계획은 공평한 분위기를 조성했고 우정을 장려했다. 프랭크 헐리는 제임스 워디, 알프레드 치섬, 그리고 닥터 맥클린이 인듀어런스호에서 네 발로 기면서 손에 걸레를 잡고 어깨와 무릎을 서로 맞대고 주 거주 구역의 무늬가 있는 리놀륨 바닥을 문질러 닦고 있는 사진을 찍었다.

대륙 내부 탐사 팀을 만드는 것과 같은 장기간의 중요한 임무를 위해서 새클턴은 성격 유형과 실제적인 우정에 따라 대원들을 집단으로 나누었다. 그러나 다른 일들을 위해서는 그는 일꾼들을 무작위로 뒤섞고 짝을 맞추었다. 예를 들면, 청소와 야간 경비 임무는 알파벳순으로 할당되었다. 마치 일종의 스퀘어 댄스(square dance, 남녀 4쌍이 1조를 이루어 사각형으로 마주 보고 서서 시작하는 미국의 전통 춤—역자 주)에서처럼 다양한 임무를 수행하기 위해 대원들은 계속해서 파트너를 바꾸었다. 머지않아 대원들은 새클턴의 명령을 받지 않고도 습관적으로 서로를 도왔다. 워슬리 선장은 수로학 판독을 하고 썰매 팀을 위해 개들을 훈련시키고 운동시키는 것을 도왔다. 1등 항해사 그린스트리트는 지질학자 클라

크와 사진사 헐리의 작업을 도왔다. 과학자들은 개집을 들어올리고 배 위로 물자를 운반했다.

임무의 혼합은 자신의 능력에 대한 모든 대원들의 자신감을 북돋우었다. 이것은 차례로 사교적 차원에서 더 많은 사람들의 혼합으로 이어졌다. 그들의 일기에서 모든 대원들이 서로에 대해 얼마나 우호적이었는가를 알 수 있다. 대원들의 일상이 제2의 천성이 된 것처럼 그들 사이의 유대도 그렇게 되었고 그 결과로 생긴 신뢰와 동지애는 앞으로 다가올 더 어려운 시기에 많은 도움이 되었다.

종종 불평분자인 목수 맥니쉬의 일기는 섀클턴의 사회 공학의 효과를 보여주고 있다. "나와 닥터 맥클로이와 기관장은 우리 셋이 매주 수요일과 토요일에 하듯이 거주 구역을 청소했다. 그런 다음 우리는 산보를 갔다가 날이 약간 어두워지고 있었기 때문에 저녁 식사에 때맞추어 돌아갔다."

님로드호 탐험에서도 똑같은 종류의 혼합이 이루어졌다. "일행이 너무 적었을 뿐 아니라 탐험을 설계할 때 계층 차이를 고려하지 않기 때문에 '뒤'나 '앞'의 4분의 1에 대한 필요성은 전혀 없었다."라고 지질학자 레이먼드 프리스틀리는 적었다. "이런 차이를 느끼지 않았기 때문은 아니었다. 옹졸한 고급 선원들과 과학자들의 식사 예절의 차이가 정식으로 주목되었고 비웃음을 샀다. 한번은 대학 교육에 관한 대화가 어색해질 가능성이 있었지만 그렇지는 않았다. 이 탐험에서 중요한 것은 여전히 대원의 숙련이라는 사실이었다. 일부는 손재주가 능숙했고 일부는 두뇌가 능숙했고 일부는(특히 섀클턴은) 둘 다 능숙했다. 과학자들은 교대로 집안 허드렛일을 하면서 몇 가지 원치 않던 가정생활 기술을 획득했다."

## 섀클턴은 대원들을 다룰 때
## 언제나 용의주도하게 공평했다.

섀클턴은 자신의 대원들에 관한 분명한 견해가 있었지만 배를 지배하는 그의 공평한 시스템 덕분에 이런 견해들은 대개 숨겨져 있었다. 보스는 상한 감정과 모욕을 진지하게 받아들였다. 한 사건에서 선원이 창고지기 오드 리즈에 대한 불평사항을 신고했다. 비좁은 숙소는 그 선원이 나머지 대원들과 떨어져(조리사와 밀항자가 그랬던 것처럼) 식사해야 함을 의미했지만 그들은 섀클턴과 고급 선원들과 똑같은 식사를 제공받았다. 그들은 대원들의 25%에 해당했고 그래서 모든 식량, 심지어 사치 품목조차도 25%를 보장받았다.

오드 리즈가 그것에 대해 다음과 같이 말했다.

선원들은 그들의 합의에 의해 우리와 똑같은 식사를 했기 때문에 자신들은 소스 등과 같은 사소한 사치품의 공평한 몫을 받지 못했다고 넌지시 말하고 있었다. 나는 언제나 그들이 공평한 처우를 받도록 세심한 주의를 기울였으며, 최근에 어니스트 경은 내가 개봉하는 모든 맛난 음식 상자 내용물의 4분의 1을 그들에게 주라고 명령했다. 다음 날 나는 하인즈 처트니(chutney, 과일, 설탕, 향신료와 식초로 만드는 걸쭉한 소스-역자 주) 24병이 든 상자 1개를 개봉해 갑판장에게 1/2 더즌을 주고 물품 시급 내상에 수령했음을 이니셜로 서명하라고 부탁하거나 아니면 그것들을 다른 사람에게 주면서 그에게 이것을 갑판장에게 주라고 말했다.

이 대원은 갑판장에게 내가 그 물품에 대한 수령증을 작성해 줄 것을 원한다고 말했다.

이것이 갑판장의 감정을 상하게 한 것 같이 보였고 그는 1등 항해사들에게 불평했으며 그 불평이 어니스트 경에게 도달했을 즈음에는 내가 각 대원에게 매일 그들의 저녁 식사 각각에 대해 서명하기를 원한다는 말이 있었거나 그런 종류의 약간의 과장이 있었다. 이것은 불행한 일이었지만 나는 쓸데없는 해명으로 어니스트 경의 시간을 낭비할 가치가 없다고 생각했다. 그 이유는 특히 그가 그것에 관해 매우 관대했지만 그것이 탐험대와 상선대 정신에 반하는 것이라고 말했기 때문이었다. 그러나 나는 그가 기분이 상했으며 내가 실수했다고 생각한다는 것을 알 수 있었다.

그것은 매우 사소한 일 같지만 그럼에도 그런 일이 일어나지 않았다면 나는 많은 것을 주었을 것이다. 물론 나는 "상선대" 방식을 벗어날 수 없다. "상선대"에서는 수령증을 받는 것을 생략했다면 훨씬 더 심각했을 것이다.

샤클턴은 벌이 죄를 능가하는 것을 결코 허락하지 않았다. 닥터 맥클린은 경비 중인 대원 2명이 배의 프로펠러 속의 와이어로프를 엉키게 해놓았던 어느 날을 회상했다. "그것은 매우 끔찍한 일이자 사고였지만 비난은 전혀 없었다."라고 그는 말했다. "일은 저질러졌고 그것을 원상태로 돌리는 것이 문제였다. 그것이 샤클턴과 어울렸던 시간 전체에 걸쳐 내가 주목했던 한 가지 특성이었다." 닥터 맥클린은 샤클턴이 누군가를 너무 심하게 나무랐다고 스스로 느꼈을 때는 언제든지 친밀한 얘기를 해서 어떤 악영향도 원상으로 돌려놓았다고 말했다. "그는 즉시 당신이 그에 대해 올바른 감정을 품도록 만들었다."라고 그는 말했다.

**샤클턴은 본보기로 지도했다.
그는 결코 누구에게도
자신이 스스로 하지 않을 일을 해달라고 요구하지 않았다.**

샤클턴은 그를 필요로 할 때는 가장 하찮은 일에도 도움을 주었다. 누군가 아프거나 다쳤을 경우에는 샤클턴은 아마 그를 대신할 사람일 것이었다. 그는 무거운 물건을 들어올리는 작업과 청소를 도왔고 심지어 바닥에 리놀늄을 깔기도 했다. "그는 대다수의 야간 경비들보다 사관실을 훨씬 더 잘 치웠다."라고 오드 리즈는 말했다.

샤클턴은 작업장에 항상 존재하는 사람이었다. 그의 참여에는 많은 이점이 있었다. 그것은 일에 대한 그의 기대를 본보기로 보여 줄 수 있었고 각각의 일에 포함된 노력을 더 잘 이해할 수 있었다. 그의 참여는 그가 각 대원들의 장점과 약점을 평가하는 데 도움이 되었고, 선상의 모든 작업에 어떤 품위를 제공해주었다. 그리고 그것은 대원들에 대한 그의 지위를 향상시켰다. 무엇보다도 그의 참여는 그가 대원들과 유대를 형성하는 것을 가능케 해 주었다.

보스는 님로드호에서도 똑같이 행동했다. "긴 겨울 동안 어둠과 추위 속에서 과학자들이 일상적 실외 업무에 힘쓸 때 우리들의 지도자의 도움과 동행에 언제나 의존할 수 있었다."라고 프리스틀리는 말했다. "그는 조랑말을 운동시키고, 호수나 해빙의 조사를 위해 도랑을 파고, 지질학 표본을 수집하고, 병든 생물학자를 대신해 준설기구 줄을 잡고, 전동차의 시운전을 도와주고, 개 썰매 팀에 끼어드는 일에 똑같이 익숙했다."

인듀어런스호의 얼음 상황이 더 악화되었을 때 섀클턴이 도움을 줌으로써 대원들은 더 마음이 놓였다. "지금 돛대 꼭대기 망대 위에는 얼지 않은 바다를 찾아 수평선을 살피고 있는 항해사가 거의 언제나 있기 때문에 그는 밤낮으로 자주 그 위에 올라가 있다."라고 오드 리즈는 적었다. 배가 남극권을 건널 때 어느 모로 보나 얼음이 사우스조지아의 포경업자들이 예측한 것만큼 나쁘다는 것이 명백해졌다.

### 휴식과 오락은
### 섀클턴이 짜 놓은 일정의 중요한 부분이었다.

섀클턴은 일과 재미의 균형을 유지했고 결코 그 두 가지를 완전히 분리하지는 않았지만, 그럼에도 하나가 다른 하나를 추월하도록 허용한 적은 한 번도 없었다. 비록 그가 많은 특별한 축하 행사들을 계획했지만 그는 또한 모든 대원들이 자신의 일을 즐기기를 기대했는데 그것이 더 큰 생산성을 야기한다고 생각했다. 그것은 또한 그 일이 끝나면 대원들이 함께 여가를 보낼 가능성이 더 많다는 것을 뜻했다. 섀클턴은 축하 행사에 대한 참여의 균형을 유지하는 데 전문가이기도 했다. 그는 모든 것의 중심에 있었지만 그들 중의 하나가 되거나 어느 한 개인을 특별한 친구로 지목한 적은 한 번도 없었다. 후년에 가서 맥클린은 일부 대원들이 자신들을 측근 그룹의 일부로 묘사하려는 시도를 비웃었다.

섀클턴이 심신에 자양분을 제공하려 노력했던 저녁 식탁보다 단합을 구축하는 방법을 더 잘 요약한 것은 없다. 그는 식사 시간들을 이용해 대원들과 담소하고 농담하고 그들의 아이디어를 듣고, 보스와 간부로서보다는 동료로서 휴식을 취했다. 그는 사기를 북돋우고 대원들을 만족시키기 위해 호사스런 특식을 주문했다. 일부 대원들은 격식을 차리지 않는 것에 충격 받았다. "그는 조금도 차별 없이 식탁에서 우리와 어울렸다." 라고 오드 리즈는 적었다. "실제로 나는 종종 그가 지나칠 정도로 친근하다고 생각한다. 그는 때로 경의를 표하지 않고 그에게 말을 거는 대원들을 꾸짖지도 않는데 그들의 태도는 '상선대' 출신인 나를 오싹하게 만든다. 그가 탐험에서 너무 엄한 규율을 승인하지 않고 그런 규율의 지배를 받아 본 적이 없는 친구들에게서 그것을 기대하지 않는 것이라고 나는 생각한다. 이러한 점에서 그는 스콧 선장의 정반대이고 그 점에 대해 내 생각은 좀 다르지만 아마도 그가 아주 옳을지 모른다."

섀클턴이 승선하기 전 부에노스아이레스까지의 인듀어런스호 항해에서 식사시간은 닥치는 대로였다. 고급 선원들과 전문가들은 4개의 작은 개별 식탁에서 식사했다. 섀클턴이 도착했을 때 그는 전문가 무리 전체를 함께 앉도록 조정했다. 그는 탐험선의 대장들이 전형적으로 그랬던 것처럼 상석에 앉지 않고 식탁 한가운데에 앉았다. 나중에 그는 나무와 못을 제거해 식탁을 확장해 오드 리즈도 그들과 함께 하도록 했다. 오드 리즈는 다른 모든 대원들과 따로 떨어져 식사를 해 왔는데 섀클턴은 그를 팀에 합류시키기를 원했다.

섀클턴은 또한 매주 대원들을 모아 축음기를 듣고, 게임을 하고, 촌극을 공연하고, 슬라이드 쇼를 보고, 노래하고, 악기를 연주했다. "토요일 밤에는 연주회를 개최하는 것이 일종의 규칙이었고 이 규칙은 깨진 적이 거의 없었다."라고 와일드는 말했다. 허시는 특히 밴조를 잘 연주했고 기관장 리킨슨은 때로 바이올린으로 반주를 했다. 그보다 더 중요한 것은, 토요일은 대원들이 유서 깊은 항해 관습, 즉 "우리의 애인과 아내들에게, 그들이 서로 만나지 말기를!" 하고 사랑하는 사람들을 위해 건배하는 것에 탐닉하는 밤이었다. 섀클턴은 축하 행사에 알코올을 허용했지만 누군가 취하게 할 만큼은 아니고 안락한 분위기를 만들 만큼만 허용했다.

섀클턴은 낱말놀이나 수수께끼, 브리지 게임이나 활발한 토론 같은 단순한 기분 전환거리에 참가했다. 그는 대원들이 패거리로 분산되는 것을 피하기 위해 모든 사람들이 참여하기를 고집했다. 격리와 향수병은 대원의 사기를 떨어뜨릴 수 있었다.

그 배가 처음 갇혔을 때 대원들은 일종의 "제거 게임"을 시작했는데, 그 게임은 대원 1명이 방을 떠났다가 안으로 다시 돌아와 '예, 아니오'로만 답할 수 있는 질문으로 무엇이 숨겨져 있는지 알아내었다. 한동안 모의재판이 열광적으로 유행했다.

또 한번은 노래자랑 대회가 열렸는데 대회 후 대원들은 만장일치로 현명하게도 섀클턴에게 상을 수여했다. "그의 목소리는 예스럽고 가장 독특한 방식으로 반음 높은 음과 반음 낮은 음들 사이에서 흔들린다."라고 헐리는 적었다. 워슬리 선장은 상투적인 말을 되풀이했다. "그는 배 안에서 벌어지는 법석과 장난 절반의 생명이자 영혼이다."

5월 어느 날, 모든 대원들은 삭발했다. 헐리는 그것을 "한겨울 광기의 한 형태였다."라고 적었다. 모든 대원들은 삭발하기 위해 앉았다. "그것은 무척 재미있었고 그로 인해 무성한 곱슬머리와 벗겨진 정수리들이 생겼으며 대머리와 가르마 탄 정수리는 곧 비슷해졌다... 우리는 죄수들로 구성된 화물과 비슷했다."

인듀어런스호의 일부 대원들은 처음에는 모든 오락에 대해 불평했다. 오드 리즈도 물론 그 중의 하나였다. "나는 그런 것들이 싫다."라고 그는 불평했다. "사람들에게 노래를 부르게 하는데 나는 정말 노래가 형편없다. 술 냄새는 말할 것도 없고 담배 연기로 악취를 풍겨 사람을 쫓아낸다. 담배를 피우고 술을 좋아하는 사람들에게는 괜찮지만 그렇지 않은 사람들에게는 구역질나는 괴로운 일이다. 금주주의와 주흥이 다소 모순된다는 것은 의심의 여지가 없지만 다른 어떤 요인보다도 더 금주가들의 주장을 방해해 왔던 것은 아마도 이것일 것이다."

그러나 1년 반 뒤 인듀어런스호의 시련이 끝날 즈음에는 대원들이 절망적인 곤경에 빠졌다는 사실에도 불구하고 오드 리즈는 어느 축하 행사에 열중한 나머지 그것을 그의 평생에 가장 행복한 날 중의 하나라고 부를 것이었다.

섀클턴은 전통과 명절 의식들을 충실하게 지켰다. 1914년의 인듀어런스호 선상의 크리스마스에는 만찬을 하기 위해 사관실을 장식하고 모든 사람들의 접시에 작은 선물을 담아두었다. 일부 대원들은 명절날 공개하기 위해 집에서 가져온 선물들을 남겨 두었다. 그들은 바다거북 수프, 뱅어, 토끼고기 스튜, 크리스마스 푸딩, 민스파이(mincepie, 다진 고기를 넣어 작게 만든 동그란 파이, 영국의 크리스마스 전통 음식—역자 주), 대추, 무화과, 그리고 설탕에 절인 과일로 이루어진 진수성찬을 즐겼다. 럼주와 흑맥주 잔을 돌렸다. 저녁에 대원들은 함께 모여 노래를 불렀다.

1901년 크리스마스 날, 섀클턴은 로버트 스콧과 에드워드 윌슨과 함께 남극을 향한 "위대한 남쪽 여행"에서 행군을 하고 있었다. 그들은 크리스마스 특식을 고대해 왔다. 스콧은 그들의 감질나는 양의 식량과 달리 1인분의 두 배를 약속했다. 그들이 저녁 식사를 하려고 편안히 자리를 잡고 있을 때 섀클턴은 자신의 꾸러미에서 여분의 양말을 꺼내 발가락 깊숙이 쩔러넣어 스콧의 말대로 "멋진 크리스마스 푸딩"을 만들었다. 그는 가방을 뒤져 장식으로 사용할 인조 호랑가시나무 한 조각을 내놓았다. 비록 굶주리고 쇠약했지만 섀클턴은 명절 깜짝 선물로 이것을 남겨 두었던 것이다.

인듀어런스호 선원들조차 1915년 크리스마스를 축하했는데 그들은 배도 없이 부빙 위에서 꼼짝 못한 채 크리스마스를 보냈다. 그렇다고 해도 대원들은 남아 있는 얼마 되지 않는 미식을 실컷 먹었는데 기름에 담근 정어리, 베이크드 빈스(baked beans, 토마토 소스에 넣어 삶은 콩. 통조림으로 나옴—역자 주), "그리고 토끼 고기 스튜는 우리의 학창 시절 이래 꿈에도 보지 못했던 영광스러운 혼합물이 되었다."라고 섀클턴은 '사우스(South)'에 적었다.

대원들을 단결시키려는 섀클턴의 노력은 상황이 걱정스럽게 되었을 때

보답을 받았다. 그해 웨델해에는 여름이 전혀 없었다고 와일드는 불평했다. 1915년 1월 18일 인듀어런스호는 지정된 상륙 장소에서 불과 하루 항해 거리에서 "꽁꽁 얼어붙어버렸다." "우리는 약 40마일 떨어진 곳에 우리가 향해 가고 있는 육지를 볼 수 있었지만 상륙을 실행하는 것에 관한 그것은 4,000마일이나 다름없었다."라고 와일드는 회고록에 적었다.

대원들은 자신들을 이러한 곤경에 빠뜨린 것에 대해 섀클턴을 전혀 비난하지 않았다. 그들은 오히려 그도 자신의 돈과 후원자들의 신뢰, 그리고 어렵사리 얻은 평판을 잃어버리는 개인적 재난에 직면한 그들 중의 한 사람이라는 것을 안타까워했다. "신중한 늙은이" 섀클턴은 배의 안전에 관해 걱정하기 시작했다. 그러나 낙관주의자 섀클턴은 아직 포기하지 않았다. 얼어붙은 바다에서 월동해야 했던 다른 탐험대들도 있었다. 필요한 것은 튼튼한 배와 얼음 아래의 고요한 바다가 전부였다. 이따금씩, 총빙이 갈라져 분리될 때 거대한 "물길"이나 새로운 수로가 목격되어 대원들의 희망을 북돋우었다. 모든 선원들은 갑판으로 달려갔다. 배가 1인치 전진하자마자 배는 다시 얼음에 둘러싸였다. 마침내 물길은 드물게 되었고 그들이 영원히 갇혔다는 것이 분명해졌다.

눈으로 볼 수 있는 한 멀리 두꺼운 얼음층이 웨델해를 덮고 있었다. 와일드는 섀클턴과 워슬리와 함께 배 근처의 얼음 위를 걷다가 거대한 평평한 부빙을 본 것을 기억했다. 워슬리는 걸음을 멈추고 말했다. "오 여보세들, 이 얼음이 얼마나 멋진 축구장이 되겠나." 섀클턴은 다음과 같이 대답했다. "그래 우즐즈, 나는 올해 탈출하려는 희망을 막 포기한 참인데 하지만 자네들이 그렇게 유쾌하게 비빌 필요는 없어."

머지않아 대원들은 얼음과 배 위에서 하키와 축구, 달빛 아래의 축구를 하고 체스, 카드놀이, 도미노 게임과 수많은 다른 게임을 했다. "우리는 아주 행복한 가족 같았지만 나는 우리들이 일치단결한 진짜 비결은 어니스트 경이라고 생각한다."라고 오드 리즈는 적었다. "우리들의 서로 다른 목표와 신분 차이를 고려하면 의견의 차이가 얼마나 적은가는 놀라운 일이다."

대원들은 심지어 배를 얼음에서 꺼내려고 시도하는 게임도 만들었다. 워슬리는 배를 "출격시키려는" 시도를 기술했는데 그에 의하면 선원들은 갑판 위에서 한쪽에서 다른 쪽으로 달려서 배를 흔들어 해방시키려고 애를 썼다. 갑판은 개집들과 물자들로 너무나 혼잡해서 대원들은 빈틈없는 복도를 간신히 통과해야 했다. "각 대원은 흥겹게 떠들고 웃으면서 다른 대원에 걸려 넘어지지만 배에는 별 영향이 없다. 그 다음으로 우리는 '하나, 둘, 셋, 뛰어'라는 구령과 함께 동시에 뛰어오른다. 여전히 배는 요지부동이었고 그러면 우리는 다시 일어나 두 배로 열심히 발을 쾅쾅 굴렀다. 이것은 바라던 효과가 있었다... 이러한 건강에 좋은 운동과 흥겹게 떠드는 것으로 배가 지나갈 수 있는 첫 번째 틈을 이용할 수 있는 위치를 잡았다."

무슨 일이 있어도 대원들은 함께 시련에 용감하게 맞설 각오가 되어 있는 리더 뒤에 있었다. "우리는 지금 영국을 떠난 지 6개월 되었고 이 기간 전체 동안 우리는 마찰이 거의 없이 모두 잘 협력해 왔다."라고 선장 워슬리는 배가 갇힌 직후에 적었다. "동료 선원들로 이보다 더 기분 좋은 신사와 좋은 친구들을 바랄 수는 없을 것이다."

도날드슨 러프킨 앤 젠레트(Donaldson, Lufkin&Jenrette) 투자 은행의 선임 고문 에릭 밀러(Eric Miller)는 섀클턴이 얼마나 능숙하게 자기대원들의 개별적 성격을 하나의 응집력 있는 단위로 만들어 내는지에 감명받았다. "그에게는 일부 무력한 대원들도 있었지만 그는 그들을 잘 섞어서 중화시켰다."라고 그는 말한다. "그는 그들에게 자신의 개인적 실망을 보여주거나 복수심에 굴복한 적이 한 번도 없었다."

샌프란시스코에서 발행되는 DLJ사의 주간 뉴스레터 '포트폴리오 매니저(Portfolio Manager)'에 논평을 쓰는 밀러는 1999년 8월 25일자 칼럼에서 인듀어런스호의 전설을 상세히 기술했다. 30년 넘게 비즈니스 트렌드의 예리한 관찰자이자 분석가였던 밀러는 섀클턴이 "자신이 내린 여러결정에 대한 확고한 신뢰를 고취시켰고 부하들의 끈질긴 충성심을 얻었다"고 적었다. 그는 어느 고객이 그에게 읽으라고 준 알프레드 랜싱의 '인듀어런스'에서 섀클턴을 발견했다. 그는 그것에 기인한 칼럼이 독자들의 "반응을 유발했고" 자신의 가장 인기 있는 칼럼 중의 하나가 되었다고 말한다. 그는 그 반응을 영웅에 대한 사람들의 끊임없는 갈망의 증거로 보고 있는데, 이것은 최근의 평화와 번영으로 인해 우리에게 위대한 도전이 남아 있지 않기 때문에 더욱 강력해졌으며, 이는 전통적으로 훌륭한리더십의 원천이다.

밀러에게 인듀어런스호 이야기는 역경을 극복하는 인간 능력에 관한 훌륭한 본보기이자 활기를 불어넣는 이야기이다. 한국에서 복무한 전직 해병대 장교로서 밀러는 모든 부하들의 안전에 대한 섀클턴의 배려에 감탄한다. 그는 특히 섀클턴이 부하들과의 소통을 얼마나 잘 개인화할 수 있는지에 매료되었다.

섀클턴은 자신의 시대를 훨씬 앞서 있었고 그의 동료들보다 더 민주적이었고 개인적 필요에 더 민감했다. 일의 구조에 관한 그의 방법과 아이디어들은 지금에서야 널리 받아들여지고 있는데 그것은 "조직들이 더 수평적이고 덜 위계적으로 되었기 때문이다."라고 그는 덧붙인다.

그는 경제가 기술과 서비스 분야에 의해 주도되고 전통적 중공업에서 멀어짐에 따라 보다 개방적인 조직들이 가능해졌다고 믿는다. 그는 특히 인텔과 다른 실리콘 밸리 회사의 리더들이 비공개 사무실, 경영진만을 위한 정문 근처의 특권이 있는 주차 공간과 같은 계층화된 조직의 상징과 특전을 선구적으로 없애는 방식에 주목한다. 이제 그는 최고 경영 책임자들마저도 모든 직급의 고용인들과 서로 이름을 부를 정도로 친밀한 것이 일반적이라고 덧붙였다.

밀러는 또한 일과 오락을 혼합하는 섀클턴의 재능에 감탄한다. 그는 섀클턴이 "대원들이 일종의 자상한 배려라고 생각할 어떤 것을 조촐하게 축하하고 즐길 때"를 알고 있었다고 말하며, 인듀어런스호 탐험 동안 찍은 사진들에서 대원들이 놀랄 만큼 건강해 보이는 것에 주목하고 있다.

"그는 권위와 존경을 희생하지 않고도 일과 재미 모두에 함께 참여할 수 있었다."라고 밀러는 적었다. "전문적인 과학자들을 포함한 모든 사람들이 허드렛일에 참가했고 그의 체력과 불굴의 정신은 고무적이라고 판명되었다."

오늘날의 진보적 회사들에서 정식 사무실 파티는 회사 야유회, 소프트볼 게임, 그리고 생일, 성공적인 업무 수행, 좋은 직장 아이디어 또는 스포츠 팀의 승리 등에 대한 소규모 자발적 축하 행사들로 대체되어 왔다.

밀러는 자신의 45년 경력 동안 경영 트렌드에서 눈을 떼지 않았는데 경력의 거의 절반은 DLJ사에서 보냈으며 대부분 뉴욕 본사에서 근무했다. 20년 동안 그는 최고위 기관 고객들을 위한 리더십, 경영관리, 그리고 전략적 계획 수립과 같은 사업 문제에 관한 세미나 주최자였다.

그는 전 생애에 걸쳐 직장의 엄청난 변화를 목격해 왔는데 기업 내부의 개인의 권한 부여보다 더 중요한 것은 거의 없었다. 관리자와 부하 직원들이 보다 동등한 자격으로 일하는 가운데 엄격한 명령 계통이 점진적으로 희미해지는 것이 "자립과 회복력을 고취시킨다"고 그는 말한다. 오늘날 고용인들은 주도권을 행사하도록 기대되며 그들이 사령부의 행군 명령을 수동적으로 기다리는 경우는 드물다. 구식의 계층적 의사결정을 위한 시간은 없다. "기술적 변화의 속도와 글로벌 경쟁은 더 빠른 반응 시간과 더 신속한 적응을 요구한다"고 그는 말한다.

시민권과 여성 해방 운동에서 자라나 1970년대의 기업에 영향을 주기 시작했던 미국 노동 인구의 다양성은 그가 직장에서 보았던 가장 큰 변화였다. 오랫동안 모든 남성 특권의 보수적 보루였던 "아이비 리그식" 투자 사업조차 이제는 변화하는 인구학적 현실을 반영하고 있다. 미국의 기업 리더십 가운데 "아이디어에 관한 독점권을 가진 사람은 아무도 없다."라는 인식은 하나의 건강한 발전이라고 그는 말한다. 창조적 해법은 보다 다양한 인재풀을 활용하는 것과 활발한 아이디어의 교환에서 나온다.

밀러가 관찰하기에 미국 회사들은 다른 산업 국가의 그들의 경쟁자들보다 훨씬 더 빠른 속도로 유연성과 다양성을 받아들였다. 그는 이것이 1990년대에 시작된 엄청난 경제 호황을 촉발하는 데 도움이 되었다고 주장한다. 그 변화는 밀러가 "사기, 정력, 그리고 변화"가 그것의 정수라고 정의하듯이 결정적으로는 모두 섀클턴의 방식처럼 보인다.

*Ernest Shackleton*

"우리들의 쾌활함의 대부분은
어니스트 경이 정착한 곳에 확립시킨 질서와
일상 업무 덕분임이 분명하다."

– 인듀어런스호 선장 프랭크 워슬리의 기록 중에서

# PART 4

# 어떻게 개인의 잠재력을
# 폭발시키는가?

그는 앞장서서 이끌었지 뒤에서 몰아붙이지 않았다.

|

비버트 더글라스(G. Vibert Douglas), 퀘스트호 지질학자

출처: 스콧 극지연구소

## 협력하기

프랭크 와일드는 섀클턴의 지도하에 선원에서 숙련된 부대장으로 승진하여 보스의 부재 시 그의 자리를 대신할 수 있게 되었다. 섀클턴은 선원들 모두의 전문적이고 개인적인 발전에 관심을 가졌다. 그는 모두를 다재다능한 선원들로 만들려는 노력의 일환으로 모든 사람들이 계속해서 새로운 도전에 직면하도록 했다.

## 개인적인 재능을 발전시키는
## 섀클턴의 방식

◆ 전문가들이 깨어 있는 시간의 대부분을 보낼 수 있을 만큼 안락한 작업 환경을 만들어라. 몇 가지 개인적인 취향을 허용하라.

◆ 직원들의 복지를 증진시키는 프로그램에 관대하라. 건강한 심신은 더 생산적이다.

◆ 각 직원이 반드시 도전적이고 중요한 일을 갖도록 하게 하라. 가장 낮은 직급의 직원조차도 자신들이 회사에 소중하고 인정받는 기여를 하고 있다고 느껴야 한다.

◆ 사람을 지위에 일치시켜라. 당신을 위해 일하는 사람들의 유형, 그리고 그들의 성격과 경험에 어떤 임무가 가장 적합한가를 주의 깊게 관찰하라.

◆ 업무 수행에 관해 끊임없는 피드백을 제공하라. 직원들의 대부분은 자신이 칭찬과 격려의 말을 충분히 듣지 못한다고 느낀다.

◆ 전문적일 뿐 아니라 인간적인 요소를 가지는 업무 관계를 위해 노력하라. 회사의 규모에 관계없이 가능한 많은 직원들을 알도록 하라. 당신이 일 이외의 것에 관해 이야기를 나눌 수 있도록 그들의 관심사를 기억하라.

◆ 단체뿐 아니라 개인에게 상을 주어라. 생일이나 근속 기념일과 같이 성공적인 업무 수행에 대한 공적인 인정은 그가 더 인정받고 있다고 느끼게 만들 것이다.

◆ 아량을 베풀어라. 각 직원들의 장단점을 파악하고 합리적 기대치를 설정하라. 때때로 제멋대로 행동하는 개인들이 너무 궁색하다고 생각될지라도, 아량을 베푸는 것은 특히 스트레스를 많이 받는 상황에서는 강력한 영향을 발휘할 수 있다.

"무슨 일이 닥치든 간에 그는 언제나
계획을 바꾸고 새로운 계획을 세울 준비가 되어 있고,
그동안에도 그는 웃고 농담하고 누구와도 농담을 즐기며
모든 대원들의 사기를 높여준다."

– 프랭크 워슬리(Frank Worsley), 인듀어런스호 선장

인듀어런스호는 갇혀버렸다. 대원들은 총빙에서 벗어나 수로를 향해 나아가려고 애를 썼으나 아무 소용이 없었다. 2월 24일 섀클턴은 선상의 모든 정규 일상 업무를 중단시켰고 사실상 그 배를 하나의 동계 기지로 만들었다. "우리는 우리를 미치고 감질나게 만드는 우리 기지를 볼 수 있었다."라고 닥터 맥클린은 말했다. "섀클턴은 이 시기에 진정한 위대함의 광채 중 하나를 보여주었다. 그는 전혀 격노하지 않았고 겉으로 보기에 조금도 실망한 기색을 보이지 않았다. 그는 우리들에게 총빙 속에서 겨울을 나야 한다고 간단히 그리고 침착하게 말했고 일동의 위험과 여러 가지 가능성을 설명했다. 그는 결코 자신의 낙관주의를 잃지 않았고 겨울에 대한 준비를 했다."

현재로서 대원들이 바랄 수 있는 최선은 그 배가 극지의 겨울을 견뎌내고 약 9개월 후인 봄 해동기에 해방되는 것이었다. 섀클턴은 그때까지 대원들을 지탱하기 위해 그 나름대로 어떻게든 희망의 끈을 확장시킬 것이었다.

배의 사관들과 선원들은 자신들이 할 일이 아무것도 없음을 알았다. 각 대원을 훌륭한 항해가로 만들기 위한 그 모든 훈련은 부질없는 일이었다. 섀클턴은 대원들의 참담한 실망과 지루함, 그리고 두려움과 씨름할 방법을 찾아내야 했다. 그는 대원들이 안전하다고 느끼도록 기존의 일상과 구조를 유지하려고 애를 썼다. 그 다음으로 모든 대원들이 앞으로 다가올 시련을 극복할 힘을 반드시 갖도록 하는 데 집중했다. 그들은 리더가 모든 것을 처리할 것이라고 믿었다. 그리고 그는 그렇게 했다. 섀클턴은 진퇴양난의 궁지의 모든 부담을 짊어지고 대원들은 자유롭게 목전의 일에 집중할 수 있도록 했다. 섀클턴은 대원들 모두에게 똑같은 관심을 기울였고 가장 좋아하는 친구에게 기울이는 것과 같은 세심한 관심으로 자신이 제일 싫어하는 대원 하나를 친절하게 보살펴 병을 낫게 하고 건강을 회복시켰다. 그의 존경과 관심을 얻을 자격이 필요한 사람은 아무도 없었다―그는 그것을 아낌없이 주었다.

궁극적으로 섀클턴은 개인적으로 소통하고 연결하는 비범한 능력으로 대원들의 확고한 충성심을 얻었다. 대원들과의 접촉은 지속적이고 다정했으며 교훈적이고 종종 재미있었다. "그는 정신적으로나 육체적으로도 우리를 이끌었고 개인에게 스스로가 쇼 전체의 가장 중요한 부분이라는 느낌을 주었다."라고 퀘스트호 지질학자 비버트 더글러스는 적었다. "섀클턴은 자신의 부하를 인정하는 데 매우 관대했다고 말하고 싶다. 그에게는 온정이 있었다."

대원들의 일기는 얼음 속에 갇혀 있는 데 대해 놀라울 만큼 걱정이 없었음을 보여준다. 대신 그들은 날씨와, 배의 넓은 도서관에서 가져와 그들이 읽고 있는 책과, 야유회와, 일상생활의 사소한 것들에 관해 적었다. 그들은 자신들이 얼마나 행복한가에 대한 일종의 자의식이 있었다. 극지 탐험에 관한 모든 공포스러운 이야기들을 알고 있었고 자신들은 비교적 운이 좋은 편이라고 생각했다.

또 다시 새클턴은 자신을 본보기로 하여 분위기를 잡았다. "그의 한결같은 명랑함은 우리들처럼 실망한 탐험가들에게 뜻하는 바가 많다."라고 오드 리즈는 적었다. "그는 내가 지금까지 알았던 가장 위대한 낙천주의자들 중 한 사람이다. 그는 '결국에는 다 잘 될 거야'라고 말하는 것에 만족하지 않는다. 그는 언제나 다르다. 그는 단지 예측하지 못해 사소한 차질이 생긴 것에 불과하다고 말할 뿐이며 즉시 프로그램을 조정하기 시작하고, 심지어 주어진 날짜에 맞춰 일어날 수 있는 여러 가지 만일의 사태에 대처하기 위한 장래 계획까지 마련한다."

새클턴은 다양한 익살로 분위기를 가볍게 유지시켰다. 일찍이 그는 실험용 자동차를 공개해 대원들을 기쁘게 만들고 개들을 흥분시켰다. "기계를 담당하는 마스턴은 독특한 방식으로 군중과 구경꾼들에게 상상의 아이스크림을 나누어 주는데, 그들 중 일부는 런던 토박이 소년의 매우 신뢰하는 모습을 보이고 있다."라고 워슬리 선장은 적었다. 헐리는 그 사건을 필름에 담았다.

> 섀클턴은 사기를 유지하는 데 의식주의 중요성을 믿었고
> 각 대원으로 하여금 자신의 주변 환경에
> 개인적 날인을 하게 했다.

　보스는 결코 획일성을 고집하지 않았다. 그는 유능하기만 한 일꾼보다
는 창조적으로 사고하는 사람을 선호했다. 님로드호 탐험 동안 섀클턴은
동계용 오두막 내부에 개인 침실을 만들고 장식하고 이름을 붙이는 게임
을 만들었다. 그는 자신의 책 '남극의 심장(The Heart of The Antarctic)'
에서 거실을 만드는 것은 "몇몇 독자들에게 보이는 것처럼 그렇게 사소
한 문제가 아니다. 왜냐하면 겨울의 몇 달 동안 오두막 내부는 우리들에
게는 사람이 거주하는 세상 전부였기 때문이다."라고 썼다. 그는 칸막이
방 1개는 너무 깔끔하고 우아해서 "파크 레인 1번지(No. 1 Park Lane, 하
이드 파크 동쪽의 과거 고급 주택지-역자 주)"란 별명이 붙었다고 썼다.
또 다른 칸막이 방 안에는 화가 마스턴이 벽난로 선반 위의 꽃병과 함께
벽난로에서 타고 있는 불을 그려 아늑한 가정의 환상을 창조했다. "불량
배들의 피난처(Rouges' Retreat)"의 거주민 1명은 자기 침대를 만드는 것
에 흥분한 나머지 그 작업은 저장고 안에서 극비리에 진행되었다. 그러
나 그는 출입구를 고려하는 것을 잊어버려 침대를 톱으로 반 잘라 꺼내
야 했다. 오늘날까지도 탐험대원들의 오두막을 방문하는 사람들은 섀클
턴 숙소의 아늑함에 대해 이런저런 말을 한다.
　인듀어런스호에서 섀클턴은 고급 선원들과 과학자들의 구역이 다가오
는 겨울을 나기에 너무 춥다는 결론을 내렸다. 3월에 그는 모든 선원들에

게 배 안 더 깊숙이 따뜻한 장소로 옮기는 것을 도우라고 명령했다. 그는 대원들이 자신의 룸메이트들을 선택하게 했다. 상갑판의 개집들을 얼음으로 옮겨 치우고 물자와 장비를 제자리에 두었다. 선창은 양쪽으로 칸막이 방들이 줄지어 있는 거실 및 식당으로 개조되었다. 두 줄의 칸막이 방들 사이에는 식탁 하나를 차려놓았다. 대원들은 농담으로 그 새 방을 "리츠(The Ritz, 런던의 리츠 호텔–역자 주)"라고 불렀다. 사관실 대신 식사는 모두 거기에서 했는데 아침식사는 오전 9시, 점심은 오후 1시, 차는 오후 4시, 그리고 저녁식사는 오후 6시로 식사 시간은 엄수되었다.

이전의 사관실은 더 손윗대원들인 와일드, 워슬리, 크린, 그리고 마스턴을 위한 거실이 되었다. 그들은 그 방에 "마굿간"이란 별명을 붙였다. 다른 칸막이 방들은 배의 고급 선원 2명을 위한 "앵커리지(The Anchorage)", 스코틀랜드 과학자들을 위한 "올드 리키(Auld Reekie, 에든버러의 속칭–역자 주)", 그리고 기술자 직의 기본에 관한 연극인 "너츠(The Knuts, 멋쟁이)"와 같은 입주자들의 개성을 반영하는 이름이 붙었다. 누구나 여가 시간이 있을 때면 자기 방을 공들여 개선했다. 헐리는 마스턴이 "가로 세로 4피트, 4.5피트의 일종의 아편굴 장의자를 만들었는데 그것은 실제로 그 칸막이 방의 사용 가능한 공간 거의 전부를 차지한다"고 적었다.

3월 10일까지 모든 사람들은 새 구역으로 옮겼다. 보스만이 다른 사람들로부터 멀리 떨어진 대장 선실에 그대로 미물렀다.

샤클턴은 건강한 식사, 운동
그리고 합리적 안전 조치를 고집했고
신체와 정신적 기민함은 밀접한 관련이 있다고 믿었다.

샤클턴은 각 개인이 신체적 혹은 정신적인 도전에 대처하는 데 필요한 것을 제공해주었다. 그 자신은 별로 노력하지 않아도 긍정적 정신 구조와 강하고 튼튼한 체격을 유지하는 것처럼 보였다. 다른 사람들에 관해 말하자면 그는 그들에게 건강한 식습관과 엄격한 운동, 휴식 수단을 겸비할 것을 권장했다. 그리고 배 밖 총빙 위에서의 많은 시간을 허용했다. 그는 또한 누구도 불필요한 야단스러운 장난으로 부상의 위험을 무릅쓰지 않을 것을 강조했다.

탐험의 이 시점에서 대원들은 비록 그것이 부분적으로는 무균 환경에서 생활하는 것의 혜택이었지만 자신들의 건강이 양호한 것에 유쾌하게 놀랐다.

겨울이 다가오는 가운데 3월에는 진짜 혹한의 기온이 다가오기 시작했다. 배 주위에서 움직이는 것은 더 어렵게 되었다. 총빙의 표면에는 충돌하는 부빙들에 의해 형성되는 거대한 마루가 두드러졌다. 열린 물길 위에 생긴 새로운 해빙 꼭대기가 유일한 매끈한 장소였다. (어떤 사람은 생성된 지 4주된 해빙의 두께가 13.5인치라고 말했다.) 배에서 250야드 떨어진 곳에 폭이 약 50야드인 장소가 있었다. 반대쪽의 1마일 떨어진 곳도 표면이 비슷했다. 대원들은 눈에 잘 띄는 길을 갈짓자로 걸어 그 두 군데로 갔다. 그들은 새로 생긴 얼음이 "얼음 꽃(ice flowers)"이라고 불리는 소금기 있는 얼음 뭉치를 형성한 지역을 찾았다. 표면이 거친 이런 지역은 그들의 장화를 꽉 붙잡아 주었다. "이런 벌판들 위에서 우리는 많은 행복한 시간을 보냈다."라고 맥클린은 말했다. "모든 대원들은 최고의 열정을 드러내 보였다. 우리는 모두 원기 왕성했고 살을 에는 듯한 공기는 추가적 활력소를 제공해주었으며 엄청난 에너지를 쏟아 부었다."

대원들은 축구와 하키를 하고 개들을 경주시켰고 오랫동안 산보했다. 오드 리즈조차도 탐험대에 가져왔던 아끼는 자전거를 탔다. 한번은 그가 너무 멀리 가는 바람에 겨울밤에 길을 잃어버린 적도 있었다. 섀클턴은 그가 자전거를 다시 이용하지 못하게 했고, 오드 리즈는 큰 상처를 받았다. 그러나 보스는 불필요한 어떤 부상에도 단호했다. 한번은 숙련 선원 맥러드가 길을 잃었는데, 그때 그는 자신이 좋아하던 혼자만의 긴 산보가 끝날 것임을 충분히 잘 알았기 때문에 구조대원들에게 섀클턴에게 말하지 말라고 애원했다. 또 다른 사건으로는 대원들이 하키를 하다가 선원 맥카시가 얼굴을 맞아서 입술을 꿰매야 했던 일이 있다. 워슬리는 그 사건을 두고 "마침 어니스트 경에게 들키지 않았는데 그는 누구든지 어떻게든 불필요한 부상을 입으면 언제나 호통을 친다."라고 적었다.

긴 겨울이 시작됨에 따라 누구든지 어둠 속 얼음 위에서 길을 잃는 것을 막기 위해 섀클턴은 블리자드 속에서도 대원들이 손으로 더듬어 돌아올 수 있도록 선원들에게 배 주위에 둥글게 얼음 언덕을 만들고 그 사이에 천사 줄을 치게 했다. 숙련된 전기공이기도 한 사진사 프랭크 헐리는 배 주위에 있는 20피트짜리 기둥 위에 전등을 고정시켜 부빙을 비추었다. 보스는 비상 훈련도 실시했다. 총빙이 크게 깨지는 경우 대원들은 자신과 개들을 신속히 승선시키게 되어 있었다.

인듀어런스호에는 식량이 충분히 있었지만 대원들은 괴혈병을 예방하기 위해 신선한 고기를 먹어야 했다. 선원들은 처음에는 섀클턴과 싸웠다. 즐길 수 있는 값비싼 통조림들을 두고서 굳이 바다에서 얻은 음식을 먹고 싶지 않았기 때문이다. 보스는 심리학을 이용해야 했다. 지질학자 제임스 워디의 말에 의하면 12월에 와일드가 탐험대의 첫 바다표범을 사살했을 때 보스는 갑판으로 가 그 사냥감에 감탄하고는 고급 선원과 전문가들이 식사를 하는 사관실용 고기가 충분할 뿐이라고 발표했다. "하갑판(mess-deck, 하급 선원들의 거실 겸 식당이 있는 갑판-역자 주)은 다음에 잡을 바다표범을 기다려야 할 것이다."라고 그는 말했다. 선원들은 곧 대표 1명을 보내 그들을 대표해서 모든 식량 중 계약된 자신들의 25%를 요구했다. 보스는 고기를 내주었고, 그들은 두 번 다시 자신들 몫의 바다표범과 펭귄을 거부하지 않았다.

대륙의 반대쪽에서는 식사와 안전에 관한 그런 세세한 사항에 신경을 쓰는 리더가 아무도 없었는데, 거기서는 탐험대의 로스해 팀이 계획된 대륙 횡단을 위해 식량저장소를 설치하고 있었다. 인듀어런스호 대원들과 그 전의 님로드호 대원들이 향유한 양호한 건강과 안전 기록과는 달리 로스해 팀은 3명의 대원들을 불필요하게 잃었다. 1명은 앞으로 다가올 긴 여행을 위해 비타민 C를 비축하는 데 필요한 신선한 바다표범과 펭귄 고기를 먹는 것을 거부했다. 그는 내륙을 여행하는 동안 괴혈병에 걸려 죽었다. 또한 괴혈병을 앓고 있던 다른 2명은 동료들의 애원을 무시하고 단단한 얼음 층이 없는 물 위를 건너가려다 죽었다. 그들은 사라져

버렸고 그들의 소식은 두 번 다시 들리지 않았다.

**섀클턴은 각 대원들이 반드시
도전적이고 의미 있는 일을 하도록 만들었다.**

　배의 모든 주요 작업이 정지된 가운데 섀클턴은 모든 사람들에게 탐험이나 팀에 중요하다고 생각되는 일을 찾아주어야 했다. 대부분의 노력은 대원과 그들의 동물들을 위한 거주 환경을 개선하고, 과학 프로젝트를 계속하고, 여전히 희망하고 있지만 단지 지연되어 있는 남극 종단 연습을 하는 것을 목표로 했다.

　과학자와 화가들은 비교적 새로운 발명품들을 사용해 자신들의 매력적인 새로운 환경을 탐사하고 기록하느라 바빴다. 물리학자 레지널드 제임스와 항해장 휴버트 허드슨은 일부 고급 선원과 하급 선원들에게 무선 수신기를 조작하는 것을 도와달라고 했으나 포클랜드 제도로부터 수신하려는 시도에 실패했다. 제임스는 또한 별들을 관찰했고 대기와 얼음과 바닷물 상태와 자기 변화를 연구하는 것과 같은 다른 과학 연구도 수행했다. 지질학자 제임스 워디와 생물학자 로버트 클라크는 얼음에 구멍을 뚫어 수심을 재고 진흙 샘플을 채취했다. 선장 프랭크 워슬리는 얼음의 표류 속도를 추정하기 위한 검조기를 제작해 동료들에게 깊은 인상을 남겼다. 레너드 허시는 기상학 판독을 했다.

　헐리는 허시가 바람을 측정하는 것을 도왔다. 그는 그가 바쁘게 찍은 영화 장면을 현상하기 시작했고, 임시 암실을 설치하고 냉장고 안에 필름을 걸어 건조시켰다. 그는 대원들과 배, 개들, 그리고 얼음 사진을 더 많이 찍고 현상했다. 그는 또한 가끔 주말에 뉴질랜드, 오스트레일리아, 그리고 보르네오에 관한 슬라이드를 보여주는 강연을 했다. 대원들이 좋아한 것은 원주민 여성들이었다. 헐리는 심지어 개 먹이로 사용되는 바다표범 고기를 녹이기 위한 해동 상자도 고안했다. 단단히 언 덩어리를 마구 자르는 대신 고기를 스토브에 부착된 상자 속에 두면 하루도 안 되어 칼로 자를 수 있었다.

조지 마스턴은 페인트를 칠하고 때로 장화를 수리했다. 2등 항해사 톰 크린은 썰매와 썰매 장비를 떠맡았다. 3등 항해사 알프레드 치섬은 계속해서 선원들을 책임졌다. 대원들은 과학 자료를 판독하기 위한 오두막과 사냥에서 죽인 바다표범을 잘게 자르기 위한 쉼터를 세웠다. 선원들은 물을 얻기 위해 배 위에서 녹일 신선한 얼음을 얻으려고 매일 큰 썰매를 가지고 밖으로 나갔다. 극지 탐험의 장점 중 한 가지는 물이 풍부해 가져갈 필요가 없다는 것이다. 소금물이 얼면 소금이 걸러져 나온다.

대원들은 지루해하기는커녕 바쁘다고 느꼈다. "여기서 힘든 일이 많다는 것은 좋은 일이라고 나는 확신한다."라고 오드 리즈는 적었다. "현재 나는 내가 하고 싶은 일의 절반도 할 시간이 없는 것 같고, 나의 유일한 두려움은 내가 어느 날 내 일을 앞질러서 독서하고 잠자고 먹는 것 외에는 할 일이 아무 것도 없는, 부럽지 않은 입장에 놓이게 될지도 모른다는 것이다."

섀클턴은 비록 자신의 선택을 널리 알리지는 않았지만 사우스조지아에서 누가 대륙 종단에 자기와 함께 갈 것인지를 이미 결정해 놓았는데 와일드, 크린, 맥클린, 헐리, 그리고 마스턴이었다. 맥클린을 제외한 모두는 남극 경험이 있었다. 종단에 대한 준비를 하기 위해 각각은 개 9마리로 구성된 팀을 제공받았고 6번째 대원 닥터 맥클로이는 보스가 이용할 팀을 맡았다.

그 팀을 돌보는 사람들이 그렇게 불렸듯이 이 "개 담당들"은 개들을 훈련시키고 먹이고 돌보고 운동시키도록 요구되었다. 그들은 각각의 썰매 견들 무리에서 선도견 한 마리를 찾아내 그를 중심으로 한 팀을 조직했다. 보스에 대한 존경의 표시로 대원들은 개들에게 세인트, 세일러, 셰익스피어, 그리고 샘프손 같은 에스자로 시작되는 많은 이름을 붙였다.

시끄러운 그 동물들이 배의 너무 많은 공간을 차지한다는 결정을 내렸을 때 모든 대원들은 "도글루(dogloo, dog과 igloo의 합성어-역자 주)"와 심지어 남아 있는 돼지들을 위한 "피글루(pigloo)"를 짓는 작업에 투입되었다. 대원들은 네모난 얼음과 눈 덩어리로 만들고 그 위에 물을 부어 밀폐한 공들인 "수정" 개집을 짓는 일에 열중했다. 한 채는 점점 가늘어지는 교회 뾰족탑이 있었고 또 다른 개집은 대저택의 공들여 만든 현관 장식이 있었다. 불행하게도 "개들의 도시"는 부서지고 무너져 내리는 부빙을 오래 견디지는 못했다.

4월 즈음까지 탐험대의 69마리의 개들 중 54마리만 살아남았다. 부주의로 분말구충제를 영국에 두고 왔기 때문에 개들의 일부는 기생충병에 걸려 있었다. 개를 간호해 건강을 회복시키려는 노력은 섀클턴이 단순한 작업 주위에 균형 잡힌 작업 환경을 구축하는 방식을 보여준다. 그는 먼저 탐험대에게 그 작업의 중요성을 명백하게 밝혔다. 대륙 종단을 하기 위해서는 개들이 튼튼하고 잘 훈련되어 있어야 했다. 그 다음에 그는 개들을 맡은 대원들에게 최종 책임을 부여했다. 마지막으로 그는 경쟁을 부추겨서 그 작업을 일종의 자부심의 원천으로 삼았고, 그 결과 정성들인 남극 개 경주대회(Antarctic Dog Derby)가 개최되었다.

6월 어느 날 헐리가 점심 식사를 하면서 자기 팀이 가장 빠르다고 자랑했고, 어니스트 경이 그를 부추기면서 그 대회가 시작되었다. 내기가 예약되었다. 워슬리 선장은 와일드 팀이 이긴다는 데에 자신의 1주일 치 초콜릿을 워디에게 걸었다. "이것이 방아쇠를 당겨 다음 날 모든 팀들이 시간 제한 경주에서 경쟁하도록 계획되었다."라고 워슬리는 적었다. "경주는 반 마일 이내였다." 우승 후보인 와일드 팀이 헐리 팀을 이겼다. 재시합에서 와일드 팀은 다시 이겼으나 결승선에서 불과 10야드 남은 지점에서 섀클턴이 썰매에서 떨어지며 실격되었다. "그는 자신에게 가장 넌더리가 났고 내기에 건 돈을 모두 갚을 것을 고집했다."라고 선장은 적었다.

## 섀클턴은 대원들의 성격 유형을
## 작업 책임과 일치시켰다.

섀클턴은 배의 모든 일을 하도록 대원 전체를 훈련시키고 있는 동안에도 모든 사람들의 성격을 관찰하고 있었다. 보스는 각 개인을 본인이 즐기고 가장 적합한 장기적 일에 투입하기를 원했다. 그는 각 대원이 돌아가면서 개들을 돌볼 때 가만히 지켜본 다음 개 썰매 팀 리더들을 골랐다. 섀클턴은 최고의 성과는 그 일에 특별한 관심을 가진 사람들에게서 나오고 개들은 주인의 헌신적인 돌봄으로 혜택을 본다고 생각했다.

또 다른 본보기로서 엔진 전문가로 고용된 오드 리즈는 한 마리 산림 쥐(pack rat, 북미산의 큰 쥐의 일종으로 굴속으로 물건을 날라 모으는 습성이 있다—역자 주)였고 보급 물자가 떨어질 가능성에 집착했다. 선원들은 배에서 무언가가 없어졌다면 그것은 오드 리즈의 베개나 침대 밑에 있을 가능성이 있다는 것을 알고 있었다. 그래서 섀클턴은 이 강박적 수집가를 창고관리자로 삼았다. 일부 대원들에게 그것은 여우에게 닭장을 맡긴 것처럼 보였지만 섀클턴은 이 일이 오드 리즈의 불안을 가라앉히고 장래에 다른 문제들을 다루어야 할 가능성을 방지할 것임을 알고 있었다. 오드 리즈는 아주 기뻐했다. "어니스트 경이 특히 내 마음에 드는 이 일을 맡겨준 것은 내게는 몹시 행운이었다."

## 섀클턴은 끊임없이 피드백을 해주었고 노력을 칭찬하고 실수를 바로잡았다.

섀클턴은 자기 휘하의 각 개인을 믿음직한 선원으로 만드는 일에 전념했다. 그는 개인이 실제로 참여하는 훈련을 신뢰했지만 그것이 필요한 경우에만 한했다. 그는 대원들이 잘하기를 기대했고 그들이 그렇지 못한 경우에만 개입했다. 그는 "내 창고를 염탐하러 오거나 내게 관리보고서를 제출하라고 요구한 적은 단 한 번도 없었다."라고 오드 리즈는 설명했다. 그런 신뢰를 전달함으로써 섀클턴은 각 대원으로부터 최선의 성과를 얻었다. 섀클턴의 친근한 접촉의 증거로, 자신감 있고 유능한 헐리는 몇 달 후 섀클턴과 텐트를 같이 쓰기 시작할 때까지 일기에 그를 언급한 적이 거의 없었다.

그러나 인듀어런스호 대원들의 상황이 더 긴박해짐에 따라 섀클턴은 책임을 위임하는 것을 꺼리게 되었다. 예를 들면 7월에 멀리서 불어온 한 차례의 폭풍은 부빙들을 더 빨리 움직이고 충돌하게 만들었다. 맥니쉬는 30분마다 섀클턴에게 상황을 보고하라는 명령을 받았다고 말했다. 모든 상황에서 섀클턴은 거기에 있었고 격려의 말을 해 주었다. 임시 조리사로 임명된 오드 리즈는 자신이 주방에서 음식을 망칠 때마다 그에게 언제나 1명의 고객이 있다는 것을 알았다. "나는 오늘 불행하게도 오븐 속에 있는 잼을 바른 타르트(tart, 과일이 든 파이—역자 주) 몇 개를 잊어버려 그것들은 모자처럼 새카맣게 타버렸다."라고 그는 적었다. "사람 좋은 어니스트 경은 하나를 먹어보려고 했지만 그것은 그에게조차 너무 형편

없었다."

새클턴은 자신의 시간에 관해 인내심 있고 관대했으며 대원들은 가외의 관심에 우쭐해했다. 새클턴의 퀘스트호 탐험 대원 중 하나인 보이 스카우트 제임스 마르(James Marr)는 보스의 지도에 대한 감사를 설명했다. 마르가 배 갑판 위에 저장되어 있는 북 모양 활차 하나의 줄을 풀어 그것을 열었을 때 새클턴은 "상식적인 선원 생활에서 필요한 한 가지 가르침"을 주었다.

"자네가 그것들에 대한 감을 잡을 때까지 혼자서 너무 많은 일을 하려고 하지 말게."라고 새클턴이 그에게 말했다. "만약 어떤 사고가 일어나 배가 흔들려 그 활차가 이동해버리면, 안전한 저장이 그의 일이기 때문에 갑판장이 비난 받을 것이네. 자네가 다른 사람의 일에 어우러질 때는 그가 당연히 자네 때문에 비난을 받을 수 있다는 것을 언제나 기억하게." 마르는 보스가 설명하는 동안 활차를 묶는 것을 지켜보았다. "자네는 미끄러운 결삭 로프에 걸었어. 이게 바른 방법이지. 바다에서 중요한 것은 올바른 방법이야."

"자신의 어깨 위에 지고 있는 무거운 책임과 여러 가지 걱정에도 불구하고 그는 아직도 무명의 보이 스카우트에게 흥미를 가질 시간을 찾았다."라고 마르는 적었다. "하지만 그는 그랬다. 나는 그것이 그를 위대하게 만든 자질 중 하나라고 생각한다."

## 섀클턴은 수하의 모든 사람들을
## 단순한 일꾼으로서가 아닌 한 인간으로서 대했다.

섀클턴은 각각의 승무원들과 개인적 관계를 발전시켰다. 그는 부하들이 자신의 지위를 존경할 뿐만 아니라 섀클턴이라는 사람 자체를 좋아하고 존경하기를 원했다. 그의 대화는 억지로 꾸민 듯하거나 대원들에 대해 연출된 것 같이 보인 적이 한 번도 없었다. 섀클턴은 언제나 후원자들과의 대면 모임을 선호했던 것처럼 일대일로 자신의 부하들을 다루기를 좋아했다. 중개인을 통하거나 우회적 방식으로 칭찬이나 비난을 한 적은 한 번도 없었다. 섀클턴은 가장 높은 선원부터 낮은 선원까지 이야기를 나누며 어떤 일치점을 찾았다.

얼음에 갇힌 뒤 겨울이 가까이 다가오고 있었기 때문에 섀클턴은 특히 부하들을 염려했다. 태양은 5월에 졌고 4개월 동안 뜨지 않을 것이었다. 대원들의 대부분은 생전 처음 캄캄한 어둠을 경험하고 있었고 섀클턴은 그들이 그것을 벗어나기에 적절한 마음 상태를 갖게 하려고 애를 썼다.

당시 24세였던 닥터 맥클린은 섀클턴이 혼자 걷고 있는 승무원을 우연히 마주치면 "섀클턴은 대화를 시작해 친밀하게 이야기하면서 그에 대한 사소한 것들, 즉 그가 어떻게 지내고 있는지, 기분은 어떤지, 일의 어떤 면을 가장 즐기고 있는지와 같은 모든 것들을 묻곤 했다... 섀클턴의 이러한 수다스러움은 부하들이 소중히 여기는 것들 중의 하나였다. 또한 그것은 여러 사람들이 뒤섞인 무리와 좋은 관계를 확립하는 가장 효과적인 방법이었다."라고 말했다.

섀클턴은 분위기가 특히 느긋한 때인 조용한 이른 아침 시간에 그의 부하들과 한가롭게 얘기하는 것을 좋아했다. 레이먼드 프리스틀리는 님로드호 선상에서의 섀클턴에 관해 다음과 같이 적었다. "다른 모든 대원들이 잠자리에 들었을 때 야간 경비원은 섀클턴이 그와 함께 30분 동안 한담하거나 잠자리에 들기 전 한밤중에 담배를 피우는 일에 결코 놀라지 않았다."

나이가 더 들수록 보스는 남의 말에 더 귀를 기울였다. 젊었을 때 그는 잔소리를 더 많이 했다. 탐험가 루이 베르나치는 디스커버리호 탐험에서 새벽 4시에 섀클턴이 야간 경비를 덜어주려고 왔던 때를 회상했다. "시와 온기를 주는 해군용 코코아 한잔으로 가득 찬 시간이었다. 나는 열정이 없었다. 시인이기도 했던 섀클턴은 그날 아침에는 시적으로 완전히 깨어 있었는데, 달콤한 말로 구슬리는 아일랜드 방식과 옛날 비극 배우의 목소리와 방식으로 시를 끊임없이 암송하면서 내가 나를 기다리는 침대로 돌아가는 것을 막았다."

섀클턴에게 책은 언제나 일종의 피난처요 도구였다. 인듀어런스호 선상에서 섀클턴은 자신의 선실에 배의 도서관을 유지했다. 그런 식으로 그는 늘 대원들과 만나고 이야깃거리를 가질 수 있었다. 윌리엄 베이크웰은 "섀클턴은 각각의 책에 대해 많은 질문을 했고 내 의견을 물었다."라고 말했다. 남쪽을 향한 여정에서 스콧과 섀클턴 사이의 관계가 악화되기 시작했던 디스기비리호 팀험에서조사 그 두 사람은 저녁에 큰 소리로 시를 낭송함으로써 대화의 길을 열어두었다.

## 섀클턴은 개인을 인정하는 소규모 축하 행사들을 개최했다.

보스는 단체 행사와 한 사람에게 영광을 베푸는 행사의 균형을 유지했다. 크리스마스와 다른 휴일의 축하 행사들은 화려한 팡파르와 전통에 대한 존경과 함께 개최되었다. 그러나 섀클턴은 또한 개인들이 자신의 재능과 성격, 그리고 낙관주의를 보여줄 수 있는 축하 행사와 게임에 의지했다.

이러한 작은 축제들 중 가장 인기 있던 것은 생일이었다. 생일 축제는 일상적이거나 공허한 제스처가 아니라 오히려 기발한 개인 맞춤형 축제로, 대개의 경우 저녁이 끝날 때의 건배를 포함하고 있었다. 그것은 대원들에게 인기가 있었다. 1915년 2월 14일 대원들은 배를 얼음에서 해방시키기 위해 곡괭이와 톱을 들고 밖으로 나갔다. 그들은 한 자릿수의 기온 속에 하루 종일 일했고 배 주위의 얼음을 쪼아 네모난 덩어리로 만들고 그 거대한 덩어리들을 부빙 위로 끌어올려 그것들을 박살내 조각들을 사방에 흩뿌렸다. 그러나 아무 소용이 없었다.

자정이 되자, 대원들은 작업을 멈추고 연장을 내려놓고 어니스트 경에게 "생일 축하" 소원을 빌어주고 그에게 만세 삼창을 했다. 보스는 41세가 되었다.

4월 18일, 헐리는 술과 음악과 조리사가 만든 놀랄 만한 무지개 빛깔의 멋진 케이크로 와일드의 생일을 축하했다고 보고했다. 다음 날 럼주 1병으로 스티븐슨의 생일을 축하했다. 오드 리즈는 5월 23일 자신의 생일을 축하했다. "오늘 나는 내가 36세가 되는 생일을 축하했다. 나는 그렇게 느끼지 않지만 내 친구들은 내가 매일 달력의 생일 날짜를 쳐다본다고 말한다"고 그는 말했다. 9월 1일에는 맥클린의 생일을 축하했는데, 그에게 단체 사진에서 앞줄 가운데라는 영예의 자리를 주었다. 그달 11일, 클라크는 "우표를 붙이고 주소가 적힌 수많은 편지와 카드와 대체로 쓸모없는 잡다한 물건들을 받았다. 아침 식사 테이블에서 그에게 강제로 편지 내용을 읽게 해 많은 흥을 돋우었다."

모든 사람들은 겨울이 줄어드는 긴 극야의 전환점의 표시가 되는 6월 22일의 동짓날 축제를 고대했다. 각 대원은 분장을 하고(실크 모자를 쓴 섀클턴은 축제 진행자였다) 동료 선원들을 신랄하게 비판하는 촌극을 공연했다. 오드 리즈는 사관실을 깃발로 장식하기 위해 오전 7시에 일어났다. 대원들은 온종일 잔치를 벌였고 저녁에는 3시간짜리 멋진 쇼를 공연했다. 하급 선원들은 쇼에 초대되지 않았고, 특식으로 구성된 잔치 대접을 받았다. 아마도 섀클턴은 고급 선원들이 분장하고 마음껏 뛰어다니며 흉내 내는 것을 하급 선원들이 보면 권위를 약화시킬까 두려워했던 것 같다.

**섀클턴은 사람들의 기벽과 별난 취미에 관대했다.**
**그는 거리낌 없이 부하들을 애지중지했다.**

섀클턴은 부하들을 향한 놀랄 만한 친절을 보여주었다. 시간과 에너지를 아껴 사려 깊은 제스처를 할 수 없는 것처럼 보일 때에도 그는 그렇게 했다. 그는 배 위에서 오드 리즈의 이기심과 빈궁한 태도를 용서한 유일한 사람이었다. "그는 당사자보다도 사람들의 한계를 더 잘 알고 있었고 언제나 그것을 고려했다."라고 오드 리즈는 적었다. "그는 사람들에게 자신의 능력보다 더 많은 것을 하기를 결코 기대하지 않는다."

오드 리즈는 좌골신경통이 있었고 7월 말에 특히 심한 병치레로 고생했다. 섀클턴은 개인적으로는 오드 리즈의 경솔함을 비난했다. 그는 혹한의 기온 속에 자신도 인정했듯이 "영국에서 포근한 추운 날에 사람들이 입고 있을 법한 평범한 차림으로" 밖으로 나갔다.

섀클턴 또한 재발하는 좌골신경통으로 고생했기 때문에 공감할 수 있었다. 오드 리즈는 통증 때문에 1주일 동안 침대에 등을 대고 똑바로 누워 움직일 수 없었고 그간 자기 연민에 가득 차 있었다. 어니스트 경은 그를 자기 선실 안으로 초대했다. 환자는 2주일 동안 머물렀고, 섀클턴 밑에서 자신이 영국의 병원에서 볼 수 있었던 것보다 더 나은 보살핌을 받고 있다고 확신했다. 비좁은 숙소는 몹시 불편했음에 틀림없다. 오드 리즈의 좌골신경통 회복을 돕기 위해 보스는 작은 난로에 불을 땔 때 밤마다 온도가 찌는 듯한 높이까지 올라가도록 허용했다.

"지난 5일 동안 나는 여기서 심한 통증 속에 가장 편안한 자세로 누워 있었고 반면 어니스트 경은 너무 짧고 좁고 작은 벤치 위에서 최선을 다해 똬리를 틀고 있었다!"라고 오드 리즈는 자신이 머문 첫날 적었다. "그는 경이로운 사람이다. 그는 최소한의 수면을 취한다. 하룻밤에 서너 시간 이상인 경우는 좀처럼 없고 때로는 그보다 더 적은데, 그가 어떻게 그런 불편한 소파 위에서 간신히 평평하게 누워 있는지는 수수께끼이다.

그는 숙련된 간호사가 제공하는 듯한 모든 따뜻한 보살핌으로 나를 돌봐주는데, 정말이지 내게는 그가 당분간은 단순히 나의 지도자이자 대장을 훨씬 능가하는 것처럼 보인다. 그는 몸소 나를 돌보고, 불을 피우고, 밤중에 만약 내가 목마르다고 말하면 차 한잔을 끓여주고, 책을 읽어주고, 놀랄 만한 대화로 늘 나를 즐겁게 해 주고, 마치 내가 응석받이인 것처럼 끊임없이 나와 함께 농담을 해 통증을 잊게 해준다. 이런 지도자를 위해서라면 내가 무슨 희생인들 못할 것인가."

대원들은 전반적으로 만족했다. 닥터 맥클린은 어느 날 저녁 알프레드 치섬을 데리고 썰매에 탔을 때 있었던 대화를 주목했다.

"의사 선생, 당신은 우리가 왕보다 더 형편이 더 낫다고 생각하지 않소?"라고 치섬이 물었다.

"치섬, 나는 모르겠네."라고 맥클린은 대답했다.

"글쎄, 나는 행복하오, 의사 선생. 그리고 당신도 행복하오. 그리고 여기서 우린 집으로 부드럽게 달리는 썰매 위에 앉아 세계의 경이를 보고 있소. 마치 그것이 당신의 영혼 속으로 들어가는 것 같은데 그렇지 않소, 의사 선생? 모든 권력과 힘을 다 가진 왕도 이리로 와서 내가 즐기고 있는 것을 누릴 수는 없을 것이오."

그러나 얼음이 난폭하게 움직이기 시작함에 따라 대원들의 평화로운 세계는 바야흐로 산산조각이 날 참이었다. 7월 31일에 이미 섀클턴은 여러 가지 가능한 시나리오에 조용히 대비하고 있었다. 그는 오드 리즈에게 28명의 대원들을 72일 동안 지탱하게 하는 데 필요한 식료품 리스트를 만들라고 부탁했고 그들이 신속하게 배를 포기해야 할 경우에 대비해 그 물자들을 갑판 위에 두었다. 오드 리즈는 섀클턴의 장기 계획에 은밀히 관여하고 있는 것처럼 보였다. "우리는 얼음 위로 썰매를 타고 거대한 식량 저장소가 있다고 알려져 있는 폴렛 섬(Paulet Island)이나 포경 기지가 있다고 알려진 빌헬미나 만(Wilhelmina Bay)까지 갈 수 있을 것이다."라고 그는 적었다. "그것은 큰 프로젝트가 될 것이지만 어니스트 경의 지휘하에 우리가 구조될 때까지 바다표범과 펭귄을 먹고 살면서 그 일을 해야 한다는 것에 의심의 여지가 없다."

이 시점에서 오드 리즈는 섀클턴이 거의 못 자고 있음을 알아차리고 선실에서 이사 나갈 준비를 했다고 말했다. 그것은 나중에 다가올 재난의 최초의 징후였다. 섀클턴은 인듀어런스호가 외해를 향해 출발했던 기념일 전날인 8월 7일 밤새도록 자지 않고 깨어 있었다. 대원들은 두 개의 거대한 부빙이 충돌해 약 20피트 높이의 얼음 이랑이 솟아오르는 것을 목격했다. 수정 같은 개집들은 으깨져 가루가 되었다. 폭풍우가 거세지고 있었다. 대원들은 겁에 질렸다. 자신의 병상에서 오드 리즈는 어릴 때 경험했던 지진이 생각났다고 적었다. 그는 모든 대원들이 개들을 배 위로 데려 오는 비상 훈련 동안의 섬뜩한 정적에 놀랐다. "혼란도 고함소리도 전혀 없고 당황한 개들의 짖는 소리와 각각의 개들을 부빙 위의 개집에서 신속하게 끌어내 배 위의 지정된 장소로 데려올 때 모피 장화를 신은 대원들의 부드러운 발걸음 소리 외에는 아무런 소리도 없다." 그 작업은 매우 순조롭고 정확하게 수행되었다고 그는 말했다.

6피트 두께의 부빙 2개가 바이스처럼 배를 단단히 붙잡고 들보들을 깨부숴버렸다. 비상 계획의 일환으로 각각의 선원들은 24시간 경계를 하기 위해 1시간씩 경비를 섰다. 기온은 0도였다. 그러나 얼음은 시작했던 것만큼 갑작스럽게 느슨해졌고 움켜진 손의 힘을 늦추었다.

대원들은 두 달이 넘는 고통스러운 기간 동안 비슷한 사건들을 견뎌냈다. 그러나 그들은 절망에 굴복하지 않았다. 극지방의 봄이 다가오고 있었고 한동안 그들은 시련을 견뎌냈으며, 곧 육지를 향해 느릿느릿 걸어갈 수 있는 것처럼 보였다. 1915년 10월 11일 오드 리즈는 "해빙과 함께 배 위의 모든 것들이 젖어서 물이 뚝뚝 떨어지고 있었다."라고 적었다. 대원들은 상갑판으로 거처를 도로 옮기고 문명세계를 향해 가는 것에 관해 생각하기 시작했다. "어떤 사람은 풀과 나무와 동물은 고사하고 심지어 바위 몇 개라도 보기를 간절히 바라고 있다."라고 오드 리즈는 적었다. "그럼에도 불구하고 실제로 우리는 아무 것도 불평할 것이 없는데, 우리에게는 온기와 안락함과 최고의 음식이 있고 게다가 이 상쾌한 기후는 사람들이 언제나 컨디션이 좋고 건강하다고 느끼도록 만들어주기 때문이다."

얼음의 마지막 공격이 시작되기 바로 며칠 전 물리학자 레지널드 제임스는 경계를 서기 위해 한밤중에 깨우는 것에 반대했다. 섀클턴이 증기력의 필요성을 예상하고 보일러들을 점화하라고 명령했을 때 다른 몇몇 사람들은 불평했다. 10월 24일, 움직이는 얼음이 배를 다시 공격했다. 모든 선원들은 참호를 파기 위해 곡괭이와 삽을 들고 부빙 위로 갔으나 압력을 완화하려는 시도는 허사였다. 배에는 물이 치기 시작했다. 대원들은 펌프에 시동을 걸었다. 밤낮으로 펌프를 가동시키고 맥니쉬가 작은 물막이 댐을 만들었음에도 물을 막을 수 없었다. 대원들은 물자를 치우기 시작했고, 그동안 내내 쇄도하는 물과 갈라지는 들보의 큰 소리에 몹시 불안해했다.

10월 27일, 날씨는 맑아졌고 기온은 화씨 영하 15도까지 떨어졌다. 헐리는 신음 소리를 내는 두꺼운 판재, 으스러지는 얼음, 울부짖는 개들이 내는 귀청이 터질 듯한 경고음을 들었다. 그는 방수포에 자신의 사진 앨범을 쌌다. 갑판 위에서는 선원들이 물자를 산더미처럼 쌓아 올리고 있었다. 오후 7시에 3척의 구명정을 내리라는 명령이 내려졌다. 그것은 아무 소용이 없었다. 대원들은 배를 포기해야만 했다. 계속되는 혼란의 한가운데에서도 섀클턴은 삭구를 꼭 잡고 담배를 피우면서 "진지하지만 다소 무심한 태도로" 그 상황을 지켜보았다고 오드 리즈는 회상했다. 그때조차 섀클턴은 자신의 부하들이 줄줄이 그의 옆을 통과할 때 개인적 의견을 피력했다. "그는 기회가 있을 때 우리들 각자에게 '우리가 배를 떠나야 한다면 이런저런 물건을 가져가는 것을 잊지 말게.'라는 것과 같은 한두 마디 격려의 말을 했다. 내게는 '자네의 낡은 일기장을 내 가방 속에 넣는 것을 잊지 말게. 왜냐하면 내 생각에 나보다 자네가 일기를 더 규칙적으로 썼기 때문일세."라고 말했다.

섀클턴은 대원들을 따라 얼음 위로 올라갔다. 그들은 다음 달 동안 쓸 만한 물건들을 찾기 위해 배로 가겠지만 그 배는 더 이상 집이나 안전한 피난처가 아니었다. 오드 리즈는 다음과 같이 적었다. "내 생각에 어니스트 경은 이제 그가 지금까지 씨름했던 것만큼 큰 문제에 직면했는데 그것은 어떻게 하면 우리들을 이 심각한 딜레마에서 구출해내어 일행 전체가 살아서 건강하게 문명세계에 도달할 것을 보장하는가 하는 것이었다."

　　루크 오닐(Luke O'Neill)은 전통적 교육에 좌절감을 느낀 학생들을 위해 매사추세츠에 개교하기를 꿈꾸는 혁신적 고등학교의 교명을 찾고 있었다.

　　그는 학교가 젊은이들을 고쳐시켜 과거의 실패를 잊고 자신들의 장점에 집중해 그들이 결코 가능하다고 생각지 못했던 방식으로 성공할 수 있게 해 주기를 원했다. 그 교명은 개인적 성취에 대한 이러한 약속을 시사해야 했다.

　　오닐은 1995년 하버드 경영 대학원을 졸업할 때까지 아직도 교명을 찾지 못했는데 그는 거기서 계획을 시행하기 위해 필요한 조직과 관리 기술을 배웠다. 그해 여름, 어느 친구가 그에게 인듀어런스호에 관한 워슬리 선장의 책을 건네주었다. 리더십과 생존에 관한 스릴 만점의 이야기에 현혹된 그는 자신의 학교를 위한 지도자 정신을 발견했음을 알았다. 1998년 당시 38세였던 오닐은 보스턴에 본사를 두고 60마일 떨어진 애슈비(Ashby)에 일종의 "베이스캠프"를 둔 학교 법인 섀클턴(Shackleton Schools Inc.)의 문을 열었다.

　　현재 그는 언젠가 전국에 걸쳐 6개교의 민간 자본으로 운영되는 비영리 학교 네트워크를 세우기를 희망하고 있다. "우리의 교육 목표는 지도자, 교육자, 공동체 건설자, 그리고 지구의 관리자가 되도록 학생들을 훈련시키는 것이다."라고 그는 말한다.

14세에서 18세에 이르는 소년 소녀들을 위한 전통적 교실은 전혀 없다. 교과과정은 학문적 훈련을 교육적 여행과 결합하는 "탐험 학습"에 기초를 두고 있다. 예를 들면 한 그룹은 스페인의 언어와 문화, 그리고 환경과 공공정책을 공부하기 위해 미국과 멕시코 국경 양측의 도시들을 방문했다. 학생들과 교사들은 그러한 탐사활동에 자기 시간의 적어도 절반을 소비한다. 나머지 시간은 지역사회의 독립적인 프로젝트에 관한 인턴십과 연구에 보낸다.

그것은 섀클턴이 좋아했을 학교처럼 생각된다.

"우리는 섀클턴이 했던 것처럼 세상과 맞닥뜨리는 것을―노력하고 탐험하고 봉사하는 것―목표로 한다"고 오닐은 말한다. 섀클턴의 탐험은 "남극을 탐험하는 것보다는 자신의 잠재능력을 탐구하는 것과 더 관련이 있다"고 오닐은 말한다.

그런 식으로 그 학교의 두 가지 측면이 섀클턴의 이야기와 직접적으로 아주 유사하다고 오닐은 설명한다. 첫째는 탐험의 참된 의미―"당신이 무엇을 가지고 있는지, 당신이 누구인지, 그리고 인생에서 당신의 사명은 무엇인지를 발견하는 것이다."라고 그는 말한다. "두 번째는 자신과 지역사회에 대한 봉사 의식이다."

오닐은 배우기 위해서는 감정을 자극하는 상황에 처해야 한다고 믿는다. 그것은 신체적이거나 정신적으로 사람들을 일상에서 *끄집어내는* 것을 의미한다. "당신이 안전지대에 있거나 매일 똑같은 장소에서 똑같은 책상에 앉아 똑같은 일을 하고 모든 것이 예측 가능하다면 당신은 배우지 못한다."라고 그는 말한다. "처리 가능한 양의 불편함이 있고 감정이 고조되는 곳에서 학습이 가능하다."

오닐은 수년간 만났던 청년들이 그들의 성취로 자신을 포함한 모든 사람들을 놀라게 했던 수많은 사례를 들 수 있다. 15세 학생이었던 베일리 허스(Bailey Hirss)는 섀클턴 스쿨에서 첫해를 보낸 뒤 버몬트의 가장 큰 병원에서 인턴으로 여름을 보냈다. 마침내 그녀는 그 병원 전체의 내부 환자 수송 체계를 개량하고 급여를 받는 직원과 자원봉사자들을 조직했다. 여름이 끝날 무렵 진료 예약 사이의 평균 환자 대기 시간은 45분에서 2분으로 단축됐다. 그 병원은 그녀를 "세기의 자원봉사자"라고 불렀고 클린턴 대통령이 수여하는 학생 봉사상 후보자로 그녀를 성공적으로 지명했다.

오닐은 자신의 비전을 과감하게 추구하는 데 있어 섀클턴 같은 강렬함을 보여주었다. 그는 돈을 마련하려고 애를 쓰고 학교를 지을 적당한 장소를 찾는 동안 종종 그 탐험가가 마음에 떠올랐다고 말한다. 그 지점에 도달하는 것은 긴 여정이었다. 그것은 오닐이 워싱턴에 있는 조지타운 대학교 학부생일 때 시작되었다. 그는 큰 형님(big brother)으로서 자원봉사 활동을 했고 청년들과 함께 일하는 것이 자신의 소명임을 발견했다. 그는 더 나아가 조지타운 법학 대학원에서 학위를 취득했는데, 거기서 그는 학교의 청소년 사법 클리닉(Juvenile Justice Clinic)에서 일했지만 청년들이 곤경에 빠진 뒤에야 변호사로서 그들과 연결된다는 것에 좌절했다. 그가 코네티컷의 일류 로펌에 합류했을 때, 그는 현지 청소년 법정에서 계속해서 무료 법률 봉사 활동을 했고 스탬포드(Stamford)의 현지 소년 소녀 클럽(Boys&Girls Club)에서 자원봉사 활동을 했다. 결국, 클럽 센터를 재건하기 위해 그는 공동 변호사 개업을 뒤로하고 그곳에서 풀타임 근무를 하기로 결정했다. 1990년 영국으로의 여행이 그에게 아웃워드 바운드(Outward Bound, 야외에서의 도전적 모험을 통해 청소년에게 사회성, 리더십, 강인한 정신력을 가르치는 영국 소재 국제 기구의 상표명–역자 주)의 일자리를 제공했는데 그는 거기서 불과 4년 동안 850만 달러 이상의 자금을 마련했다. 그는 메인(Maine)에 있는 허리케인 아일랜드(Hurricane Island) 스쿨의 아웃워드 바운드 강사가 되기도 했다. 그 경험이 그를 고취시켜 자신의 학교를 개교하게 만들었다.

학교가 70에이커에 달하는 베이스캠프를 획득하기 전까지 그는 학생들로 구성된 선원들과 함께 격리되고 표류하는 자기만의 인듀어런스호 경험을 하고 있는 것처럼 느꼈다고 회상한다. 당시 그 학교는 떠돌이 생활을 해야 했다. 학생과 교사들은 텐트에서 잠자고, 장작 난로를 사용하고, 보트를 만들고, 전체적으로 매일 새로운 장애물에 직면했다. "사업을 시작하는 것은 큰 탐험과 흡사하다–당신은 지략이 있고, 회복력이 있고, 용감하고, 열심히 일하고, 그리고 낙천적이어야 한다."라고 오닐은 말한다. "무엇보다도, 당신은 참고 견뎌야 한다."

샤클턴과 마찬가지로 오닐은 캐나다 시인 로버트 서비스(Robert Service)를 좋아하고 황야의 부르짖음(The Call of the Wild)에서 다음의 구절을 인용하는 것을 좋아한다. "단순한 일, 진실된 일, 조용히 일하는 사람들." 그는 샤클턴이 일하는 것의 전부라고 하며 샤클턴은 꿈을 추구하는 용기와 그것이 끝까지 완수되도록 지켜보는 책임감을 가졌다고 말한다.

오닐은 월스트리트 저널지와의 인터뷰에서 일에 대한 샤클턴의 인간적인 접근법의 특성을 다음과 같이 묘사했다. "결코 포기하지 마라. 앞장서는 것을 두려워하지 마라. 직감을 따라라. 그리고 기억하라, 일은 결국 사람에 관한 것이다."

# PART 5

# 위기 속에서도
# 최대 효율을 낼 수 있는가?

주요한 문제뿐 아니라 그것의 세부 사항들이 그의 주의를 빼앗았다.
식량, 그것을 얻을 방법, 영원한 봉쇄에서 가장 큰 변화를 주기 위한
우리의 빈약한 보존 식품 재고를 보충할 방법.
모든 사람들을 계속 고용하고 명랑하게 만들 방법,
초기에 비관주의 징후의 싹을 없애기 위해 침낭을 건조한 상태로 유지시키는 것,
즉각적인 이동을 위해 물자를 준비해 두는 최선의 방법
– 이런 모든 것들과 다수의 더 많은 문제들이 밤낮으로 그의 생각을 사로잡았다.

레지널드 제임스, 인듀어런스호 물리학자

### 함께 썰매 끌기

궁지에 빠진 대원들이 거칠고 얼음에 뒤덮인 지형 위로 구명보트를 끌게 만드는 것은 헛된 노력이었고 섀클턴도 그것을 알고 있었다. 하지만 그것은 그의 부하들에게 자신들이 곤경에서 벗어나기 위해 무언가를 하고 있다는 느낌을 주었다.

## 일행을 위기에서 벗어나게 하는
## 섀클턴의 위대한 방식

- ◆ 위기가 닥치면 당신의 직원들에게 즉각 알려라. 그 상황을 책임지고, 행동 계획을 제시하고, 지원을 요청하고, 긍정적 결과에 대한 절대적 자신감을 보여 주어라.

- ◆ 불필요한 중간층의 권위를 제거하라. 긴급 상황에서는 직접적인 리더십이 더 효율적이다.

- ◆ 여러 가지 옵션을 상세하게 계획하라. 각각의 가능한 결과를 파악하고 항상 큰 그림을 주시하라.

- ◆ 공급과 경영을 간소화하여 둔화되지 않도록 하라.

- ◆ 당신의 직원들이 예정 방향대로 나아가도록 그들에게 종종 현실 점검을 제공하라. 시간이 지나면 사람들은 위기 상황을 평소와 같은 일로 여기기 시작하고 그들의 초점을 잃어버린다.

- ◆ 불평분자들을 당신 가까이 두라. 그들을 피하려는 본능에 저항하고 대신 그들을 설득시키고 그들의 지지를 얻으라.

- ◆ 긴장을 완화시켜라. 스트레스를 많이 받는 상황에서는 유머를 사용해 사람들을 편안하게 해 주고 당신의 직원들을 계속 바쁘게 만들어라.

- ◆ 과거에서 벗어나라. 과거의 실수를 후회하거나 당신이 바꿀 수 없는 것에 초조해하면서 시간과 에너지를 낭비하지 마라.

- ◆ 다양한 원천으로부터 조언과 정보를 구하라. 하지만 궁극적으로는 당신의 최선의 판단에 근거해 결정을 내려라.

- ◆ 위기에 관련된 모든 사람들이 그 해결에 참여하게 하라. 비록 그것이 덜 중요한 어떤 일을 조금씩 나누어주는 것을 의미하더라도.

- ◆ 인내하라. 때로 최선의 행동 방침은 아무 것도 하지 않고 지켜보고 기다리는 것이다.

- ◆ 인기 없는 결정에 익숙해지도록 당신의 직원들에게 시간을 많이 주어라.

"그의 훈련 방식은 매우 공평했다.
그는 불필요한 훈련을 신뢰하지 않았다."

– 윌리엄 베이크웰(William Bakewell), 인듀어런스호 선원

3일 동안 배를 구하려고 무진 애를 쓴 뒤 녹초가 된 대원들은 얼음 위의 안전한 곳으로 달려갔다. 그들은 재빨리 텐트를 치고 그 속으로 들어갔다. 그들이 막 잠이 들었을 때 얼음에 생긴 균열이 텐트를 관통했고, 그들은 안전을 위해 앞다투어 다른 장소로 달려갔다. 단지 살아 있기 위해서 엄청난 도전에 직면할 것이 갑자기 분명해졌다. 대원들은 베이스캠프에서 비교적 편안하게 일하거나 뱃일을 할 것이라고 기대했었다. 그러나 그러기는커녕 그들은 웨델해의 심연이나 한층 더 나쁘게는 범고래나 레오퍼드 바다표범의 주둥이로부터 유일한 피난처인 광대한 불안정한 얼음층 위에서 오도 가도 못하게 되고 말았다. 그리고 기온은 화씨 영하 16도였다.

현대의 독자들은 인듀어런스호 선원들이 '남자는 남자'였던, 그리고 일반적으로 사람들이 응석받이로 자라지 않았던 시기의 다른 유형의 인간들이라고 생각할지 모른다. 대부분의 승무원들이 선원이나 탐험가로서 경험이 약간 있는 것은 사실이었지만 몇몇은 대학 교육을 받은 20대 초반의 전문가들이었고 앞으로 다가올 일에 대한 준비가 되어 있지 않았다. 더구나 섀클턴이 한때 지적했듯이 "정말 별난 종류의 사람들 외에 누가 지구 양끝에서 고생스럽게 일하기를 간청하겠는가?"

창고관리인 오드 리즈가 배를 포기하기 전 인듀어런스호 선상에서 보냈던 14개월에 불과한 최초의 나날을 어떻게 생각했는지를 살펴보자. "우리는 말하기에 너무 구역질나는 식으로 버터 접시 같은 것에서 바로 음식을 떠먹는다. 사람이 얼마나 빨리 야만 상태로 돌아가는지, 놀랍다." 배의 물리학자인 24세의 레지널드 제임스는 복잡한 과학 실험기구 때문에 남들의 놀림감이 된, 학교를 갓 나온 조용한 학구적 인물이었다. 런던에 우산 가게를 소유하고 있는 숙모 둘이서 그를 길렀다. 그의 비상한 과학 정신을 제외하면 배경과 기질로 볼 때 그는 그 일에 대한 이례적인 선택이었다. 알렉산더 맥클린은 그가 자신의 본령을 발휘할 수 없음이 분명한 것을 고려해 볼 때 그에게 그 모든 시련을 견디어낼 자질이 있음을 인정하였다. "베이스캠프에서 자신의 일을 하고 있는 것을 보면 나는 그가 다른 사람 같았고 상당히 성장했을 것이라고 확신한다."라고 그 선의는 말했다.

29살의 프랭크 헐리는 지적이고, 논리 정연하고, 재능 있고, 놀랄 만큼 기지가 있었다. 그의 동료들은 그를 "만물박사"라고 불렀다. 그러나 그

역시 혈기왕성한 독불장군이자 외톨이였다. 친구인 이안 앤더슨은 그를 어린 시절을 어렵게 보냈고, 남들을 믿지 않은 사람으로 자랐다고 기술했다. 그는 카메라를 자신과 나머지 세상 사람들 사이의 일종의 방패로 사용한다고 이안은 말했다. "그는 가면을 써야 했다."라고 친구는 계속 말했다. "사진술은 천직일 뿐 아니라 절박한 욕구였다."

대원 각자와 섀클턴이 작업의 기초로 다져놓은 문화와 동지애가 지금 승무원들이 가진 전부였다. 배가 얼음에 갇히고 대원들이 자신의 가장 중요한 일을 포기해야 했을 때 상황은 매우 어려웠다. 이제 그들은 직장과 영광스러운 꿈, 그리고 집마저 잃어버렸다. 그들에게는 격려가 필요했다. 그들이 두 번째로 텐트 속에 자리 잡았을 때 섀클턴이 한 발 앞으로 나갔다.

> 섀클턴은 그의 부하들에게
> 의심할 여지없이 자신이 전적인 책임을 지고 있으며
> 그들이 함께 뭉치고 끝까지 자신을 믿는다면
> 위기에서 벗어나게 할 것이라고 말했다.

보스는 일행 전체를 자신의 주위에 모이게 하고 부하들에게 진심으로 말했다. 그는 말을 간결하게 하고, 상황을 현실적으로 평가하고, 선택 가능한 것들을 설명하고, 행동 계획을 제의했다. 그런 다음 그는 대원들의 노고에 대해 그들에게 감사하고 그들에게 지지를 요청했다.

말할 때 그는 침착하고 자신감 있고 강해 보였다. 몇 년 뒤 여러 대원들은 그 당시 그의 말이 그들에게 얼마나 많은 것을 의미했는지를 회상했다. "결코 준비된 연설의 종류가 아니었다"고 레지널드 제임스는 회상했다. "그는 한 무리 속에서 우리들에게 말하면서 얼음을 가로질러 서쪽으로 행군할 작정이고... 우리가 어떻게든 하루에 5마일은 가야 하며 모두가 함께 일하면 할 수 있다고 생각한다고 말했다. 그 필요성은 분명해 보였다. 우리는 그 배를 구해야 하는지에 대해 생각하며 보냈던 불안한 시간이 끝나고 이제 그 일이 우리에게 달려 있다는 사실을 알게 되어 마음 속으로는 아마도 기뻤던 것 같다. 어떤 식으로든 그 문제에 관해 토의하거나 논쟁한 것은 기억나지 않는다. 우리는 곤경에 처했고 보스는 우리를 탈출시킬 수 있는 사람이었다. 그게 거의 자명한 진리처럼 보였던 것이 그의 리더십을 가늠할 수 있는 척도다."

대원들은 아무 말 없이 충성을 맹세했다.

"그것은 간단하고, 가슴을 뭉클하게 하고, 낙관적이고, 고도로 효과적인 특유의 연설이었다."라고 허시는 나중에 적었다. 그로 인해 우리는 침울에서 벗어났으며 사기가 올랐고, 우리는 저녁을 먹었다."

위로를 위해 먹을 것을 제공하는 것은 보스의 말이 스며드는 동안 대원들을 얘기하게 하고 긴장을 풀게 만드는 전형적인 섀클턴의 방식이었다. 평범한 일상은 또한 모든 것이 가능한 정상적으로 진행될 것임을 보여주었다. 저녁 식사 후에도 섀클턴은 잠자지 않았다. 그는 부빙을 서성거리며 죽어가는 배의 고통스러운 광경을 제일 먼저 바라본 다음, 노출되고 취약한 부하들의 압도적인 장면을 쳐다보았다. 오전 2시 동틀 녘 즈음 그는 와일드와 헐리를 불러 배에서 함께 연료를 좀 얻어오자고 했다. 몹시 애를 써서 통 2개를 회수한 뒤 그들은 갈라지는 얼음을 뛰어 건너면서 캠프로 돌아갔다. 그들은 구명보트에서 얻은 물이 새지 않는 5갤런짜리 탱크 2개를 난로로 변형시켜 대원들이 잠에서 깼을 때 그들을 위해 쌕쌕 소리가 날 정도로 뜨거운 우유를 재빨리 준비했다. "우리 3명의 구원의 천사들은 생명을 주는 음료와 함께 텐트를 돌았는데, 이러한 기여를 편안하게 받아들이는 일부 대원들의 당연한 태도에 놀라고 약간 원통해 했다. 그들은 이른 새벽에 우리가 그들을 위해 무슨 일을 했는지 전혀 이해하지 못했다."라고 섀클턴은 자신의 책 '사우스(South)'에 쓰고는 "그런 경우 작은 감사가 큰 도움이 되는 법이다."라고 덧붙였다.

섀클턴은 훗날 그에게 매우 명백해질 사실을 배우고 있었는데 그것은 지도자들은 특히 어려운 시기에 종종 생색 안 나는 외로운 일을 만난다는 것이었다. 그가 그렇게 관대하게 베풀어주는 애지중지하는 보살핌과 자존심 달래기 어느 것에도 그의 부하들이 보답한 경우는 드물었다.

<br>

### 섀클턴은 권위의 서열에 관해 남은 것을 파괴해버렸다.

대원들은 하나가 되었고 섀클턴은 리더였다. 이 시점에서 모든 자격이나 사회적 지위는 의미가 없었다. "배의 고급 선원들은 나머지 대원들보다 권위가 더 많지 않은 구성 단위가 되었고 부빙 위에서 그들의 지위는 똑같았다."라고 맥클린은 말했다.

스스로 아무런 특전을 요구하지 않았던 보스는 모두에게 동등한 대우를 고집했다. 워슬리는 그들이 배를 포기한 직후 특별히 더 따뜻한 순록 모피 침낭을 나눠주었던 그날 밤에 관해 썼다. 그 침낭은 상륙 전초 팀만 사용할 예정이었기 때문에 공급이 부족했다. 28명의 대원들 모두는 누가 운 좋은 18명이 될 것인가 보기 위해 제비를 뽑았다. 실제로 누가 이기는 가는 중요하지 않았다. 보스는 모든 것을 공정하고 공평하게 만들었기 때문에 아무도 위협을 느끼지 않았다. 담요 침낭을 떠맡은 사람들은 이긴 사람들보다 덜 불쾌하고 똑같이 운 좋게 느끼도록 깔고 누울 순록 가죽 1장씩을 받았다.

나중에, 식량 분배가 고르지 않다는 불평에 답하여 섀클턴은 디스커버리호 탐험에서 고안하고 님로드호에서 사용했던 식량 분배 방법을 적용했다. 섀클턴을 포함한 모든 대원들은 교대로 요리사에게서 음식을 받아 그것을 텐트로 가져와야 했다. 그러면 또 다른 대원이 그 음식을 못 본 체하거나 그것에 등을 돌렸다. 운반해 온 대원이 1인분을 가리키며 "누구 것?"이라고 물으면 그 대원은 대원 하나의 이름을 대고 그 사람은 그것을 받았다. 맥클린은 그렇게 하는 것이 "그들이 특별히 좋아하는 어떤 음식에서는 자신의 것과 다른, 다음 사람의 몫을 조금은 부럽게" 쳐다보는 것을 막지는 못했다고 썼지만 모든 사람들은 그것이 공평하다고 인정해야 했다.

현대적 관점에서 섀클턴을 되돌아보면 그는 통찰력이 날카로운 심리학자였음이 분명하다. 그러나 당시에는 그것이 그렇게 분명치 않았다.

훗날 맥클린은 섀클턴의 시대에는 심리학이 그다지 인기 있는 주제가 아니었다고 말했다. 보스는 열렬한 독서가였고 아마도 지그문트 프로이트(Sigmund Freud)와 이반 파블로프(Ivan Pavlov)와 같은 당대의 학자들이 제안하는 여러 가지 이론에 관심이 있었을 것이다.

인듀어런스호 탐험에 관한 그의 보고서 '사우스(South)'에서 섀클턴은 자기 행위의 "심리학적 측면"이나 그가 관찰한 것에 관한 "심리학적 관심"을 점점 더 많이 언급하기 시작했다.

## 섀클턴은 융통성을 유지하면서 매우 상세한 비상 계획을 여럿 만들었다.

섀클턴은 지난 몇 달 동안 배 위에서 꼼꼼히 계획했던 아이디어와 전략의 다수를 실행에 옮기기 시작했다. 주로 대원들을 단합시키고 절망이 없는 상태로 유지하면서 어떻게 하면 그들을 안전한 곳으로 데려갈 것인가 하는 데 관한 것이었다. 배 위에 갇힌 몇 달 동안의 그의 일기는 목록과 지시사항들로 가득 차 있다. "재난은 몇 달 동안 앞을 가로막고 있을 것이었고 나는 만일의 모든 사태에 대한 계획을 수없이 검토했다."라고 섀클턴은 훗날 적었다.

그 목표는 버찬 것이었다. 대원들은 다른 인간늘로부터 1,000마일 이상, 그리고 육지에서는 수백 마일 떨어져 있었다. "지금의 과제는 일행의 안전을 보장하는 것이고, 이를 위해 나는 에너지와 정신력을 기울이고 남극의 경험이 내게 주었던 모든 지식을 적용해야 한다."라고 섀클턴은 적었다. "그 과제는 길고 힘이 많이 들 것 같았으며, 우리가 생명의 손실 없이 그것을 완수하려면 정돈된 마음과 분명한 프로그램이 필수적이었다."

배를 포기했을 때 그들은 남극 반도 위의 빌헬미나 만(Wilhelmina Bay)에서 500마일 떨어져 있었고, 그곳에서 지나가는 포경선들에 의해 발견되기를 바랄 수 있었다. 북서쪽으로 약 350마일 떨어진 곳에는 폴렛 섬(Paulet Island)이 있었다. 그 섬에는 약 13년 전 아르헨티나인들이 섀클턴을 고용해 탐험대를 위한 긴급보급품을 채워놓은 오두막이 있었다. 가장 가까운 남극 해안은 180마일 떨어져 있었지만 그곳은 황량하고 아무도 방문할 가능성이 없었다.

부빙은 북서쪽으로 시계 방향으로 표류하며 그들을 목표에 더 가까이 데려가고 있었다. 그동안에 대원들은 육지 위에서 서쪽으로 행군해 얼음이 더 이상 그들을 지탱할 수 없을 때 구명보트에 의지할 것이었다. 보스는 두 번이나 행군을 시도했고 두 번이나 그것을 취소했다. 구명보트들은 너무 육중해서 거친 지형 위로 움직일 수 없었고 소중한 구명보트들은 참패했다.

**샤클턴은 소지품을 생존에 필수적인 것만으로 줄였다.**
**그는 무엇이 필요한가에 관해 현명했다.**

샤클턴은 물자를 아꼈지만 인색하지는 않았다. 그는 무엇이 중요한가를 알고 있었다. 행복과 안락은 소모품이 아니었다. 10월 30일 구름이 덮인 날 대원들은 잠에서 깨었다. 그들은 얼음 위에서 3일 밤을 보냈고 샤클턴은 육지를 향해 행군을 시작하기로 결정을 내린 터였다. 그는 모든 사람들이 양말 6켤레, 여분의 장화 1켤레, 모피 장갑 1켤레, 그리고 담배나 코코아 1파운드를 포함해 2파운드의 물품만 휴대하라는 명령을 내렸다. 모든 대원들에게 각자가 쓸 두루마리 휴지를 주었는데 그것의 일부는 담배를 말 종이로 사용되었다. 그로 인해 개인용 물품을—전형적으로 비누, 브러시, 칫솔, 그리고 치약—넣을 공간은 별로 없었다. 그 외 다른 모든 것은 버려야 했다.

샤클턴이 본보기를 보여 금시계, 1파운드 금화 50개, 은제 브러시, 화장 도구 케이스, 배에 있는 책 대부분, 그리고 알렉산드라 황태후가 하사했던 성경책—여왕의 헌사와 욥기의 한 구절을 찢어낸 뒤—등 자신의 귀중품 모두를 눈 속에 던졌다. 모든 대원들은 샤클턴의 뒤를 따랐다.

허시는 그즈음 샤클턴이 자신을 불러 다음과 같이 말한 것을 기억했다. "방금 배에 갔다 오는 길일세. 나는 사관실에 있었네. 그곳은 끔찍하게 엉망이었지. 들보들이 성냥개비처럼 딱딱 부러지는데 아직 성한 유일한 모퉁이에서 자네 것을 발견했네. 난 그걸 식량과 함께 저쪽에 버려두었네."

허시는 그것이 자신의 밴조임을 알고 놀랐다. "그건 꽤 무거운데요. 우리가 그걸 가져가야 한다고 생각합니까?"라고 허시가 물었다.

"물론이지." 섀클턴은 즉각 대답했다. "그건 없어서는 안 될 정신 치료제야. 우린 그게 필요할 걸세."

그들이 일시적으로 머문 장소는 덤프 캠프(Dump Camp, 물건을 버리는 캠프라는 의미—역자 주)라고 불렸다. 대원들은 결코 보스에게 맞대놓고는 아니지만 소중히 간직한 개인적 물품, 기구, 극지 의복, 그리고 무엇보다도 식량을 잃어버리는 것을 불평했다. 선원 톰 맥러드는 성경을 버리면 불운이 올 것이라는 믿음으로 성경을 구했다. 적어도 다른 1명인 존 빈센트는 몰래 돌아가 재물을 주웠는데 훗날 자신의 탐욕 때문에 큰 대가를 치를 것이었다. 그러나 보스는 대원들 자신의 생명이 위협받는 때에 그들이 물건을 남겨 두는 것을 걱정하게 내버려 둘 여유가 없었다. 만약 섀클턴이 엄격한 우선순위를 정할 필요성에 관해 조금의 의심이라도 있었다면, 배를 포기한 직후 오드 리즈와 마주친 것이 그 의심을 지워버렸을 것이다. 오드 리즈는 회한에 찬 심정으로 어리석게도 섀클턴에게 자신의 멋진 황금 담뱃갑을 남겨 두어야 하는지를 물었다고 일기에 적었다. "담뱃갑 따윈 날려 보내."라고 섀클턴은 쏘아붙였다. "난 방금 빌어먹을 배를 잃어버렸어, 그렇잖아?"

가능한 경우, 섀클턴은 대원들 곁을 떠남으로써 그들이 글자 그대로 그리고 비유적으로 자신들 뒤에 물건을 놓아 두는 것을 도왔다. 그는 덤프 캠프에 소지품들을 남겨 두기 마지막 몇 분 전까지 기다렸다가 강아지 4마리와 맥니쉬의 고양이 미세스 치피(Mrs. Chippy)를 사살하라는 명령을 내렸다. 그들은 너무 많은 관심을 기울였다. 그 후 즉시 그들은 육지를 향한 행군을 시작했다. 물자를 실은 개 썰매들이 먼저 갔고 그 다음으로 대원들이 끄는 구명보트들이 갔다. 구명보트 스텐컴 윌스호 (Stancomb Wills)는 뒤에 남겨 두었다. 구명보트들은 엄청나게 무거웠고 압력 마루와 작은 얼음 언덕이 가득 찬 얼음 지형 위로 끌어야 했다. 첫날 대원들은 1마일의 4분의 3도 채 가지 못했다. 다음 날 그들은 조금 더 잘해서 1마일을 갔다. 3일 즈음에 그들은 섀클턴이 정했던 매일 4, 5마일의 목표에 미치지 못할 것임이 명백해졌다. 그들은 결코 적절한 시간 내에 육지에 다다를 수 없을 것이었다. 그는 행군을 중지시켰다.

때는 1915년 11월 1일, 남극의 봄이었다. 대원들은 오션 캠프(Ocean Camp)라고 불린 보다 안락한 캠프를 치고 크리스마스 직전까지 거기서 머물렀다. 그들은 기발한 재주로 대충 그 캠프를 문명사회의 복제품으로 만들었다. 오션 캠프의 사진은 빨랫줄 위에서 마르고 있는 세탁물, 목제 망루, 그리고 거대한 난로를 보여준다. "집의 온도가 빙점 이하이고 바람이 가볍게 불고 해가 없는 때에는 사람들이 야외에서 맨손으로 운동하는 것을 거의 볼 수 없는데, 그들 중 일부는 우리 중 다수가 오늘 여기서 하듯이 허리까지 옷을 벗고 눈 녹은 물속에서 부분적으로 목욕을 한다."라고 오드 리즈는 적었다.

기온이 20도 대까지 오른다는 사실은 사람들이 생각하는 만큼 반갑지 않았다. 부빙이 부드러워져 대원들은 종종 얼음이 약한 상소에 빠졌다. 그들의 발과 옷은 축축하거나 흠뻑 젖어 있었다. 표면이 굳어지는 밤에는 걷기가 조금 더 나을 뿐이었다. 대원들은 끊임없이 젖어 있다는 것에 정신이 팔리게 되었다. 공기는 너무 습해서 그들의 옷을 말릴 수 없었고 종종 눈보라와 비가 내렸다. 그들의 체열이 텐트 바닥을 녹이는 밤이 최악이었다. "텐트 속은 매우 따뜻한데 온도는 화씨 영상 78도까지 올라간다!!"라고 허시는 적었다.

가장 고통스러운 것은 그들이 살고 있는 얼음이 상당히 위태로운 환경이라는 깨달음이었다. 헐리는 11월 7일 일기에 다음과 같이 썼다. "우리가 거대한 얼음 뗏목 위에 살고 있고 불과 5피트 두께의 얼음이 우리들을 2,000패덤(fathom, 수심 측정 단위, 6피트 또는 1.8미터에 해당—역자주)이나 되는 대양으로부터 우리들을 따로 떼어 놓고 바람과 조류의 변덕 아래 아무도 모르는 곳을 향해 이리저리 표류하고 있다는 것은 우리에게조차 상상할 수 없는 일이다."

### 새클턴은 대원들이 그들의 곤경에 대해 확실히 현실적으로 생각하게 했다.

새클턴은 대원들이 행복하고 생존을 확신하기를 원했다. 그는 또한 그들이 자신의 상황을 진지하게 받아들이고 자신의 운명에 대한 책임을 지기를 원했다.

배를 포기한 직후 새클턴은 대원 2명이 조리사에게 차를 주문하는 것을 우연히 들었다. 하나는 진한 홍차를 다른 하나는 묽은 홍차를 청했다. "그들의 마음이 평온하다는 것을 아는 것은 기분 좋은 일이었지만 나는 홍차는 모든 선원들에게 똑같을 것이며 두 달 뒤 우리에게 홍차가 조금이라도 남아 있다면 우리는 운이 좋을 것이라고 말하기에 시기가 적절하다고 생각했다"고 섀클턴은 '사우스(South)'에 적었다. "그때 그 사고가 심리학적으로 흥미롭다는 생각이 들었다. 집은 으깨졌고, 불안정한 부빙 위에 캠프를 쳤고, 안전한 곳에 도달할 가능성은 분명히 희박하고, 조용히 존재의 세부 사항에 힘쓰는데, 차 한잔의 농도와 같은 사소한 일에 주의를 기울이는 사람들이 있었다."

그의 동정적 어조에도 불구하고 섀클턴은 그들의 상황에 대한 대원들의 무신경한 태도를 우려했다. 그는 즉각 급식량을 하루에 대원 1명 당 9.5온스로 깎아버렸다. 그것은 약 1500칼로리로 해석되는데 다수의 춥고 젖은 대원들에게는 별로 많지 않았다. 그는 사나흘 동안만 삭감을 실시했지만 그 일은 대원들에게 요점을 잘 납득시켰다. 대원들은 그 후 몇 년 동안 그들이 그 시기 동안 겪었던 어려움에 관해 적었다.

그 명령은 대원들이 배로부터 충분한 식량을 인양하는 것을 마친 뒤 철회되었다. 헐리는 11월 초 어느 날의 일행의 분위기를 정확히 포착했다. "오전 11시 조금 지나 인양 팀은 갑판을 뚫고 들어갔다... 갈고리가 달린 긴 장대로 낚시를 함으로써, 수면으로 둥실 떠오른 구멍을 통해 상자들을 차례로 인도했다. 그 장면은 엄청 재미있었고 내게 어렸을 때의 양어장 낚시 게임을 상기시켰다. 낚시꾼 중 하나는 식량 가치가 높은 물건을 백일하에 드러내면 임청난 환호성이 터졌다. 나는 때마침 사람늘이 작은 탄산소다 한 통을 신음소리로 맞이하는 것을 보았다. 인양된 물건들의 상대적 가치에 비례하여 사람들은 적절한 감탄사와 함께 그것들을 맞아들였다."

시간이 지나면서 대원들은 그런 식으로 3톤의 식량을 꺼냈다. 섀클턴은 각자에게 하루에 1파운드면 그 식량은 그들을 석 달을 지탱시켜 줄 것이라고 계산했다. 모든 대원들을 배불리지는 못해도 건강을 유지할 만큼 얻었다. "우리가 처해 있는 상황을 고려한다 하더라도 음식의 단조로움은 내가 애써 피하고 싶은 것이었기 때문에 우리가 가진 어묵과 청어 통조림 등과 같은 재고량이 적은 사치품은 조심해서 절약하고 가능한 오래 가도록 나누어 주었다."라고 섀클턴은 적었다.

사실, 남극 경험이 있는 대원들은 식량 공급이 적당량 이상이라고 생각했다. 그들은 그동안 내내 바다표범을 사냥하고 있었다. 헐리의 일기는 그들이 부빙 위에 살았던 동안 그가 대원들이 수백 마리의 펭귄과 수십 마리의 바다표범을 도살하는 것을 돕는 모습을 보여준다. 헐리는 다음과 같이 메뉴를 기술했다. "조반은 튀긴 바다표범 스테이크, 홍차, 우유, 그리고 설탕. 점심은 슈에트 푸딩(suet pudding, 다진 쇠고기 지방과 밀가루에 건포도, 양념 따위를 섞어 넣어 만드는 푸딩—역자 주)과 잼, 코코아, 우유, 그리고 설탕. 저녁식사는 햄과 바다표범 간 잡탕찌개와 말린 감자와 밀가루, 코코아, 우유와 설탕, 그리고 다이제스티브 비스킷이다."

**섀클턴은 불평꾼들을 곁에 두어 그 영향력을 억제하고
그들을 자기 편으로 끌어들이려 했다.**

섀클턴은 5동의 텐트 속에서 함께 살 사람들을 훌륭하게 선택하고 각자의 성격, 경험, 그리고 태도의 균형을 맞추어 부빙 위에서 대원들이 생존할 토대를 마련했다. 그는 반대론자들을 가까이 두어 반대 의견의 싹을 없앴다.

보스는 그의 책에서 누가 어느 텐트에 사는지만 말했다. 그러나 그 당시에조차 그의 배치가 얼마나 잘 계산된 것이었는지는 아무도 알아차리지 못했다. 자신을 위해서 그는 기둥이 있는 작은 텐트와 3명의 텐트 동료를 택했다. 그는 불쾌한 사람들을 피하고 자신의 권위에 도전하는 사람들과 싸우는 모든 인간 본능에 반대했다. 1등 항해사 그린스트리트는 섀클턴의 텐트 선택에 관해 다음과 같이 적었다. "그는 남들과 잘 어울리지 않을 것이라고 생각하는 사람들을 모았다. 그가 텐트에 같이 있는 사람들, 그들은 사이좋게 지내기가 그렇게 쉽지 않았다. 그들은 정말 잡동사니였다."

선택된 1명은 사진사 프랭크 헐리였다. 헐리는 똑똑하고 튼튼했고 대원들의 충성심에 대한 경쟁 세력이 될 잠재적 가능성이 있었다. 그는 맥클린과 함께 섀클턴의 명령 일부를 신랄하게 비판하는 은밀한 대화를 여러 번 나누었다. 맥클린은 자신의 일기에 이느 부분들을 암호로 적어 그것들을 암시했다. 섀클턴은 헐리의 약점이 자아도취라는 점을 확인했고 그래서 그 사진사가 스스로를 섀클턴의 조언자이자 친구로 느끼게 만들

었다. 헐리는 보스를 더 많이 알게 될수록 그를 더 좋아하게 됐다. 그는 2주 동안 보스와 함께 산 뒤 다음과 같이 적었다. "나는 보스를 매우 존경하는데 그는 매우 사려 깊고 마음씨가 상냥하고 아주 좋은 동료이다."

새클턴의 다른 선택은 항해장 휴버트 허드슨이었는데, 그는 따지기를 매우 좋아했기 때문에 새클턴은 그가 다른 대원들과 함께 지내기 어려울 것이라고 걱정했다. 새클턴은 그가 계속 여러 가지 주제에 관해 바쁘게 토론하게 만들었다. 텐트 안에서의 대화는 언제나 활기차고 친밀했다.

물리학자 레지널드 제임스는 걱정이 많았는데 그를 자신의 텐트로 데려감으로써 새클턴은 그가 더 안전하다고 느끼게 만들 수 있었다. "그는 뛰어난 텐트 동료였고 일단 텐트 안에서는 지도자의 권위를 대부분 버렸다."라고 제임스는 훗날 어느 인터뷰에서 말했다.

우리는 온갖 종류의 사물에 관한 훌륭한 토론을 했다. 열띤 논쟁 중 하나는 순수 과학 연구에 대한 반대로서의 "실제적인" 과학 연구를 찬성하는 것이었다. 그는 순수 과학은 쓸모가 거의 없다고 말했고 우리들의 노력을 실용적 노선으로 향해야 한다고 생각했다. 나는 다른 견해를 취했고 그래서 우리는 긴 논쟁을 벌이곤 했으나 아무 성과도 얻지 못했다.

때로 그는 회상에 잠기곤 했는데 이 시간들이 가장 즐거웠다. 왜냐하면 그는 위로는 국왕에서 아래로도 많은 사람들을 만났고, 이야기를 잘 했고, 상황에 관한 유머 감각이 있기 때문이었다. 그는 극지뿐 아니라 새로운 탐험과 숨겨진 보물, 빨리 부자가 되기 위한 모든 종류의 계획에 관해 토론했는데 그래서 사람들은 그가 정말 도박꾼이라는 것을 깨닫곤 했다. 또는 그는 시를 읽거나 암송하곤 했는데 그러면 사람들은 그의 다른 면을 보았다. 그가 좋아하는 오락 중 하나는 "동물, 광물 또는 식물"이라고 알려져 있는 게임인데 그 게임에서는 참가자들 중 하나가 "예" 또는 "아니오"로만 대답할 수 있는 질문을 함으로써 나머지 사람들이 알고 있는 어떤 물건을 알아맞혀야 했다. 섀클턴은 그 게임에 정말 묘한 기술이 있었다. 몇 가지 신중한 질문을 함으로써 그는 탐구 영역을 좁혀서 그 물건이 아무리 멀리 떨어져 있어도 빠르게 해답에 도달하곤 했다.

작은 후프 텐트인 2호 텐트에 그는 자신의 신뢰하는 동료 프랭크 와일드를 두었다. 보스는 그를 제임스 맥클로이와 짝을 지었는데 보스는 와일드가 세상 물정에 밝은 냉소적인 그 외과의를 매우 좋아한다는 것을 알고 있었기 때문이었다. 그리고 지질학자 워디가 추가되었는데 아마도 그 당시 그를 약간 격려해 줄 필요가 있었기 때문이었다. 보스는 또한 감수성이 보다 예민한 젊은이들로부터 격리시키고 싶어 한, 비관적이고 불만족스러워 하는 사람인 해리 맥니쉬를 와일드가 다루기를 원했다.

큰 후프 텐트인 3호 텐트 속에 섀클턴은 나머지 선원들 모두를 배치했다. 그들은 탐험 시작 때부터 함께 생활해 왔고 그래서 친밀해졌다. 그 텐트에는 월터 하우, 윌리엄 베이크웰, 윌리엄 스티븐슨, 어니스트 홀니스, 티머시 맥카시, 토머스 맥러드, 존 빈센트, 그리고 조리사 찰스 그린이 있었다.

작은 후프 텐트인 4호 텐트에 그는 톰 크린, 알프레드 치섬, 레너드 허시, 그리고 조지 마스턴을 두었다. 그것은 유쾌한 무리였다. 크린은 언제나 신뢰할 수 있고 열심히 일하는 타고난 리더였다. 치섬은 열심히 일하고 인기 있는 또 다른 선원이었다. 21세 된 허시는 일종의 코미디언이었고 섀클턴이 예측했듯이 그의 밴조 연주는 모든 사람들이 즐겼다. 그와 화가 마스턴은 여분의 일을 하는 것은 전혀 좋아하지 않았지만 그의 책임은 다했다.

기둥이 있는 거대한 텐트인 5호 텐트는 프랭크 워슬리, 로버트 클라크, 라이오넬 그린스트리트, 토머스 오드 리즈, A. J. 커(Kerr), 루이 리킨슨, 알렉산더 맥클린, 그리고 밀항자 퍼스 블랙보로로 혼잡했다. 대원들은 섀클턴이 그 텐트를 구성할 때 확실히 실수했다고 생각했다. 클라크는 그 텐트가 "폭탄이 될 수 있는 화약 성분 모두를" 가지고 있다고 말했다. 커와 리킨슨과 블랙보로는 얌전했다. 그러나 워슬리는 변덕스럽고 예측 불가능하고, 맥클린은 성미가 급했으며, 그린스트리트와 오드 리즈는 사람들의 신경을 건드리는 경향이 있었고, 클라크는 끊임없이 코를 훌쩍거렸는데 그것은 사람들을 미치게 만들었다. 놀랍게도 그들은 가끔의 긴장에도 불구하고 유대감을 형성했다. 오드 리즈는 "우리가 끊임없이 그리고 말 그대로 서로의 발가락을 밟는 것을 생각하면 우리는 정말로 놀랍도록 잘 지낸다."

섀클턴은 텐트 아래의 얼음이 부서지는 경우 어떻게 해야 하는지 모든 사람들이 확실히 알게 했다. 사람들 각자에게 직책과 의무를 부여했다. 보스는 비상 훈련을 실시했다. 그가 호각을 불었고 대원들은 자신들의 장비와 식량을 싸고 텐트를 치우고 이동할 준비를 갖추곤 했다. 그렇지 않은 경우에는 섀클턴은 신속한 식사, 정해진 임무, 그리고 매일의 운동으로 생활을 가능한 정상적으로 유지시켰다. 헐리는 캠프의 일상을 다음과 같이 요약했다. "오전 8시 캠프 기상, 아침 식사 8시 30분.... 오후 1시까지 일상적 임무 즉 바다표범 정찰, 캠프 정돈 등 실시. 점심시간은 가변적임... 오후는 개인 재량에 따라 독서, 산보 등으로 보낼 것. 오후 5시 30분에 일반적으로 바다표범 또는 펭귄 후시와 코코아 취식. 그 직후에 침낭 속으로 들어갈 것. 격일 밤마다 1시간 야간 경비를 설 것."

개들은 여전히 매일 운동시켜야 했다. 대원들은 또한 텐트 "페기(Peggy)"로서 임시변통으로 만든 주방에 있는 조리사의 난로에서 나머지 텐트들을 위해 교대로 음식을 가져왔다. 물론 섀클턴은 주방 안에 작은 도서관을 세웠는데 주방에는 또한 헐리와 마스턴을 위한 작업공간도 있었다. 대원들은 텐트를 수선하거나 길을 매끈하게 만들면서 시간을 보냈다. 가장 중요하게 목수 맥니쉬는 점점 더 불안정해지는 부빙으로부터 불가피한 탈출을 위해 구명보트의 뱃전을 높이는 작업을 하고 있었다. 날씨가 허락할 때는 사냥 팀은 매일 밖으로 나갔다. 날씨가 안 좋으면 그들은 옷이나 장화를 꿰매거나 카드놀이를 했다.

> ### 섀클턴은 대원들이 반드시
> ### 유머 감각을 잃지 않도록 했다.

보스는 특히 나쁜 날씨 때문에 대원들이 며칠이나 계속해서 텐트 속에 머물러야 할 경우 다수의 기분 전환 거리를 제공했다. 헐리는 대원들이 인듀어런스호에서 워슬리의 선장 제복을 회수했을 때를 회상했다. 새클턴은 모자를 쓰고 칼을 차고 모든 사람들을 위해 으스대며 걸었다. 그는 매일 모든 텐트를 방문했는데 좌골신경통이 너무 심해 도움 없이는 침낭을 떠날 수 없을 때만 방문을 걸렀다. "부빙 위에 있던 동안 심지어 블리자드가 부는 와중에도 그는 모든 대원들의 건강과 안위를 묻기 위해 각 텐트를 방문했는데, 이때가 그것을 하지 못한 유일한 때였다"고 와일드는 기억했다.

보스는 레너드 허시를 그의 밴조와 함께 텐트에서 텐트로 보내 모든 대원들이 노래를 따라 부르도록 했다. "그는 매우 훌륭한 연주자였고 토요일 밤이면 우리는 평소처럼 연주회를 계속 개최했는데 이제는 마실 것이 동반되지 않았다."라고 와일드는 말했다. 그렇지 않은 경우 대원들은 텐트 속으로 서로에게 들렀다. 와일드와 맥클로이는 인기 있는 손님처럼 보였다. 12월 2일 헐리는 와일드, 워디, 그리고 맥클로이와 함께 자기 텐트에서 열린 연주회에 관해 다음과 같이 적었다. "매우 유쾌한 저녁을 보냈고 허시의 밴조는 다수의 오랜 애창곡들을 연주했다." 다시 12월 18일 와일드와 맥클로이가 초청받았다. 같은 시간 즈음 맥클린은 와일드와 맥클로이가 노래를 따라 부르기 위해 5호 텐트로 왔고 허시는 자기 밴조를 가져왔다고 적었다. "비록 전에 많이 들어보지 못한 노래들을 찾는 것이 어려웠지만, 우리는 즐거운 저녁을 보냈다."라고 맥클린은 적었다.

그 의사는 또한 다음과 같이 언급했다. "텐트의 대원들 사이에 브리지 게임 열풍이 불었고 어니스트 경과 맥클로이와 다른 대원들이 참가해서 조언과 지시를 했다. 모두들 독한 담배를 피웠는데 너무 독해서 리킨슨과 나는 거의 압도되어 텐트를 떠나야 했고 나는 심한 두통이 있었다.”

카드놀이는 날이 비교적 따뜻할 때만 인기가 있었는데 장갑을 끼고는 카드를 다루기가 거의 불가능했기 때문이었다. 헐리와 보스는 몇 주 동안 그들이 집으로 돌아갈 때 모아둘 상품을 얻기 위해 포커 몇 게임을 했다―연극 입장권, 면도기 케이스, 와인, 칼라 박스, 그리고 본드가 38번지 존슨 헤틀러사 제조 모자―그들이 결국 집에 도착할 것은 확실했다.

언제나 대원들의 원기를 북돋우어 준 한 가지는 풍부한 좋은 식사였는데 섀클턴은 사기를 높이기 위해 식량을 이용했다. 젊은 대원들은 적어도 늘 배가 고팠다. 나이 든 대원들은 나이와 생존 경험 때문에 적은 음식으로도 족할 수 있었고 그래서 때로 자기 몫의 일부를 더 젊은 대원들에게 주었다. 1명의 예외는 워슬리였는데 40세인 그의 식욕은 나이가 그의 절반인 어느 대원과 같았다.

> **섀클턴은 대원들에게 과거를 내려놓고
> 살아남기 위해 필요한 것에 집중하기를
> 강하게 요구했다.**

11월 21일 저녁 섀클턴은 부빙 위로 산보하러 나갔는데 그때 갑작스러운 배의 움직임이 그의 눈길을 끌었다. 그 배를 포기한 지 한 달이 되었다. 그 기간 동안 인듀어런스호는 일종의 저장고, 수 톤의 식량과 물자의 저장소 역할을 했다. 섀클턴은 대원들에게 고함을 쳤고 모든 사람들은 멀리서 그 배를 지켜보기 위해 밖을 향했다. 그 아름다운 배가 산산조 각으로 쪼개지는 것을 보는 것은 가슴 아픈 광경임에 틀림없었을 것이다. 1년이 넘는 동안 그들은 그곳을 매우 좋아하게 되었고, 그곳은 집이자 문명세계와의 마지막 연결 수단이었다. 맥클린은 보스의 반응을 다음과 같이 회상했다. "그에게 늘 그랬듯이 일어난 일은 이미 일어난 것이었다. 그것은 과거였고 그는 미래에 기대를 걸었다... 아무런 감정도, 과장이나 흥분도 없이 그는 말했다. '배와 저장물자는 사라져버렸다. 그러니 이제 우린 집으로 가자.'"

섀클턴은 결코 이미 지나가 버린 것이나 자신이 바꿀 수 없는 것들을 애통해하느라 시간과 정력을 낭비하지 않았다. "사람은 낡은 목표가 사라지는 즉시 새로운 목표에 자신을 맞추어야 한다."라고 그는 말했다. 낭비에 대한 그의 불관용은 사람들이 성급함과 잔인함으로 오해했던 그의 일에 있어서 어떤 효율을 그에게 제공했다. 그는 인터뷰에서 질문을 낭비하지 않았다. 그는 공허한 몸짓을 하면서 시간을 낭비하지 않았다. 그는 아무 이유 없이 사람들을 훈련시키며 정력을 낭비하지 않았다. 그는 책을 읽고 계획을 세우면서 여가 시간을 보냈다. 그가 어떤 조치를 취했다면 그것은 목표에 도달하기 위한 것이었고 그가 어떤 명령을 내렸다면 그것은 생존을 위해 필요한 것이었다.

섀클턴의 좌우명은 "앞날을 생각하다"를 의미하는 "Prospice"였다. 그것은 아내 에밀리가 종종 그에게 인용해 주었던 로버트 브라우닝의 시의 제목이었다.

아니! 전부 다 맛보게 해다오, 내 동료들처럼,

옛 영웅들처럼

정면으로 부딪쳐서, 삶의 고통과

어둠과 추위를, 단번에 기꺼이 지불하면,

용감한 자에게는 최악이 홀연 최선이 되고,

암흑의 순간은 끝이 난다...


그들의 엄청난 문제들에도 불구하고 대원들 중 일기를 쓰는 사람들은 종종 자신들의 행복에 관해 적었다. 12월 8일 닥터 맥클린은 다음과 같이 적었다. "지금은 우리에게 불안한 시간이지만, 모든 사람들은 명랑하고 생기가 있다. 우리는 충분한 식량을 확보하고 있으며 이 텐트 생활에 꽤 잘 적응해 왔다. 나는 모든 안락함과 내 소유의 큰방들, 욕실과 모든 편의 등과 함께 병원에 있었을 때와 마찬가지로 여기서 행복함을 느낀다. 우리가 무사히 살아서 이것을 이겨낸다면 그것은 되돌아볼 큰 경험이 될 것이다."


## 섀클턴은 조언을 구했으나 최종 결론은 혼자 내렸다.

보스는 모든 대원들에게 어떤 중요한 상황에 대해 그들이 어떻게 생각하는지 물었다. 그는 대원들의 생각을 파악하고 있었고 그들이 발언권을 갖도록 허락했고 아이디어를 모았다. "그것이 그와 스콧 사이의 큰 차이였다. 스콧은 너무 해군식이었다."라고 제임스는 섀클턴의 전기 작가 피셔에게 말했다. "섀클턴은 텐트 안에서 많은 생각을 입 밖에 내어 말했지만 그의 결정은 분명히 자신의 것이었다."

그린스트리트는 그것을 증명할 수 있었다. 섀클턴은 언젠가 그에게 일이 어떻게 돌아가고 있다고 생각하는지 물었다. "글쎄요 대장님, 저는 바다표범과 펭귄이 물 위로 나올 때마다 우리가 죽여 창고에 넣어 식량을 저장하는 건 나쁘지 않다고 생각합니다."라고 그린스트리트는 대답했다. 그러나 보스가 결정한 것은 그것이 아니었다. "오, 자네는 빌어먹을 비관주의자야. 그렇게 하면 선수루의 대원들이 겁먹을 거야. 그들은 우리가 결코 빠져나오지 못할 거라고 생각할 거야." 실제로는 식량을 비축하지 않는 것이 대원들을 더 초조하게 만들었다.

오드 리즈는 섀클턴이 그의 비위를 맞추어 주어 기분이 좋았다. 12월 20일 보스는 그를 자신의 텐트 안으로 불러 "그가 폴렛 섬까지 서쪽으로 행군하려는 것을 염두에 두고 있다는 것을 내게 은밀히 알려주었다"고 그는 적었다. "그것은 오래지 않은 비밀이었다."라고 오드 리즈는 순진한 척하는 태도로 말했다. "왜냐하면 내가 우리 텐트로 걸어갈 때 즈음에는 캠프 주위에 전반적인 유쾌한 기대의 웅성거림이 있었기 때문이다."

보스는 대원들의 소망에 따르는 것을 꺼려하지 않았다. 오드 리즈는 몇 달 전 배 위에서 다음과 같이 적었다. 기진맥진한 섀클턴이 자신은 저녁식사를 거를 것이라고 말했을 때 그는 보스에게 다른 대원들이 기분이 좋아지도록 저녁 식탁으로 가라고 조언했고 섀클턴은 그의 청을 들어주었다.

샤클턴은 모든 대원들이
무언가 가치 있는 일을 하고 있다고
확실히 느끼게 만들었다.

12월 20일 샤클턴은 일행 전부를 집합시켜 그의 계획을 설명했다. 대원들은 폴렛 섬을 향해 2척의 보트를 끌고 하루에 2마일 이상 나아가고 부빙 표면이 더 단단할 경우에는 야간에 행군할 것이었다. 그들은 날이 따뜻한 낮 동안 잠잘 것이었다. 행군은 무의미했지만 대원들은 안절부절 못하고 있었다. 샤클턴은 자신이 대원들을 바쁘게 하고 아직도 더 많은 것을 할 수 있다고 고집하는 사람들을 침묵시켜야 한다는 것을 알고 있었다. 그것은 그들에게 자신의 운명을 통제하고 있다는 느낌을 주었다.

"그 문제에는 심리학적 측면도 있다."라고 샤클턴은 행군에 관해 적었다. "이 잔인한 얼음 쓰레기에서 누군가 우리를 꺼내주기를 그냥 앉아서 기다리는 것보다는 비록 진행은 더디더라도 북서쪽으로의 느린 표류로 우리가 육지로 가는 도중이라고 느끼는 것이 훨씬 더 나을 것이다. 우리는 움직일 시도를 할 것이다."

그는 그 첫 번째 행군과 심지어 배가 최초로 갇혔을 때인 몇 달 전에도 똑같은 심리학을 적용했다. 그때는 그는 대원들이 얼음을 곡괭이로 쪼아 파고, 톱으로 썰고, 들이받아서 자신들이 갇혀 있는 두꺼운 얼음의 바다에서 길을 헤쳐 나가도록 시켰다. 샤클턴은 누구라노 효과가 있을지 모르는 것을 시도하지 않았다고 느끼기를 원치 않았다. 그러나 어떤 조치라도 그 심리적 혜택은 언제나 실현 가능성과 비교 검토되었다.

보트를 끌고 간다는 결정은 크리스마스를 22일에 일찍 축하해야 할 것임을 의미했다. 대원들은 보트 위에 가져갈 수 없는 사치품으로 잔치를 벌였다.

대원들은 잠자리에 들었다가 제임스 케어드호와 더들리 다커호를 썰매로 나르기 위해 오전 3시에 일어났다. 2척의 구명보트를 잇달아 이동시켰다. 보스와 워디, 허시와 허드슨은 길을 구축해 썰매를 끄는 노력을 이끌었다. 보트 1척을 끄는 견인줄을 맨 15명의 대원들이 그들을 뒤따랐다. 그런 다음 개들이 추가 보급품을 날랐다. 모두가 반 마일가량 전진한 뒤 멈추고 돌아가 다른 보트를 가져왔다. 워슬리와 와일드는 썰매를 끄는 대원들을 맡았다. 행군은 등골이 빠지게 힘들고 지루했고 얼음은 가로지르기 어려웠다. 교대로 썰매를 끌었기 때문에 대원들은 1대를 전진시키기 위해 3마일을 터벅터벅 걸었다.

행군 셋째 날이 크리스마스였다. "앉아서 곰팡내 나는 얇은 배넉(bannock, 오트밀이나 보릿가루를 개서 구운 과자빵−역자 주)과 멀건 코코아 한 잔으로 구성된 우리의 '점심'을 먹은 그날도, 우리는 사람들이 집에서 무엇을 먹고 있을지 궁금해했다."라고 보스는 적었는데 아마도 음식의 빈약함을 과장하려고 그랬을 것이다. "모든 대원들은 매우 명랑했다. 부빙 위의 단조로운 생활에서 구조될 가망이 우리의 사기를 높여준다."

맥클린은 일기에 "힘들고 거칠고 행복한 삶이다."라고 적었다.

모든 대원들이 삶이 그렇게 행복하다고 생각한 것은 아니었다. 12월 27일 5일 동안 썰매를 끈 뒤 맥니쉬는 진저리가 났다. 그는 "워슬리의 명령에 복종하기를 거부하고 동시에 욕지거리를 내뱉었다."라고 맥클린은 적었다. 섀클턴은 집단 규율에 대한 위협에 격노했다. 그는 즉각 맥니쉬를 한쪽으로 끌고 가 그가 명령에 복종해야 함을 분명히 설명했다. 그날 밤 캠프에서 그는 모든 대원들을 불러 배의 계약서 조항들을 읽어주었다. 비록 배는 침몰했지만 계약서는 선원 전부는 부빙 위에 있는 동안 고급 선원들의 지휘하에 있음을 언명했다. 또한 그것은 대원들이 집으로 돌아갈 때까지는 업무에 대한 급여를 지급받을 것을 의미함을 그들에게 확인시켰다.

그 조치는 반란적 경향을 고립시키고 끝내었다. 섀클턴은 단지 이렇게 그 상황에 대해 적었다. "목수[맥니쉬]를 제외한 모든 대원들은 일을 잘하고 있다. 긴장과 스트레스의 이 시점에 나는 그를 결코 잊지 않을 것이다." 그는 잊거나 용서하지 않았다.

며칠 동안 등골 빠지게 애를 쓴 뒤에도 대원들은 불과 7마일 반밖에 전진하지 못했고 구명보트들은 난타당하고 있었다. 어니스트 경은 서쪽의 육지에 도달하려면 300일이 걸릴 것이라고 계산했다. 물론 그것은 터무니없이 긴 시간이었다. 섀클턴은 자신의 주장을 증명했다. 멈추고 캠프를 설치하는 것 외에는 아무 할 일이 없었고, 그 힘든 작업을 고마워했던 많은 사람들에게 실망을 안겨 주었다. 섀클턴은 일기에 "용기의 발자국을 인내의 등자 속에 넣어 두어라."라고 적었다.

> 섀클턴은 그 시점에 가장 힘든 것-
> 아무 것도 하지 않는 것-을 했다.

새 집은 인내심 캠프(Patience Camp)라고 불렸다. 그들은 거기에서 3개월 넘게 머물 것이었다. 더 이상 어떤 조치를 취해도 이 시점에서는 정력을 낭비할 것에 불과했다. 짧은 남극의 여름이 서서히 끝나감에 따라 섀클턴은 육지를 향한 계획된 보트 여행을 준비했다. "기다리고, 기다리고, 기다리고 있다."라고 그는 적었다.

시간은 느릿느릿 지나갔다. 이제는 대원들의 사기를 북돋우는 것이 훨씬 더 어려웠다. 이 캠프는 검소했고 오션 캠프의 제집 같은 편안함은 하나도 없었다. 그들은 비교적 생활을 쾌적하게 만들어 주었던 보급물자의 대부분을 뒤로 남겨 두고 왔다. 바람은 거세게 휘몰아쳤고 표면의 얼음은 곤죽 같아서 대원들은 때로 똑바로 설 수 조차 없었다. 그들은 식사를 하기 위해 주방으로 기어가야 했다. 대원들은 텐트 안에서 많은 시간을 보내기 시작했다. 맥클린은 날씨가 최악이었을 때 필요한 경우 보트 속으로 뛰어들 준비를 하기 위해 밤에도 옷을 벗지 않았다고 적었다. 그는 양말만 갈아 신었다. "다른 모든 장비는 젖으면 내 몸 위에서 말려야 했다."라고 그는 적었다. 그리고는 탐험대의 특징이 된 낙관주의를 덧붙였다. "그럼에도 불구하고 사람들은 불평할 수가 없다—나는 두 눈을 활짝 뜬 채 남극에 있고, 나 자신을 거기서 구출해 내는 일은 내게 달려 있다고 생각한다."

그러나 대원들의 일부는 절망하기 시작했다. 예를 들면 프랭크 워슬리는 3월에 우울해져서 말을 그쳤는데, 이는 그에게는 매우 이례적인 일이었다. 닥터 맥클린마저 섀클턴에게 화를 내었고 일기의 암호로 된 어느 부분에서 그를 어린애, 그리고 백치라고 불렀다.

1915년이 끝났을 때 섀클턴은 다음과 같이 새해의 소원을 적었다. "새해가 우리에게 행운과, 이 불안한 시간으로부터의 구원과, 아주 멀리 떨어져 있는 우리가 사랑하는 사람들에게 모든 좋은 것들을 가져다주기를... 대영백과사전에서 바빌론과 아시리아를 읽었다. 생각이 많으면 글을 많이 쓰고 싶지 않아진다... 나는 아무 생각도 없는 약간의 휴식을 갈망하지만 모두가 건강하고 안전한 것을 하나님께 감사드린다."

맥니쉬는 향수에 덜 잠겼다. 그는 1월 1일 일기에 다음과 같이 적었다. "스코틀랜드에서 우리는 케이크와 와인으로 새해 첫날을 축하하는데, 여기서 우리는 남극의 부빙 위에 떠서 다음에는 어느 길로 표류할지 또는 또 다른 겨울 동안 얼어붙어 있을지 알지 못한 채 오늘을 축하하고 있다."

## 섀클턴은 훨씬 전에 경고함으로써 인기 없는 명령에 대원들을 대비시켰다.

어려운 결정을 내려야 할 경우 보스는 미연에 여러 가지 소문과 아이디어들을 퍼뜨리기를 좋아했다. 그렇게 하는 것이 대원들에게 어떤 계획을 실제로 다루기 전에 그 아이디어에 대해 숙고할 시간을 제공했다. 섀클턴은 한동안 개들이 보급품을 고갈시키는 것에 관해 얘기했다. 1월 14일 그는 와일드에게 4팀의 개들을 사살하게 했다. 헐리는 오션 캠프에서 더 많은 물자를 회수하기 위해 이틀 더 자신의 팀을 유지하도록 허락받았다. 개들이 사살될 때가 되자 헐리는 개들이 얼마나 많은 식량을 소비하는가를 고려해 그것을 "슬프지만 불행한 불가피한 일"로서 받아들였다. 섀클턴은 그 일을 와일드에게 맡기는 한편 그 문제에서 헐리의 마음을 돌리기 위해 그를 데리고 오래 산책하면서 함께 오후를 보냈다.

섀클턴의 제스처는 헐리가 사진 원판들을 솎아내는 우울한 일을 하는 동안 그가 그 사진사의 친구가 되어 주었던 시간을 연상시켰다. 헐리는 탐험이 시작된 이래 500장이 넘는 사진을 찍었지만 그들이 배를 포기한 후 자신의 짐을 가볍게 해야 한다는 것을 알았다. 섀클턴은 그와 함께 얼음 위에 앉아서 그가 자신의 컬렉션을 120장의 유리건판 음화로 줄이는 것을 도와주었다. 헐리는 추후에 스스로 비판하고 싶지 않도록 자신이 간직하지 못한 원판들을 박살냈다. 그는 나머지 탐험을 위해 휴대용 코닥 카메라 1대와 필름 2통만 간직했다.

1월 21일 대원들이 남극권을 건너 표류했을 때, 그들은 좋은 식사로 그것을 축하했다. 대원들은 또한 2월 15일 보스의 생일을 축하하기를 원했지만 섀클턴은 소중한 식량을 낭비하는 것이 두려워 그것을 금했다. 그러나 그는 대원들이 특별한 사건을 필요로 한다는 것을 알았고, 그래서 그들은 윤일을 축하하고 "우리의 총각들 일부가 여성으로부터 도피한 것"을 기렸다.

대원들은 아직 바다표범을 사살하고 있었지만 극지의 가을이 다가옴에 따라 그 동물들이 부족해지고 있었다. 더 빈약한 식사 외에도 바다표범의 부족은 난로에 땔 지방의 결핍을 의미했다. 한때 섀클턴은 뜨거운 음료를 하루에 한 번으로 제한했다.

그런 음료 한 잔은 대원들 다수의 마음속에 두드러졌다. 보스는 워슬리의 강요에 떠밀려 오션 캠프에서 세 번째 구명보트 스텐컴 윌스호를 회수했다. 2월 2일 그는 2마일 이내까지 표류한 그 보트를 가져오기 위해 와일드 지휘하에 18명의 대원들을 보내는 것이 안전하다고 결정했다. 아직도 그것은 사람을 기진맥진케 만드는 일이었다. 녹초가 된 일행이 돌아왔을 때 섀클턴은 뜨거운 홍차 냄비와 함께 그들을 맞으러 썰매를 타고 나갔다.

그 후 오래지 않아 얼음이 부서지기 시작했다. 오드 리즈는 멀미를 잘했고 움직임이 조금만 증가해도 반응했기 때문에 일종의 조기 경보 신호 역할을 했다. 다른 사람들보다 총빙의 경험이 더 많은 와일드는 보트를 띄우는 데 신중했다. 그는 "무게가 수백에서 수천 톤 되는 얼음 덩어리들이 위아래로 오르내리면서 계속해서 천둥 치는 굉음과 함께 서로 휘저어, 특별히 건조된 잘 만든 목선을 가지고도 출입이 극히 위험하다. 그렇다면 3척의 약한 구명보트로 탈출하는 것은 얼마나 훨씬 더 위험한가."라며 두려워했다.

4월 9일 오전 11시, 갈라진 틈 하나가 캠프를 찢으며 지나갔다. 또 다른 극지의 겨울이 시작되어 그들 주위 지역을 얼음으로 다시 실식시키기 전에 대원들은 마침내 개빙 구역 속으로 탈출할 기회를 가졌다. 물길이 넓게 열리자 대원들은 재빨리 보트를 띄웠다. "우리의 집이 우리 발아래에서 산산조각 나고 있었다."라고 섀클턴은 적었다. "그리고 우리는 묘사하기 어려운 상실감과 불완전함을 느꼈다."

영국 체스터(Chester)에 근거를 둔 위기관리 회사 옥토사(OCTO Ltd.) 사장 제레미 라르켄(Jeremy Larken)은 고위 간부들을 위한 세미나에서 혼란 속 리더십에 관한 섀클턴의 본보기를 사용한다. 라르켄은 고객들을 위해 대원들이 배를 포기한 후 보스가 취한 행동을 검토하는 것을 특히 좋아한다. "나는 노골적인 위기에서 합리성, 낙관주의, 그리고 명료한 정신—특히 눈에 보이는 명확한 목표와 함께 행동하는 법에 대한 롤 모델을 고객들에게 제공하기 위해 그렇게 한다."라고 그는 말한다.

라르켄 업무의 대부분은 원자력 발전소의 비상 사태와 같은 즉각적인 해결책을 요하는 사건부터 장기적인 기업의 위기에 이르기까지 매우 다양한 문제에 최고 간부들과 그들의 위기관리 팀을 대비시키는 것이다. 그와 그의 고위 동료들은 또한 기업들에게 현실적인 기업 리스크 프로필을 작성하는 것에 관해 조언한다.

라르켄은 고위 관리자들이 그들의 일상 업무에 매우 유능한 경향이 있다는 점을 지적하는데, 그들은 그들이 해야 하는 만큼 멀리 지위가 올라가야 한다. 그러나 그들은 제한된 정보만으로 즉시 반응해야 하는, 독특하고 신속하게 전개되는 위기를 다루는 데 늘 능숙한 것은 아니다. "많은 관리자들이 위기란 일상 업무가 가속화된 것이라고 생각하지만, 여러분은 아주 다른 조직을 만들고 다른 소통 체계를 세워야 할 필요가 있다"고 그는 말한다.

라르켄은 섀클턴의 평생 팬이었는데 여기에는 그럴 만한 이유가 있다. 그는 그 가문의 일원인 것이다. 에드먼드 섀클턴 제레미 라르켄(Edmund Shackleton Jeremy Larken)으로 태어난 그는 "섀클턴 가의 문화 속에서 성장했다."라고 말한다. 그는 잉글랜드 도싯(Dorset) 소재의 진보적 학교인 브라이언스턴(Bryanston)에서 교육받았고 어릴 때부터 그 탐험가에 관한 책을 읽었다. 1908년생인 그의 어머니 페기 섀클턴(Peggy Shackleton)은 어니스트 경의 조카이다. 그녀는 어렸을 때 어니스트 경이 자신의 숨 막히는 님로드호 탐험에 관해 얘기하는 것을 들으러 갔던 것과 그 후 그를 만났던 것을 아직도 기억하고 있다. 성인이 되어서 그녀는 그 탐험가 이야기와 영국-아일랜드-퀘이커가 혼합된 가문의 유산에 점점 더 매혹되었다. 중년에 그녀는 가문의 퀘이커 교도의 뿌리와 결혼 전의 성으로 돌아가 책과 논평을 썼다.

라르켄은 옥토사를 설립했던 1990년대 초에 리더십 모델로서 섀클턴을 연구하기 시작했다. 현재 그는 섀클턴을 본인이 기술한 전형적인 위기-반응 모델의 여러 단계를 다루는 법에 관한 뛰어난 예로 보고 있다. 그 단계에는 즉각적인 평가와 조치, 주요 문제에 관한 심도 있는 평가, 목표 설정과 기회의 발견, 팀을 고무하고 육성하는 한편 고용인들이 업무를 계속할 수 있도록 무대 중앙에서 한 걸음 물러나 생각하기 등이 포함되어 있다.

적절한 평가를 시작하기 위해서, 관리자는 과거를 포기하는 것이라는 가장 어려운 장애 중 하나를 극복해야 한다. 즉 그들은 익숙한 일상 업무를 포기하고 자신들이 궁지에 빠지게 된 경위에 관한 강박적인 반추—종종 부정—를 포기해야 한다.

위기 상황에서 섀클턴은 결코 감정적 신조에 매달리지 않았다. "내가 특히 그를 존경하는 이유는, 한치도 틀림없이 다시 현실에 집중하는 그의 능력이다."라고 라르켄은 말한다. "그는 사람들을 돌아서게 하고 새로운 상황을 보게 만드는 데 뛰어났다."

그는 섀클턴이 인듀어런스호의 침몰을 어떻게 다루었는지에 관한 닥터 맥클린의 기술을 좋아한다. "그에게 늘 그랬듯이 일어난 일은 이미 일어났다. 그것은 과거의 일이었고 그는 미래에 기대를 걸었다."

관리자들에 대한 또 다른 장애물은 목표 설정을 다루는 것이라고 라르켄은 덧붙인다. 언젠가 그와 옥토사의 동업자 1명은 고급 비상 훈련에 관한 보고를 하기 위해 영국에 있는 어느 중요한 원자력 회사의 초대를 받았다. 라르켄의 동료가 여러 관리자들에게 개별적으로 계획된 훈련의 목표를 설명하라고 요청했을 때 그들은 매우 다양한 답변을 했다. "위기 상황에서는 가장 유능한 사람들조차 정신을 차리거나 목표를 명확하게 진술할 수 없는 경우가 많다"고 라르켄은 말한다. 더 나쁜 것은 "그들은 분명한 깃만 더듬어 붙잡을 뿐이라는 것이다."

그때 그는 언제나 자기 계획의 다음 단계를 분명하게 설명할 수 있었던 섀클턴의 예시를 꺼낸다. 섀클턴의 전략은 한결같이 옳았지만 그는 그것을 끊임없이 재검토했다고 라르켄은 말한다.

라르켄은 부친을 따라 영국 해군에 입대했고 거기서 33년을 보냈다. 그의 세미나는 1982년 포클랜드 전쟁 동안 수륙양용 헤드쿼터스함 지휘관으로서의 자신의 경험을 종종 참고로 한다. 그 후 그는 2성 장군인 제독이 되어 나토 지역 외부의 영국의 군사적 지원을 관리하고 영국 국방부의 위기 작전들을 지휘했다.

1991년 그는 52세의 나이에 해군에서 은퇴하고 옥토사를 설립했다. 그때 그는 섀클턴의 자질들을 한층 더 깊이 탐구해 그것을 상업적 리더십의 맥락에 두기 시작했다. 라르켄은 고객들에게 브리핑할 때 섀클턴의 독특한 강점을 지적하기 위해 때로 섀클턴과 스콧과 아문센의 간단한 비교 스케치를 사용한다. 스콧에 대해서는 야심차고, 전문적인 면으로는 순진하고, 위계적이고, 거만하고, 자신보다 유능한 동료들을 경계하고, 무관심한 선택자, 서투른 교관, 불량한 안전 기록, 재능 있는 작가라고 말한다. 아문센은 외골수이고, 객관적이고, 전문적인 면에서 그리고 기획가로서는 꼼꼼하고, 양호한 안전 기록, 만만치 않으나 카리스마가 있는 것은 아니며, 현실적이고, 외로운, 최고의 성취자라고 말한다. 섀클턴에 대해서는 외골수이고, 위기에서 탁월하고, 전문적인 면에서는 합리적이나 혁신적은 아니며, 사교적이고, 탁월한 대중 연설가이며, 대체로 객관적이고 훌륭한 개념 설계자, 효과적인 선택자이자 교관, 양호한 안전

기록, 사업에서는 변덕스럽고, 행정은 지루해하고, 정치적으로는 기민하다고 평한다.

자신의 유명한 친척, 섀클턴과 마찬가지로 라르켄은 훌륭한 경청자의 기술을 발전시켜 화자와 공감할 수 있었다. 그는 사람들에게 "그들의 개인적 흥미와 관심의 진정한 맥락에서" 말할 수 있도록 오랫동안 메모리 기법을 연마해 왔다. 그는 거대한 조직의 관리자들에게도 가능한 많은 고용인들을 잘 알도록 조언한다. 그들은 차례로 더 광범한 무리에 자신들의 리더의 긍정적 이미지를 퍼뜨릴 것이다. 예를 들면, 라르켄이 해군의 선임 장교였을 때 그는 근무 중인 기관 준위와 홍차를 마시기 위해 오전 4시에 나타나는 섀클턴과 같은 습관이 있었다.

그는 또한 경영진에게 "당신 팀의 복지를 진실로 그리고 실증적으로 배려하는-그리고 시종일관 그렇게 하는" 섀클턴의 본보기를 따름으로써 신뢰를 구축하라고 제안한다. 신뢰받는 리더는 직원이 거의 어떤 결정이라도 기꺼이 지지한다는 것을 알 것이다.

라르켄은 많은 경력을 쌓고 많은 사람들을 훈련시킬 기회가 있었다. 그는 한 개인이 진정한 리더로 성장하는 것을 보고 종종 깜짝 놀란 적이 있다고 말한다. "우리 모두는 다른 모든 것에 관해 배울 수 있는 것처럼 리더십에 관해 배울 수 있다"고 그는 말한다. 카리스마와 재능을 타고 났다고 우리가 생각하는 사람들조차 리더가 되기 위해 열심히 노력해야 한다고 그는 덧붙인다.

"위기의 시작에서 효과적인 리더가 되려고 결심하기에는 너무 늦다. 그 과정은 각 관리자의 개인적 발전 계획과 훈련의 지속적이고 누적적인 부분이 되어야 한다"고 라르켄은 고객들에게 말한다. "이것이 체계적 과정으로 더 빨리 시작되면 될수록 더 낫지만 지금도 아마 너무 늦지는 않았을 것이다."

어떤 간부라도 섀클턴에게서 많은 것을 배울 수 있다고 그는 말한다.

*Ernest Shackleton*

"사람은 낡은 목표가 사라지는 즉시
새로운 목표에 자신을 맞추어야 한다."

– 어니스트 섀클턴

# PART 6

# 최고의 팀워크는
# 무엇으로부터 오는가?

그는 자신이 이끌고 있는 대원들이 충분한 의복을 가지고 있는 한
자신은 셔츠 한 장 없이 지내도 개의치 않았다.
그는 그런 면에서 놀랄 만한 사람이었다.
사람들은 다른 무엇보다도 일행이 중요하다고 생각했다.

라이오넬 그린스트리트, 인듀어런스호 1등 항해사

## 무사히 상륙하다

새클턴의 선원들은 3척의 작은 구명보트를 타고 근 1주일 동안 소용돌이치는 얼음으로 가득찬 바다와 싸운 뒤 무사히 엘리펀트 섬 위에 도착했다. 보스는 부하들의 재능과 경험과 성격의 균형을 멋지게 잡아서 능력의 한계에 대한 가혹한 시험을 견뎌 낼 수 있는 세 무리의 효율적인 선원들을 만들었다.

# 가장 힘든 임무를 수행할 집단을 만드는 새클턴의 방식

◆ 가장 큰 임무를 다루기 위한 최선의 방법은 종종 직원들을 여러 개의 팀으로 나누는 것이다. 자족적인 단위들을 만들되 그들이 모두 똑같지는 않다는 것을 이해하라. 큰 그림을 고려할 때는 팀들의 균형을 잡는 것이 더 중요하다.

◆ 가장 힘든 도전을 다룰 수 있는 몇 개의 출중한 집단을 반드시 갖도록 하라. 그들은 다른 사람들을 도움으로써 어느 팀이 크게 뒤떨어지는 일을 방지한다.

◆ 불평하지 않는 사역마에게 싫증나는 임무를 주어라. 당신이 그들에게 대형 임무를 맡기고 있으며 그 일을 완수하기 위해 그들의 선의와 특출한 불굴의 정신에 의지한다는 것을 알고 있음을 알려라.

◆ 팀 리더들이 자신의 집단을 다룰 권위를 갖도록 그들에게 권한을 부여하되 세부 사항을 계속 지켜보라. 장래의 문제들이 당신을 놀라게 만들도록 허용하지 마라.

◆ 당신의 계획이 효과가 없음을 알았을 때 마음을 바꾸는 것을 두려워하지 마라. 변화의 타당성을 보여준다면 당신은 우유부단하게 보이지 않을 것이다.

◆ 자신을 희생하라. 당신이 제공할 수 있는 모든 특전을 주어라.

◆ 당신을 대신해 행동하는 사람들에 대한 신뢰를 보여 주어라. 당신의 부재 시, 지원 담당자가 당신이 설정한 것과 동일한 수준의 수행능력을 계속 유지하는 것이 중요하다.

◆ 다른 사람들 앞에서 개인의 약점을 결코 지적하지 마라. 모든 사람들이 소수를 목표로 한 해결책을 서로 나누도록 하는 것이 더 나은 경우우 종종 있다. 가장 강한 사람들조차도 그것의 혜택을 볼 가능성이 있다.

마침내 구명보트를 타고 항해를 시작한 섀클턴 일행은 서쪽을 향했다. 반경 약 100마일 이내에 남극 반도(Antarctic Peninsula)와 남 셰틀랜드 제도(South Shetland Islands)의 여러 섬이 놓여 있었다. 그 반도에 가장 가까운 섬들 전체에 걸쳐 포경 기지들이 산재해 있어서 대원들은 그 기지들이나 그들이 지나가는 선박들에게 발견될 가능성이 큰 육지까지 갈 수 있기를 바랐다. 북동쪽으로 약 60마일 떨어진 곳에 엘리펀트 섬이 있었다. 탁월풍이나 탁월 해류가 그들을 쉽사리 거기로 데려다줄 수 있었지만 그 섬은 너무 외져서 그들의 신호가 보일 만큼 가깝게 배가 지나갈 가능성은 없었다. 물론 폴렛 섬은 저장된 식량 때문에 매력적이었다. 그 중에 최고는 포경 기지가 있는 디셉션 섬(Deception Island)일 것이라고 섀클턴은 판단했다.

이 시점에서 대원들은 단지 어떤 한 조각의 땅이라도 기꺼이 받아들일 것이었다. 그들은 1914년 12월 5일 이래로 단단한 땅에 발을 들여놓지 못했고 때는 1916년 4월 9일이었다. 그들은 구름이 덮인 하늘 아래에서 화씨 20도를 맴도는 기온 속에 이 마지막 여행을 시작했다.

구명보트들을 띄울 때 섀클턴은 대원들을 앞으로 다가올 임무를 완수할 만큼 강한, 3개의 강인하고 독립된 단위로 조직했다. 그는 구명보트 승무원들을 배치하기 위해 텐트를 배치할 때와 같이 세심한 갈등 조절 절차를 따랐지만 초점은 다른 곳에 두었다. 섀클턴의 텐트 인원 선택은 사기를 유지하고 의견의 차이를 줄이는 것에 관련되어 있었다. 보트 인원 배치는 훨씬 더 중요했다. 선원 각자는 생사를 의미할 수 있는 엄청난 정신적 및 육체적 도전에 직면했다. 3척의 보트들이 내항성 면에서 매우 다르다는 사실 때문에 그들의 임무는 더욱더 어려워졌다.

제임스 케어드호는 길이가 22.5피트, 폭이 6피트인 앞뒤가 없는 고래잡이배로 3척의 구명보트 중 월등히 좋은 배였다. 그 보트는 "돛을 달고 정말 기막히게 달렸다"고 맥클린은 적었다. 불쾌한 천성에도 불구하고 뛰어난 목수 맥니쉬가 그 배의 양 뱃전을 3피트 7인치 높이까지 보강하고 양 끝에 갑판을 설치했다. 그는 마스턴의 페인트를 사용해 이음매를 밀봉했다. 높아진 뱃전은 돛을 달고 달릴 때 물이 튀는 것은 막아주었으나 노 젓기는 서툴게 만들었다.

더들리 다커호는 노르웨이에서 건조된 길이 22피트, 폭 6피트의 보트로 선체의 깊이는 3피트였다. 그것은 커터선(cutter, 소형 쾌속정—역자 주)으로 고물 쪽 바닥은 평평했고 상당히 튼튼했다.

노르웨이에서 건조된 또 다른 커터선 스텐컴 윌스호는 구명보트들 중 가장 작고 항해하기에 가장 부적합했다. 그 배는 길이가 20피트 8인치, 폭은 5.5피트였다. 선체 높이는 27인치에 불과해 짐을 가득 실었을 때 물 위로 겨우 17인치밖에 떠 있지 않아 끊임없이 물에 잠길 것이 확실했다. 또한 크기에 비해 무거웠고 노를 젓고 항해하기가 힘들었다. 대원들은 그 배를 '고약한 윌리(Stinking Willy)'라고 불렀다. 그 배의 견인은 불가피했다. 섀클턴은 처음에는 그 배를 사용하고 싶지 않았지만 여분의 공간을 위해 필요하다는 것을 깨닫고 마지막 순간에 오션 캠프에서 그 배를 회수했다. 훨씬 더 많은 식량을 운반할 수 있게 되면서 일행을 위한 안전 한도가 크게 넓어졌다.

또 다시 보스는 보트 탑승에 있어 그의 능숙한 선원 배치에 대해 얼마나 심사숙고했는가를 일기에도 밝히지 않았다. 극소수의 예를 제외하고는 그는 탐험 대원이나 동료들의 결점이나 약점에 관한 어떠한 공개 토론도 피했다. 그러나 그 후로 몇 년 동안 대원들은 계급과 지위에 시종 민감하면서도 경험, 재능, 기질을 섞어 효율적 단위를 만드는 그의 숙달된 방식에 경탄했다. 보트의 경우 섀클턴은 각각의 보트를 자력으로 생존할 수 있는 완전한 단위로 만드는 것을 목표로 했다. 각 보트에는 탄탄한 핵심 선원들이 있었는데 기량이 뛰어난 1명의 항해사, 2명의 훌륭한 선원, 그리고 의료를 담당하는 사람이었다. 그런 다음 나머지 공간은 대부분 성격에 따라 채워졌다.

## 섀클턴은 가장 크고 좋은 보트를 지휘하고 가장 약한 대원들을 골라 동행했다.

제임스 케어드호에는 모두 합쳐 11명이 탔다. 여느 때처럼 섀클턴은 말썽꾸러기와 불안해하는 대원들을 바로 곁에 두었다. 그는 빈센트와 맥니쉬라는 가장 다루기 힘든 두 비관주의자를 데려갔다. 그는 그들을 주시하며 매우 힘들고 어려울 이 여행에서 그들이 남들의 사기를 꺾는 것을 막을 수 있었다. 그는 또한 항해 경험이 비교적 적은 허시, 클라크, 워디와 제임스 같은 과학자들을 모두 데려갔다. 보스와 가까이 있음으로써 안전하다고 느끼도록 했고, 또한 그들이 다른 구명보트에게 짐이 되지 않음을 보장했다. 섀클턴은 또한 아끼는 조리사 그린과, 보스에게 귀를 기울일 필요가 있는 데다 잘 속아 넘어가는 젊은 대원들과 함께 두면 독자적인 명령을 내리는 경향이 있는, 지모가 풍부한 헐리도 데려갔다.

이 그룹의 다른 사람들로는 대원들의 버팀목이 되고 모든 사람들에 대한 감시를 도와주는 신뢰받는 2인자 프랭크 와일드와, 하급 선원으로서 자기 역할을 다하고 빈센트와 맥니쉬의 불평에 휘둘리지 않는 쾌활하고 유능한 선원 맥카시가 있었다. 섀클턴은 보트 선의로 의사는 아니었지만 의학 수련을 약간 받은 허시를 선택했다. 실제로 허시는 그 탐험을 마친 후 의사가 되었다.

## 섀클턴은 가장 약한 요소에
## 강력한 중간 고리가 될, 믿을 만한 선원들을 모았다.

더들리 다커호에는 모두 합쳐 9명의 단연코 가장 강한 선원들이 있었다. 섀클턴은 자신이 다른 일을 할 짬이 나지 않는 동안 모자란 스텐컴 윌스호를 돌보기 위해 보트 1척분의 믿을 만한 강한 선원들이 필요하다고 생각했다. 그는 모든 보트가 함께 갈 것이라고 결정했다. 뛰어난 항해가이자 소형 보트를 모는 데 전문가인 프랭크 워슬리가 다커호 선원들을 이끌었다. 다른 사람들로는 그 지역의 경험이 있는 화가 마스턴과, 자기 아버지가 의사로 있었던 잉글랜드 남부에서 떨어진 실리 제도(Scilly Islands)에서 "노의 끝에서" 자란 외과의 맥클린, 6명의 숙련 선원 그린스트리트, 치섬, 오드 리즈, 홀니스, 커, 그리고 맥러드가 포함되어 있었다. 50대인 맥러드는 인듀어런스호 전 승무원들 중 최고의 선원으로 생각되었다.

## 섀클턴은 가장 힘든 임무를 위해 사역마를 선택했다.

허드슨은 불운한 스텐컴 윌스호를 지휘했다. 그는 강력한 리더는 아니었지만 인듀어런스호의 항해상이었고 섀클턴은 그의 권력을 빼앗지 않았다. 그러나 섀클턴은 허드슨 바로 옆에 충직한 톰 크린을 두었다. 승선한 선의는 맥클로이였다. 이 구명보트에는 8명밖에 타지 않았지만 그들은 숙련되고 건장한 선원들인 기관장 리킨슨과 4명의 선원 블랙보로, 하우, 베이크웰, 그리고 스티븐슨이었다. 선원들은 불평을 거의 하지 않고 일을 해낼 수 있는 충직한 일꾼들이었고, 그 점이 바로 섀클턴이 이 임무를 위해 필요로 하는 것이었다.

출항한 첫날, 보트들은 거의 전진하지 못했다. 더들리 다커호와 제임스 케어드호 선원들은 썰매 몇 개를 운반하기 시작했으나 곧 그 생각을 포기했다. 바다에는 얼음 조각들이 거품을 일으키며 세차게 휘돌고 있었다. 더 나쁜 것은 보트들이 서로 모이고 있는 2개의 거대한 얼음 덩어리 사이에 갇혔다는 것이었다. 돌진의 선두를 유지하려면 선원들 누구에게도, 특히 스텐컴 윌스호에 승선한 선원에게는 엄청난 노력이 필요했다. 그들이 얼음이 한데 모인 곳에 갇혔다면 운이 다했을 것이었다. "그것은 이례적이고 아주 놀라운 경험이었다"고 섀클턴은 크게 절제된 표현으로 적었다.

## 섀클턴은 팀 리더들을 신뢰했지만 각 개인들을 늘 예의주시했다.

보트에서의 첫날 밤 동안 대원들은 운 좋게도 텐트를 칠 거대한 부빙 1개를 발견했다. 나머지 대원들이 잠자는 동안 섀클턴은 조용히 경계를 섰다. 1915년 1월에 인듀어런스호가 꼼짝 못하게 갇힌 이래 그는 자기 부하들 모두의 생명, 건강, 그리고 안전에 대한 최종 책임을 져 왔다. 배 위에 있을 때인 지난 8월에 오드 리즈는 다음과 같이 적었다. "나는 그가 3일 동안 한 번도 눕지 않았다는 것을 확실히 알고 있고 10일 동안 옷을 벗지 않았다고 생각한다. 심지어 그가 자신을 낮추어 잠깐 쉬는 시간도 한 번에 약 3시간밖에 되지 않았다... 그는 언제나, 특히 밤에는 방심하지 않고 경계했으며 지난 3주 동안 매일 밤 깨어 있었던 것이 분명하다."

섀클턴에게 수면은 점점 더 드문 사치가 될 것이었다. 그의 끊임없는 경계는 마침 자신의 결혼 20주년 기념일인 1916년 4월 9일 밤에 한 생명을 구할 것이었다. 보스는 침낭 속에서 불과 1시간가량 잠잔 뒤 부빙을 조사하기 위해 일어났다. 그가 어둠 속에서 선원들의 텐트에 다가갔을 때, 난데없이 거대한 너울 하나가 부빙을 내던져 그것이 대원들의 텐트 아래에서 쪼개졌다. 누군가가 "갈라진다!"라고 외쳤고 대원 1명이 물에 빠져 비명을 질렀다. 섀클턴은 재빨리 얼음 가장자리 위로 몸을 던졌고 다른 사람들이 지켜보는 가운데 그 대원과 그의 침낭을 부빙 위로 들어 올렸다. 선원 홀니스는 감사하기보다는 짜증이 난 듯이 보였다. 무사한가 물었을 때 그는 "예, 하지만 나는 담배 깡통을 잃어버렸소."라고 대답했다고 와일드는 나중에 욕설은 빼고 적었다. 누군가가 보스가 그를 구해준 것에 감사해야 한다고 제안했을 때 홀니스는 "그렇기는 하지만 그런다고 담배가 돌아오진 않소."라고 날카롭게 말했다.

대원들은 그날 밤 쉰다는 생각을 포기했다. 일부는 피를 계속 돌게 하려고 홀니스를 산책시켰다. 허드슨은 그에게 마른─적어도 더 건조한─의복 약간을 주었다. 다른 사람들은 모든 장비를 균열의 한쪽으로 옮기기 시작하여 아무것도 분리되거나 잃어버리지 않도록 했다. 그때 갑자기 틈이 벌어지면서 반대편에 있던 섀클턴을 꼼짝 못 하게 만들었다. 그는 곧 보이지 않게 되었다. 와일드는 보트 한 척을 띄워 그를 되찾았다. 트라우마 후의 전형적인 행동으로 섀클턴은 조리사에게 따뜻한 우유를 달라고 했고 자신의 부하들에게 그 탐험에서 아직 개봉하지 않았던 특별 선물을 주었는데, 그것은 대원들이 좋아하게 되었던 견과류를 말아 넣은 누가 사탕인 스트라이머스 폴라 너트 푸드(Streimers Polar Nut Food) 약간이었다.

10일째 되는 날 동틀 녘에, 대원들은 구름 낀 하늘 아래에서 다시 구명보트에 의지했다. 그때쯤에는 이미 이 배들이 거친 바다에서 너무 많은 물을 받아들이고 식량과 보급물자로 과적 상태라는 것이 분명했다. 케어드호는 거의 4톤을, 다커호는 1.5톤을, 윌스호는 1.25톤을 싣고 있었다. 선원들은 목재, 썰매 견인줄, 스키, 조리 기구와 같은 장비와 말린 채소를 남겨 두고 와야 했다. 일단 짐을 풀어버리자 바람은 케어드호와 다커호를 파도치는 바다 위로 쉽게 실어 날랐지만 윌스호의 돛은 따라잡기 위해 애써야만 했다. 윌스호는 훨씬 뒤처졌기 때문에 구출해야 했다. 그날 밤 다시 그들은 부빙 위의 안전한 쉴 장소 한 군데를 발견했다.

11일째 아침은 다시 흐렸고 특히 우울한 느낌이 들었다. "그날은 더 이상의 날들로 이어질 것 같지 않은 하루였다."라고 섀클턴은 '사우스'에서 적었다. "나는 이전에 리더십에 대한 불안을 정말 그렇게 절실히 느껴 본 적이 결코 없다는 생각이 든다."

그들의 골칫거리는 전날 밤 시작되었다. 눈이 내리고 바람이 다시 불기 시작했다. 동트기 전의 어둠 속에서 거대한 부빙 덩어리 1개가 바다에

떨어져 대원들은 식량을 더 안전한 장소로 옮겨야 했다. 그보다 훨씬 더 나쁜 것은 아침의 햇살 속에서 그들이 탄 부빙이 총빙과 합쳐졌다는 것이었다. 그들은 다시 갇혔고 개빙 구역(open water, 부빙이 수면의 10분의 1 이하인 바다-역자 주)에서 약 100야드 떨어져 있었다. 바다는 마구 휘돌고 있었고 그들이 할 수 있는 일이라고는 지켜보는 것뿐이었다. "우리는 시시각각 기다리고 기다렸고 때로는 우리들의 절망적 처지에 무관심한 채 눈길을 끄는 장엄한 광경에 넋을 잃고 자연력의 경이로운 충돌을 지켜보았다"고 오드 리즈는 적었다.

바다는 얼음 아래에서 맹렬하게 파도치고 있었다. 한순간 대원들은 자신들이 파도 물마루에 있는 것을 발견했고 다음 순간 그들은 양쪽에 12피트나 되는 너울이 있는 물의 계곡 속으로 떨어졌다. 그들이 서 있는 작은 부빙은 온갖 움직임으로 갈려 으깨지고 큰 파도들이 튀어서 점점 더 작아지고 있었다. 마침내 대원들이 물길 하나를 보았을 때 그들은 보트로 뛰어들어 얼음 사이를 누비고 나아갔다. 오후가 되어서야 그들은 그곳에서 벗어났다. 오후 5시경 땅거미가 졌으나 대원들은 계속 나아가야 했다. 밤에는 부빙 위에서 캠프를 칠 수 없을 것이었다. 다커호는 음식을 제공하기 시작했고 케어드호는 마침내 놀랄 만큼 재빠른 그린을 1개의 부빙 꼭대기로 올려 모든 사람들을 위해 약간의 잡탕찌개와 우유를 조리하게 했다. 대원들은 뱃속에 약간의 온기를 얻기 위해 델 정도로 뜨거운 우유를 단숨에 들이켰다. 짐을 더 가볍게 하기 위해 그들은 후프 텐트에서 꺼낸 무거운 쇳덩이를 배 밖으로 내던졌다. 조금씩 그들은 최소한의 안락을 가져다주었던 몇 안 되는 남은 물건들을 잃어버리고 있었다.

저녁의 어둠과 함께 혹독한 추위와 휘몰아치는 진눈깨비가 찾아왔다. 진눈깨비와 물보라가 그들 위에서 얼어붙으면서 모든 장비와 대원들은 두꺼운 얼음 층에 둘러싸였다. 그들의 노는 믿기 어려울 정도로 미끄러워졌다. 그들이 믿었던 버버리 방한복이 흠뻑 젖으면서 바람은 바로 그들의 뼛속까지 들어갔다. 그들은 때로 장갑을 벗어서 물을 짜내야 했는데 젖은 장갑도 그들의 손가락을 동상에서 보호해주었기 때문이었다. 일부 대원들은 잠자기를 거부하고 그 대신 따뜻함을 유지하려는 노력의 일환으로 계속 노를 젓는 것을 택했다.

그들을 더 불안하게 만든 것은 범고래 무리가 그들을 에워싸고는 대원 하나가 묘사한 것처럼 "피가 얼어붙는 듯한 소리"를 내며 물을 내뿜는 것이었다.

그들은 그 동물들이 물에서 튀어나와 보트를 내던지고 그들을 잡아먹을까 봐 간담이 서늘했다. 게다가 여러 대원들은 소용돌이치는 바다에서 뱃멀미를 했다.

그 후 100시간 동안 대원들 중 누구도 충분한 휴식을 취하지 못했다.

4월 12일 약간의 휴식이 찾아왔다. 그날은 환하게 시작되었고, 절망 속에서도 대원들은 물 위를 오르내리는 얼음 언덕들을 보라색으로 물들이는 아름다운 햇빛에 주목하지 않을 수 없었다. 섀클턴은 더들리 다커호와 나란히 배를 멈추고는 워슬리와 해도를 상의하기 위해 다커호에 뛰어 올라탔다. 더 나쁜 소식이 있었다. 그들은 전력을 다해 서쪽으로 가고 있었지만, 믿을 수 없게도 조류는 그들을 인내심 캠프의 동쪽으로 30마일을 밀어내 버렸던 것이다! 그들은 섀클턴이 격노하리라고 예상했다. 그러나 그는 그 대신 마음의 평정을 잃지 않았다.

그들은 다시 서쪽으로 방향을 바꾸었다. "어니스트 경은 제임스 케어드호를 타고 길을 인도했고 대원들과 어울리는 놀라운 기술을 보여주었다"고 맥클린은 적었다. 다른 보트들은 힘겹게 나아가고 있었다. 다커호는 2시간 동안 윌스호를 견인해야 했다. 그날 밤 그들은 안전을 위해 3척의 작은 보트를 함께 묶어 부빙 하나에 그것들을 정박해야 했다. 대원들은 물보라와 눈으로 흠뻑 젖은 채 밤을 새우기 위해 쪼그려 앉았다. 섀클턴은 어둠 속에서 대원들을 격려하고 대원들에게 그들의 상태를 확인하라고 큰 소리로 외쳤다. "대원들은 언제나 용케 쾌활하게 대답했다"고 그는 적었다.

심지어 섀클턴은 다커호로부터 마스턴이 행복하게 뱃노래를 부르는 것을 들었다. 맥클린은 훗날 작가 알프레드 랜싱에게 보낸 편지에서 다음과 같이 설명했다. "리즈는 편안한 휴식을 약간 얻을 수 있는 유일한 장소로부터 마스턴을 압착해 밀어내었고 마스턴은 발끈하여 일어나 고물 바로 뒤에 앉았다. 그는 목소리가 좋았는데 연달아 노래를 부르며 억눌린 감정을 달랬다. 특히 기억에 남는 곡은 '트웬키딜로, 트웬키딜로-딜로-딜로- 푸른 버드나무로 만든 울부짖는 한 쌍의 백파이프!'라는 것이었다. 이 노래들은 바람을 따라 아래로 고물 쪽을 묶어놓은 우리들의 보트들로 퍼져갔고 다음 날 섀클턴은 이유도 모른 채 일행을 기분 좋게 해 주리고 노력한 마스턴을 칭찬했다!"

4월 13일 아침 무렵 보스의 말에 의하면 "대원들 대부분의 상태는 비참했다." 그들은 물이 없어서 혀가 부어올랐고 음식을 거의 삼킬 수도 없었다. 보트들은 안팎이 얼음으로 반들반들했다. 낮 동안에 온화한 기온이 표면의 얼음을 부드럽게 만들어 생성된 슬러시(slush, 진창같이 걸죽한 얼음—역자 주) 때문에 노 젓기가 한층 더 어려워졌다. 그러더니 강풍이 거세게 불기 시작했다. 대원들은 녹초가 되었는데, 특히 스텐컴 윌스호의 대원들은 뒤처지지 않고 계속 물에 떠 있기 위해 남들의 2배의 노력을 해야 했다.

## 섀클턴은 상황에 따라 자주 마음을 바꾸는 것을 두려워하지 않았다.

그날 섀클턴은 불가피한 상황에 직면해 엘리펀트 섬을 향해 북동쪽으로 소함대의 방향을 바꾸었다. 그가 계획을 바꾼 것은 보트에 의지한 이래 4일 만에 네 번째였는데, 동쪽으로 엘리펀트 섬을 향해 가다가 서쪽으로 킹 조지 섬을 목표로 했다가, 남서쪽으로 호프 베이(그곳을 대원들은 호프리스 베이라고 불렀다)를 향해 가려고 시도했다가 도로 엘리펀트 섬을 향했다.

그렇게 하는 것은 엄청난 역경에 대항해 열심히 분투하는 지친 대원들을 몹시 화나게 할 수 있었지만 섀클턴은 그때마다 그것을 필요한 변화라고 확신했고 부하들은 그의 판단을 신뢰했다. 훗날 제임스는 다음과 같이 설명했다. "잘 결정된 계획들이 사전 경고도 거의 없이 갑자기 바뀌고 새로운 계획이 만들어졌다. 이것이 대원들을 약간 당황하게 만들 것 같았지만 그것은 결국은 대개 대원들에게 이로운 것으로 드러났다. 이러한 적응력은 그의 장점들 중 하나였다. 그에게 그것은 두 가지 생각 사이에서 갈팡질팡하는 것이 결코 아니었다. 그것은 두 번째 생각이 더 나은 것이라는 확신이었고 그래서 그에 맞춰 행동했다."

섀클턴은 기진맥진한 부하들의 사기를 높이기 위해 다음 날까지 상륙할 것이라고 워슬리에게 외쳤다. 워슬리는 그것은 불가능하다고 대답했는데 섀클턴은 워슬리의 반응이 나머지 대원들의 사기를 꺾을 것을 염려해 처음으로 그에게 쏘아붙였다. 그때쯤 워슬리에 대한 그의 인내력은 바닥이 났는데 그것은 아마도 그 선장이 섀클턴이 바랐던 만큼 스텐컴월스호에 도움이 되지 않았기 때문이었다. 그는 일을 독자적으로 처리해 케어드호는 결국 월스호를 견인해 엘리펀트 섬으로 향했다.

자정 무렵 보트들은 엘리펀트 섬에 가까워졌고 워슬리는 상륙 장소를 찾아 보자고 제의했다. 그들은 해안에서 불과 20마일밖에 떨어져 있지 않았지만 해안은 너무 위험해서 어둠 속에서 상륙을 시도할 수 없었다. 밤 동안 함께 있으려는 노력에도 불구하고 섀클턴은 다커호를 놓쳐버렸고 그 선원들을 걱정하며 불안한 몇 시간을 보냈다. 그는 자신의 나침반 램프를 꺼내 얼음같이 찬 돛에 불을 붙였다. 다커호는 그의 신호를 발견하고는 텐트 천 아래에 촛불을 밝혔다. 섀클턴은 희미한 반환 신호를 볼 수 없었지만 워슬리는 불붙은 대장의 돛을 발견한 것이 따라잡으려는 그의 결의를 북돋우었다고 나중에 적었다. 섀클턴은 언세나 눈에 보이는 한결같은 힘이 되었고 이런 무시무시한 밤에 그는 일종의 특별한 희망의 등대였다.

"실제로 우리가 처음 출발한 이후로 보트들이 항해 중일 때 언제나 어니스트 경은 밤낮으로 케어드호 선미 카운터 위에 똑바로 서서 뒷돛대 지삭(stay, 돛대를 받치는 굵은 밧줄—역자 주) 중 하나를 꽉 붙잡고 우리들의 경로를 지켜볼 뿐이었다."라고 오드 리즈는 적었다. "그가 어떻게 비바람에 노출된 상태로 끊임없이 철야를 하는지가 놀랍다. 그러나 그는 경이로운 사람이고 그의 체질도 그렇다. 그는 단지 자신의 개인적 고역으로 다른 사람들에게 혜택을 줄 수 있다면 결코 수고를 아끼지 않을 뿐이다."

**섀클턴은 한결같이 자신을 희생했다.**
**힘닿는 데까지 대원들에게 안락함을 주려고 했다.**

한번은 부빙 위에 멈추었을 때, 헐리는 누군가에게 자신의 장갑을 가지고 있으라고 주고는 케어드호로 뛰어들어 급히 출발하느라 장갑을 되찾는 것을 잊어버렸다. 섀클턴은 헐리가 장갑이 없는 것을 보고 자신의 장갑을 벗어 그에게 던져주었다. 강인하고 불평을 하지 않는 헐리는 거절했으나 섀클턴은 그가 장갑을 받지 않으면 배 밖으로 던져버릴 것이라고 고집했고 그 사진사는 마음을 누그러뜨렸다. 그것은 보스의 전형적 제스처였고, 몇 년 전 님로드호 탐험에서 섀클턴이 와일드에게 자신의 비스킷을 받지 않으면 눈 속에 파묻어버리겠다고 위협했던 제스처를 연상시켰다.

이제 끝이 눈에 보였다. 더들리 다커호의 모든 선원들은 이 여정의 마지막 구간에서 물에 떠 있기 위해 맹렬하게 물을 퍼내야 했다. 마침내 4월 15일, 섀클턴은 안내를 돕기 위해 옮겨 탔던 월스호를 타고 엘리펀트 섬에 상륙했다. 다른 두 척의 보트들이 뒤따랐다. 대원들은 16개월 만에 처음으로 단단한 땅 위에 올라서 행복하여 어쩔 줄 몰랐다. 다커호의 맥클린은 그들이 상륙했던 아침을 다음과 같이 기술했다. "눈부신 태양이 나와서 모든 사람들의 얼굴을 드러내 보였는데 그중에 그 밤의 흔적을 보이지 않는 얼굴은 드물었다. 일부는 손발에 동상이 걸렸고, 일부는 어떤 사고로 치아를 잃었다. 모두들 창백하고 눈언저리에 무거운 테두리가 생겨 우리에게 얼마나 잠이 필요했는가를 보여주었다."

섀클턴은 '사우스'에서 어린 리킨슨이 파도 속에서 "창백해져 휘청거리며 걷는" 것을 지켜본 것에 관해 적었다. 섀클턴은 그를 물 밖으로 끌고 나와 해변까지 올라가는 것을 도왔다. 나중에 맥클로이가 심장병 진단을 내렸다. "어떻게든지 자기 몫 이상의 일을 하고 신체적으로 성취할 수 있는 것 이상을 시도하려는 대원들이 있다"고 섀클턴은 적었다. "리킨슨은 이러한 열심인 친구들 중 하나였다."

허드슨도 똑같이 쇠약했다. 그가 인내심 캠프를 떠날 때 텐트 기둥 1개가 그에게 넘겨졌다. 그 부상으로 결국 그의 엉덩이에 축구공 크기의 농양이 생겼다. 남들은 그가 엘리펀트 섬에서 신경쇠약에 걸렸다고 지목했다. 사실 그는 감염으로 몹시 괴롭고 멍한 상태였을 것이다.

블랙보로도 고생하고 있었다. 가장 좋은 장화를 나중에 신으려고 아껴 두기를 고집한 탓에 그의 두 발은 동상에 걸렸다. 나중에 맥클로이는 그

밀항자의 왼 발가락 모두를 절단해야 했다.

그린스트리트도 또한 동상에 걸린 손발로 고통스러워했다. 그는 격렬한 보트 여행 중 장갑을 잃어버려 상륙 후 며칠 동안 손가락을 움직일 수 없었다. 그의 두 발 또한 흠뻑 젖고 동상에 걸렸으나 오드 리즈는 보기 드문 이타적 제스처로 여행 동안 그린스트리트의 상한 발을 자신의 배에 품어 회복시켰다.

끊임없는 축축함과 피부 마찰 때문에 생긴 바닷물에 의한 큰 종기로 뒤덮인 대원들은 너무 기진맥진해 상륙 직후 보트에서 짐을 내릴 수 없었다. 일단 상륙하자 대부분의 대원들은 쓰러져 잠들었다. 그러나 놀랍게도 그린은 계속 일했다. 위험한 바위 조각 위에 난로를 설치한 뒤 그는 큰 냄비에 물을 끓여 분유와 바다표범 스테이크로 구성된 거창하고 따뜻한 아침 식사를 제공했다. "조리사는 바다표범들 속에서 일대 혼란을 일으켰고, 파리를 잡는 어린아이처럼 온갖 원시적 야만성을 발휘해 10마리를 도살했다. 이것은 혼자 힘으로 양식감을 죽인 그의 첫 번째 기회였으며 그는 맹렬히 그 기회를 이용했다"고 오드 리즈는 적었다.

마침내 그린도 쓰러졌다.

새클턴은 그 조리사가 난로를 설치해놓았던 비탈에서 자신의 텐트와 침낭 속으로 그를 끌어내렸다. 새클턴은 헐리에게 새로운 도전이 필요하다고 생각해 그를 헐리와 교체하기로 결정했다. 새클턴은 감당할 수 있는 일상 업무를 즉각 확립함으로써 다른 대원들을 강화했으나, 먼저 그들은 알파벳순으로 돌아가며 각각 1시간씩 파수를 서면서 오랫동안 잠을 잤다.

그 해변이 때로 물에 잠긴다는 것을 나타내는 최고 수위점을 알아차린 사람도 물론 섀클턴이었다. 대원들은 이동해야 했지만 보스는 그들이 기력을 회복하기 위해 이틀 동안 그곳에 머물러 있도록 허락했다. 섀클턴이 유일하게 가차 없이 대한 사람은 자신이었다. 비록 그는 종종 부하들을 한계점 가까이까지 밀어붙였지만 그들의 생존에 필요한 경우에만 그렇게 했다. 그는 부하들이 어떤 도전에 직면하는 데 필요한 휴식을 가질 것이며 그들이 좋은 보상을 받을 수 있도록 최선을 다했다.

섀클턴은 더 안전한 정착 장소를 찾기 위해 와일드와 몇몇 대원들을 보냈다. 이 정찰 팀은 그 섬의 북쪽 해안을 따라 서쪽으로 항해했고 7마일을 간 뒤에 모래톱 1개를 발견했다. 섀클턴은 자신의 소중한 부대장에게 경의를 표해 그곳을 캠프 와일드(Camp Wild)라고 명명했다. 나머지 대원들은 곧 뒤따랐다. 마침내 그들은 발밑에 안전한 땅을 둘 것이었다. 그러나 오래 기다렸던 이 순간도 그들이 기대한 수준의 땅은 아니었다. 섬의 다른 지역과 마찬가지로 그 모래톱은 펭귄 구아노로 덮여 있었고 일상적으로 블리자드의 공격을 받았다. 엘리펀트 섬은 악취가 나고 축축하고 위험했다. 대원들은 곧 그 섬을 지옥의 섬(Hell-of-an-Island)이라고 불렀다.

마침내 그들은 2척의 보트를 뒤집어 그들이 세운 돌로 된 낮은 벽 위에 설치해 피난처를 만들었다. 그 보트들의 가로장(thwart, 배의 노 젓는 사람이 앉는 가름대-역자 주)은 운 좋은 소수를 위한 짐대 위 칸 역할을 했다. 그 외 대원들은 그들이 기술한 바와 같이 깡통 속의 정어리처럼 발끝에서 머리까지 줄지어 누워 잠을 잤다.

새클턴은 그곳에서 오랫동안 생존할 수 있는 방법이 없다는 것을 알았다. 그들은 누군가가 지나가기 전에 굶주리거나 체온 저하로 죽을 것이 확실했다. 그들에게는 5주치 분의 식량밖에 없었고, 극지의 겨울이 막 시작되어 그들과 지나가는 바다표범과 펭귄들 사이의 얼음 장벽이 넓어지고 있었다. 배 밖에서 6개월 동안 생활한 뒤, 보스는 부하들을 단결시키기 위해 그가 할 수 있는 것이 거의 없다는 것을 인정해야 했다. "여러 대원들의 건강과 정신 상태는 내게 심각한 불안을 야기하고 있었다."

그는 그것이 불가능하게 보이더라도 자신과 소수의 대원들이 800마일 떨어져 있는 사우스조지아에 도전하기로 결정했다. "우리가 긴급한 도움이 필요하다는 것만이 그 위험을 정당화해 주었다."라고 그는 설명했다.

모든 대원들이 그 항해를 위해 제임스 케어드호를 준비시키는 작업에 착수했다. 맥니쉬는 베네스타 포장 상자에서 얻은 뚜껑들로 보트 위에 덮개를 설치했다. 베이크웰과 그린스트리트는 돛베에서 얻은 덮개를 꿰매 배의 방수를 강화했다. 4월 24일 즈음, 케어드호는 갈 준비가 되었다.

새클턴은 또 다시 이 대담한 여행을 위해 선원들을 신중하게 골라야 했다. 실패는 모든 사람들의 확실한 죽음을 의미할 것이었다.

새클턴은 자신이 원하는 선원들을 이미 알고 있음에도 불구하고 자원자들을 요청했다. 그는 비록 그것이 벅찬 일이더라도 당면한 임무 이외의 요인들을 고려해야 했다. 그는 또한 황량한 엘리펀트 섬 위에 오도 가도 못하게 남겨질 사람들에게 미칠 결과에 관해서도 생각해야 했다. 이번에 그는 과거 그런 결정적인 순간에 그를 지원해 주었던 "늙은 개"를 데려갈 수 없었다. 그는 남아 있을 대원들을 이끌기 위해 프랭크 와일드를 남겨 두었다.

그는 그 보트를 위해 5명을 선택했다. 첫 번째 선택은 분명했다. 워슬리 선장이었다. 섀클턴은 비범한 항해사가 필요했는데, 그들이 만약 목표물을 놓친다면 남대서양의 광대한 외해에서 행방불명이 될 것이기 때문이었다. 크린은 가기를 간청했고, 섀클턴은 그를 두고 떠나 비참하게 만들 아무런 이유가 없었다. 그는 또한 크린이 강인하고 빈틈없다는 것을 알고 있었는데, 그것은 어려운 항해에서 특히 소중한 자질이었다. 불평분자 맥니쉬와 빈센트도 데려갔다. 와일드는 그들이 엘리펀트 섬 위의 이미 우울한 분위기를 해치는 것을 원치 않았다. 모든 사람들이 좋아한 맥카시는 "범선에서 훈련받은 차분하고 매우 유능한 아일랜드인이고, 결코 불평하거나 말대꾸를 하지 않았으며 워슬리가 총애하는 사람이었기 때문에" 선택되었다고 맥클린은 후일 설명했다.

섀클턴은 개인적으로 와일드에게 만약 케어드호가 8월 말까지 돌아오지 않으면 다커호를 몰고 디셉션 섬에 도착해야 한다고 말했다.

"나는 그가 현명하게 행동하리라는 것을 알고 안심했으며, 특히 전체적 상황과 행동 범위와 결정을 그의 판단에 맡겼다"고 섀클턴은 관대하게 적었다. 사실 보스는 지시에 있어서나 심지어 와일드가 그 여행에 그린스트리트와 맥클린을 데려가야 한다고 결정할 때에도 명확했다. 섀클턴은 위기의 시간 동안 아무 것도 운에 맡기지 않았다.

그는 출발하기 전에 나른 것도 바무리 시었다. 아마노 그 사진사가 요청했겠지만, 그는 헐리에게 만약 그가 보트 여행에서 살아남지 못하는 경우 헐리가 "이 탐험에서 찍은 모든 음화의 사진 복사와 모든 필름의 사용"에 대한 완전한 지배권을 갖고 그것들의 첫 번째 전시 18개월 후에 소유권을 가진다는 편지를 써 주었다.. 그 편지는 또한 헐리에게 보스의 "큰 쌍안경"을 물려준다고 유언했다. 빈센트는 그 합의에 증인으로 입회했다.

## 공개적으로 통제권을 이양할 때 새클턴은 자신의 대리인의 권위에 대해 의심의 여지를 남기지 않았다.

제임스 케어드호가 출발할 준비가 되었을 때, 새클턴은 해안으로 가서 와일드와 매우 공개적인 이야기를 나누었다. 그 제스처는 와일드가 그를 대신하리라는 것과 그들이 매우 유능한 사람의 손에 맡겨지고 있다는 것을 분명히 해 주었다. 새클턴은 그가 탐험대의 원칙과 정신을 유지할 것이라고 믿었다. "내가 보트들을 돌보고 대원들의 상태를 지켜보는 동안 내내 와일드는 침착하게 앉아서 케어드호를 조종하고 있었다."라고 새클턴은 이전의 엘리펀트 섬까지의 보트 여행에 관해 말했다. "그는 눈도 깜짝 하지 않았다. 추위나 피로에 흔들리지 않는, 언제나 똑같이 자신만만한, 푸른 눈의 작은 사나이. 그는 내가 알았던 것처럼 용기의 탑이었다."

그 첫 번째 보트 여행은 특별한 것이었지만, 그것은 다가올 것에 비하면 밋밋했다. 엘리펀트 섬까지 가는 여행에서 대원들은 지그재그형 진로를 모두 포함하지 않고 7일 만에 60마일을 여행했다. 사우스조지아까지 남대서양을 횡단하는 데는 800마일을 가고 17일이 걸릴 것이었다. 설상 가상으로 날씨가 악화되었다.

샤클턴은 6명의 대원들을 위해 썰매 팀용 비상식량, 페미컨 케이크, 견과류 식품, 비스킷 600개, 각설탕 1상자, 분유, 불리언(bullion) 큐브(고기나 야채 육수를 내는 데 쓰이는 조미료 큐브—역자 주) 1통, 소금, 그리고 물 36갤런을 포함하는 30일 분의 식품을 가져갔다. 아이러니컬하게도 그들은 물 공급을 위해 112파운드의 얼음도 가져갔다. 장비에는 육분의, 쌍안경, 프리즘 나침반, 해묘(sea anchor, 이물에서 투하하여 배의 표류를 막고 뱃머리가 맞바람을 받게 하는, 돛베로 만든 원뿔형의 저항물—역자 주), 그리고 해도와 등유, 2개의 소형 스토브용 연료, 검은색 해표유 한 통, 침낭 6개, 약간의 여분의 의류, 양초, 해표 지방 기름, 성냥 30통, 불꽃 10상자가 있었다. 대원들은 보급물자를 케어드호로 운반했다. 더 무거운 물품들을 배에 싣기 위해 그들은 그 보트를 해안에서 떨어진 곳으로 밀어내고 스텐컴 윌스호를 이용해서 짐을 날랐다. 거친 파도 속에서 맥니쉬와 빈센트 둘 다 구명보트 밖으로 내던져졌다. 대원들은 그들과 옷을 교환하려고 달려 나왔다. 이상하게도 빈센트는 스웨터를 바꾸기를 거부했다. 결국 그가 동료들이 버린 귀중품 일부를 몸에 숨겨 왔고 그래서 노출을 두려워 했음이 명백해졌다. 젖은 옷은 그의 류머티즘을 악화시켰다.

떠나기 식선에 마지막으로 조심스럽게 얼음 녹인 물이 든 통들을 밖으로 날랐으나 거센 파도 속에서 1개가 바위에 부딪쳐 금이 가 바닷물로 오염되었다. 케어드호는 정오에 출발했다. 샤클턴은 가슴이 미어질 듯한 그 광경을 다음과 같이 기술했다. "뒤에 남아 있는 대원들은 해변 위에서 불쌍한 작은 무리를 만들었다. 그들 뒤에는 암울한 섬의 고지가, 그리고 그들의 발치에는 소용돌이 치는 바다가 있었다. 하지만 그들은 우리를 향해 손을 흔들었고 열렬하게 만세 삼창을 했다. 그들의 마음속에는 희망이 있었고 그들은 우리가 그들이 필요로 하는 도움을 가져올 것이라고 믿었다."

그날 오후 해변에 서 있었던 많은 사람들은 자신이 지도자의 마지막을 보았다고 생각했다. 그리고 새클턴은 자신의 능력을 영원히 믿었지만, 돌아왔을 때 그들 모두가 다 살아남지는 못한 것을 발견할까 봐 심히 걱정이 되었다.


## 새클턴은 자기 부하들의 약점을 결코 지적하지 않았다.

새클턴은 적어도 2명의 부정적인 성격의 사람들이 승선해 있다는 것을 알고 있었고 아마도 이 힘든 항해가 그들에게 가장 큰 타격을 줄 것이라고 예상했다. 그러나 그는 전체의 화합을 해치지 않으려고 그들에게 특별한 경고를 하지 않았다. 대신에 그는 모든 사람들이 따라야 할 행동 원칙을 정해 놓았다. 단 한 사람의 약점도 지적하지 않는 것이 새클턴의 전형이었다. "그는 어떤 대원이 남보다 더 추워 보이고 덜덜 떠는 것을 알아챌 때마다 즉시 뜨거운 음료를 모두에게 제공하라는 명령을 내렸다. 그는 그 대원이 긴장하지 않도록 그 명령이 자신 때문이라는 것을 그가 결코 알지 못하게 했다. 우리 모두가 관여했지만 가장 큰 이득을 본 사람은 당연히 가장 추운 사람이었다."라고 워슬리는 설명했다.

케어드호의 첫 번째 규칙은 욕을 해서는 안 된다는 것이었다. 모든 사람들은 긍정적이어야 했다. 섀클턴은 그 여행이 지옥과 같은 고통이 될 것임을 알았고 그래서 그들은 힘을 합쳐야 했다. 보스는 앞으로 16일은 "파도가 넘실대는 바다 가운데서 최고의 갈등"이 특징이 될 것이라고 간단히 말했다. 그리고 그의 좌골신경통은 심해지고 있었다.

늘 그렇듯 섀클턴은 가능한 많은 명령과 일상 업무를 확립해 각 대원들이 자신에게 기대되는 바를 확실히 알도록 했다. 그는 한 번에 4시간씩 3명의 대원은 당직을 서고 3명은 침낭 속에서 자도록 했다. 당직을 서는 3명 중 1명은 키 손잡이 밧줄을 다루고 1명은 돛에 주의를 기울이고 나머지 1명은 "전력을 다해" 배 바닥에 고인 물을 퍼냈다고 섀클턴은 적었다. 섀클턴은 맥니쉬의 이전의 반항적 사건 때문에 그와 워슬리 사이의 불화를 경계했고 그래서 혼잡한 보트에서조차 그가 누구와 함께 일하는가에 주의를 기울였다. 그는 워슬리를 그의 친구 맥카시와 함께 일하도록 배치했고 빈센트와 함께 당직을 돌았다. 보스는 대원들이 그 작은 보트를 망쳐버리지 않도록 심지어 당직 교대도 세심하게 편성했다.

식사는 규칙적이었다. 선상에서 난로를 사용하는 것이 매우 어려웠지만 대원들은 원기와 안락을 얻기 위해 뜨거운 음식이 필요했다. 음식은 "그 춥고 폭풍우 몰아지는 나날들 속에서 빛나는 횃불과 같았다"고 섀클턴은 말했다. "음식과 음료가 만들어내는 온기와 안락의 행복감은 우리들 모두를 낙천주의자로 만들었다."

케어드호 선원들은 근육 경련과 추위와 허기 때문에 쇠약해졌다. 규칙적으로 뜨거운 우유를 마시며 대원들은 사기를 잃지 않기 위해 그들이 할 수 있는 것을 했다. 크린은 노래를 불렀다. "그 노래는 선율이 없고 기도 중인 불교 승려의 염불만큼 단조로웠으나 그런 대로 명랑했다"고 섀클턴은 적었다. "영감이 떠오르는 순간에는 크린은 'The Wearin' o' the Green.'을 시도하곤 했다."

안심할 순간은 별로 없었다. 층층이 쌓인 얼음이 보트를 짓눌러서 망치로 깨어버려야 했다. 어느 날 밤 워슬리는 한 자세로 얼어붙어버렸다. 다른 사람들이 마사지하고 그의 몸을 편 뒤에야 비로소 그들은 그를 침낭 속에 넣을 수 있었다. 순록 모피 침낭 2개가 썩기 시작했다. 대원들은 마침내 그것들을 배 밖으로 내던졌다. 이미 데워놓은 침낭에 들어가는 것이 더 낫기 때문에 섀클턴은 어떻게든 계속 3명을 교대시키는 것이 오히려 더 나을 것이라고 생각했다. 네 번째 침낭은 대원들 중 1명이 잠시 동안 건강을 회복해야 할 경우에 대비해 보관해 두었다. 머지않아 빈센트는 그 여분의 침낭을 차지하고는 나머지 여행 동안 옴짝달싹 못하게 되었다.

케어드호는 회색빛 하늘 아래 거대한 파도 속에서 끊임없이 한쪽으로 흔들렸다. 해묘는 부러져 버렸는데 그것은 누군가 항상 키를 잡고 있어야 함을 뜻했다. 선원들은 심지어 강풍 속에서도 항해를 계속해야 했다. 대원들은 몸이 아팠다. 그들은 동상에 걸렸고 손가락과 손에는 큰 물집이 생겼다. 훗날, 섀클턴은 왼손에 있는 흉터를 가리키곤 했는데 물집이 터져서 추위로 피부 깊이까지 얼었던 부위였다. 대원들은 단지 먹고, 동상을 치료하고, 다음 날을 보기를 바랐을 뿐이라고 그는 나중에 적었다.

"날마다 그날의 사소한 골칫거리들이 있었지만 음식과 점점 증가하는 희망이라는 형태의 보상도 있었다"고 섀클턴은 말했다. "우리는 우리가 성공할 것이라는 생각이 들었다. 불리할 가능성이 컸지만 우리는 이겨내고 있었다."

그러나 섀클턴은 그가 키를 잡고 있을 때 일어났던 무시무시한 사건에 관해 적었다. 5월 5일 자정 직후 그는 머리 위의 하늘이 개고 있다고 소리쳤으나, 곧 그것이 전혀 날씨가 맑아지는 것이 아니란 것을 깨달았다. 그것은 엄청나게 거대한 파도의 하얀 물마루였다. "26년 동안 온갖 분위기의 대양을 경험하는 동안 그토록 거대한 파도를 만난 적은 없었다"고 그는 나중에 말했다. "그것은 여러 날 동안 우리의 지칠 줄 모르는 적이었던 거대한 흰 파도들과는 완전히 별개로 대양이 엄청나게 솟구친 것이었다. 나는 '맙소사, 꽉 잡아! 덮친다.'라고 고함쳤다."

배는 그럭저럭 살아남았지만 반쯤 물이 찼다. 난로는 물에 떠다니고 있었고 잡탕찌개는 모든 것에 스며들었다. 손에 넣을 수 있는 모든 용기를 움켜잡고 그들은 필사적으로 물을 퍼냈다. 그 작업은 3시간이 걸렸지만 그들은 배와 자신을 구했다. 섀클턴은 개인적 감정은 모두 제쳐두고 온당한 자기 몫의 일을 한 것에 대해 맥니쉬에게 공치사를 했다. 이 시점에서 빈센트는 아무 쓸모가 없었다.

대원들에게는 물이 부족했고 섀클턴은 그들의 식량 배급량을 하루에 8온스로 줄였다. 갖고 있던 물은 오염되었다. 그들은 목이 말랐고, 탈수와 부어오른 혀로 고통 받았다.

그동안 워슬리는 기적적으로 보트 항로를 유지했다. 그는 구름 사이로 태양이 나타나는 몇 번의 경우에만 항로를 판단할 수 있었다. 5월 8일 아침, 그들은 허리케인이 그 수역을 갈가리 찢어버렸을 때 간신히 사우스 조지아를 발견했는데 그것은 "우리가 지금까지 경험했던 최악의 허리케인 중 하나였다"고 섀클턴은 말했다. 그들은 그 섬의 험준한 바위들 위로 떠밀려 가고 있는 것이 분명했다. 선장은 마음속으로 "애석한 일이다. 우리는 이 위대한 보트 여행을 했는데 알아줄 사람이 아무도 없겠구나."라고 생각했다.

바람의 방향이 바뀌었을 때 돛대를 지탱하는 밧줄 턱이 부러졌다. 다행히도 그것은 그렇게도 오랫동안 잘 버텨주었다. "사정이 최악이라고 생각되는 바로 그때, 사태는 최선으로 바뀌었다."라고 섀클턴은 브라우닝의 "Prospice"를 쉬운 말로 바꾸어 '사우스'에 적었다.

그들은 다음 날 보트를 상륙시켰다. 그들은 안전했지만 필사적으로 물과 단단한 땅을 원했다. 그들의 항해는 근 한 세기가 지난 후에도 여전히 역사상 가장 위대한 보트 여행으로 일컬어지고 있는 위업이었다.

대원들은 졸졸 흐르는 물소리를 듣고 달려가서 신선한 민물 샘 하나를 발견했다. 그들은 무릎을 꿇고 실컷 마셨다. "그것은 우리에게 새 생명을 더해주었다"고 섀클턴은 말했다. "그것은 더할 나위 없는 순간이었다."

제임스 로벨 선장(Capt. James A. Lovell Jr.)은 섀클턴과 공통점이 있다. 그는 나사(NASA)가 불운한 아폴로 13호 비행이라고 부른 또 다른 유명한 "성공적인 실패"를 이끌었던 리더였다. 1970년의 그 비행은 계획대로 달 위에 착륙하지 못했지만 침착한 리더십과 팀워크의 도움으로 헤어나기 거의 불가능한 역경을 극복하고 생명의 손실 없이 지구로 귀환했다.

"섀클턴과 나 같은 사람들은 예기치 못한 사태를 포함하는 여러 가지 도전에 맞설 수 있는 사람들입니다."라고 로벨 선장은 말한다. "당신은 만사가 여의치 않을 것이란 것을 알면서 갑니다. 그리고 당신이 잘못될 만한 것들을 생각할 수 있다면 당신은 '앞일을 생각'할 수 있습니다."

그 우주비행사는 2000년 1월 남극점에 있는 국립 과학 재단(National Science Foundation) 기지를 방문하기 위해 남극으로 여행을 가는 동안 우주에서 그가 경험한 시련을 되돌아보았다. 이전에 로벨 선장은 섀클턴이 인듀어런스호 선원들을 구조할 때 그가 보여주었던, 자신이 "기적적인 리더십"이라고 부른 것에 관해 읽은 바 있었다.

"나는 그가 아폴로 13호에서 우리가 취했던 것과 동일한 태도를 취했나고 생각합니다. 즉 당신은 기회가 있는 한 앞날을 생각해야 합니다."라고 로벨 선장은 그 남극 탐험가에 관해 말했다.

로벨 선장은 평생에 가장 힘든 시련에 직면했을 때 섀클턴과 동갑인 42세였다. 아폴로 13호의 우주비행사들은 그들의 비행 3일째 날에 텔레비전 방송을 막 마쳤는데 그때 난방 시스템을 가동시키자 산소 탱크 1개가 폭발했다. 그 사고로 전기를 공급하고 추진 시스템을 지원해주는 우주선의 연료 전지들이 손상을 입었다. 설상가상으로 사령선(command module)에서 우주 공간으로 산소가 누출되기 시작했다. 그로 인해 로벨 선장은 "휴스턴, 우리는 문제가 생겼다."라는 지금은 유명한 그 말을 입밖에 내었다. 존 스위거트 2세(John Swigert Jr.)와 프레드 헤이즈 2세(Fred W. Haise Jr.)를 포함하는 승무원들은 지구에서 20만 마일 떨어져 있었고 그들의 안전한 귀환은 불확실해졌다고 말할 수 있을 정도였다.

생명 유지 장치를 위한 동력이 불과 15분밖에 남아 있지 않았기 때문에 그들은 작은 달착륙선(lunar module)을 위해 사령선을 포기하고 살아남기 위한 4일 간의 치열한 싸움을 시작할 수밖에 없었다. 달착륙선은 45시간 동안 오직 2명의 승무원만 살 수 있도록 설계되어 있었다. 아폴로 13호 승무원들은 휴스턴의 우주 비행 관제 센터(Mission Control)의 지시하에 달착륙선을 그 두 배의 시간 동안 3명의 승무원을 수용할 일종의 구명보트로 전환시켜야 했다. 그들은 몸에 쥐가 났고 엄청난 불편을 겪었다. 달착륙선 내부 온도는 거의 영하로 급락해 잠자기가 몹시 어려웠다. 그들은 음식과 물을 대폭 줄여야 했기 때문에 심한 탈수 상태에 빠졌다. 로벨 선장은 그 시련을 겪는 동안 체중이 14파운드나 빠졌다. 그들은 판지와 테이프와 플라스틱 백 등 착륙선 내에 있는 모든 잡다한 물건들로 끊임없이 임시변통으로 필수 생명 유지 장비를 조절했다. 집으로 향한 마지막 점화에 대비해 항로를 설정해야 하는 가장 결정적 순간에, 창문 밖이 파편으로 뒤덮여 그들은 육분의를 읽을 수 없었다. 햇빛에 희미하게 빛나는 착륙선을 끌어안고 있는 산산이 부서진 마일라(Mylar, 녹음테이프, 절연막용 폴리에스테르 필름; 상표명–역자 주) 조각들은 별과 구분할 수 없었다. 많은 어려움이 있었지만, 그들은 놀랄 만큼 정확하게 태양을 일종의 항법용 별(navigational star)로 이용하기 위한 절차를 조정할 수 있었다.

인듀어런스호 승무원들이 그들의 구명보트를 떠나 엘리펀트 섬에 발을 디뎠던 날로부터 거의 54년 뒤인 1970년 4월 17일, 아폴로 13호 승무원들은 집으로 향한 위험한 여행을 하기 위해 다시 사령선으로 올라가 전원을 켰다. 몇 시간 뒤 그들은 사모아 섬 근처의 태평양 속으로 철벅하고 떨어졌다. 모두가 무사했다. 그 비행에서 두 번의 2차적 실험과 몇 장의 사진만이 회수되었다.

로벨 선장은 그 구조를 상세한 계획과 지시사항을 만들어 낸 우주 비행 관제 센터의 뛰어난 과학자와 기술자들과 이를 작동시킨 잘 훈련된 우주비행사들 간의 완벽한 팀워크의 공으로 간주한다. 물론 섀클턴과 그의 부하들은 외부의 노움을 받지 못했다. 그럼에도 불구하고 로벨 선장은 사람들이 위기에서 살아남는 방법에서 공통된 맥락을 발견한다. "나는 모든 사람들이 할 일이 있고 제 몫을 내는 것이 매우 중요하다고 생각합니다."라고 전임 우주비행사는 말했다. "아폴로 13호에서 극심한 공포는 전혀 없었고 욕을 한 사람도 아무도 없었습니다. 우리 모두는 단지 무엇이 잘못되었는가, 그리고 어떻게 하면 이것을 되돌릴 것인가 하는 작업에 착수했을 뿐이었지요."

그는 급박한 상황에서 사람들은 함께 뭉쳐 그들의 지도자가 안내해 주기를 기대한다고 생각한다. 그런 때일수록 오직 한 사람만이 지도자 역할을 할 수 있다고 그는 덧붙인다.

로벨 선장은 우주 비행 시간 면에서는 당대의 가장 경험이 많은 우주비행사였다. 그는 또한 가장 성공적인 우주비행사의 하나로서 여러 측면에서 우주 탐사 추진을 도왔다. 1965년 그는 2대의 유인 우주선의 최초의 랑데부를 완수하고 14일의 우주 체류 기록을 세웠던 제미니 7호의 조종사였다. 다음 해 그는 마지막 제미니 우주 비행의 선장이었다. 인공위성과 연결된 제미니 12호와 버즈 올드린(Buzz Aldrin)은 우주 공간에서 도구를 가지고 성공적으로 작업하는 법을 보여준 우주 유영을 했다. 1968년 크리스마스이브에 그는 인류 최초로 지구 궤도를 벗어나 달 궤도를 돈 아폴로 8호 비행의 조종사이자 항법사였다. 수백만 명의 사람들이 텔레비전 방송에 매료되었는데, 그 방송에서 승무원들은 우주에서 보이는 달을 배경으로 성경 창세기편을 읽었다. 아폴로 13호 비행은 그의 네 번째이자 마지막 우주 비행이었다.

로벨 선장은 1972년 유인 우주 비행 프로그램이 중지된 그다음 해에 은퇴하고 사업 경력을 시작했다. 민간 부문으로의 이행을 돕기 위해 그는 긴 학위에 더하여 하버드 경영대학원 고급 관리 프로그램(Advanced Management Program)에서 학위를 취득했다. 그가 받은 많은 상에는 대통령 자유 훈장(Medal of Freedom, 미국에서 공이 뛰어난 민간인에게 수여하는 최고의 훈장-역자 주), 프랑스 레지옹 도뇌르 훈장, 나사 공로 훈장, 그리고 섀클턴과 같이 미국 지리협회의 허버드 훈장(Hubbard Medal)이 있다. 그는 제프 클루거(Jeff Kluger)와 공동 집필했던 1994년에 출판된 책 '잃어버린 달(Lost Moon)'에서 자신의 아폴로 13호 비행에 관한 이야기를 했다.

오늘날 로벨 선장은 미국 우주 프로그램에 관한 정보를 전파하는 로벨 커뮤니케이션(Lovell Communications)의 사장이다. 그는 또한 일리노이 주에 자신의 아들 제이(Jay)를 셰프로 둔 로벨즈 오브 레이크 포레스트(Lovells of Lake Forest)라는 레스토랑을 운영하고 있다.

로벨 선장은 섀클턴이 평생 동안 느꼈던 새로운 도전을 원하는 근질거림에 대해 약간 알고 있다. 그것은 위기의 공포가 사라지면 더 강해지는 일종의 욕구이다. "당신은 앞을 바라보아야 합니다. 뒤돌아보거나 성공에 안주할 수 없습니다."라고 그는 말한다. "나는 계속해서 새로운 모험, 새로운 프로젝트, 그리고 새로운 목표를 찾고 있습니다."

# PART 7

# 목표를 이루기 위해
# 어디까지 하는가?

그들이 어떻게 살아남았는지 나는 감히 상상할 수가 없다.
결의와 의지력(때문일 것이다).

—

월터 하우, 인듀어런스호 선원

## 봉우리와 골짜기들

톰 크린, 어니스트 섀클턴 그리고 프랭크 워슬리는 사우스조지아 섬을 횡단하는 전례 없는 36시간의 고투를 치른 뒤 스트롬니스 포경 기지에 도착했을 때 거의 알아볼 수 없었다. 어느 고래잡이는 그들을 보고 흐느껴 울었다. 그들이 엘리펀트 섬 위에 있던 동료들을 구조한 뒤 5개월 후 칠레에서 찍은 두 번째 사진 속의 인물과 동일인들이라는 것은 믿기 어렵다.

## 전진할 투지를 발견하는
## 섀클턴의 방식

- ◆ 선택의 폭이 좁아질수록 이판사판의 위험들은 수용성이 더 커진다. 때로 용감한 모험 끝의 잠재적 보상들이 엄청난 실패를 겪을 위험을 정당화한다.

- ◆ 위기의 시기에 당신과 타인들에게 위로가 되었거나 동기를 부여했던 영원한 지혜 속에서 영감을 찾아라. 그것은 당신이 신체적으로나 정서적으로 가장 소진시키는 시기를 극복하고 균형 잡힌 관점을 유지하도록 도와준다.

- ◆ 잘된 일에 대해 당신 자신과 남들을 축하해주어라. 등을 한번 쓰다듬어 주는 것이나 진심 어린 악수는 유행을 타지 않는 개인적 감사의 표시이다.

- ◆ 당신의 직원이 독립적으로 행동하도록 동기를 부여하라. 당신이 훌륭한 리더라면 그들은 자력으로 성공하려는 결의를 가질 것이다.

- ◆ 당신의 직원이 당신을 고무하도록 만들어라. 때로 압도적인 업무량은 당신이 기준을 낮출 것을 고려하게 만든다. 최종 생산물은 그룹 전체의 최선의 노력을 나타내야 함을 기억하라.

- ◆ 스트레스를 가장 많이 받는 상황에서도 당신은 전문 지식의 혜택을 볼 수 있는 더 큰 세상의 일부라는 것을 잊지 마라. 또한 공동체와 가족 활동에의 참여는 당신에게 그 일에 관한 유용한 기술을 제공해 줄 수 있다.

- ◆ 모든 일이 확실히 끝나게 하라. 당신의 직원은 힘든 일이 끝난 뒤 그만둘 수 있을지 모르나 당신은 그 일이 성공적으로 완수될 때까지 끝까지 지켜볼 책임이 있다.

"그는 두뇌 회전이 빨랐고
장차 다가올 일들을 마음속에 그려낼 수 있었다.
그래서 그는 일어날 수 있는
모든 우발적 사태에도 대비할 수 있었다."

— 라이오넬 그린스트리트(Lionel Greenstreet), 인듀어런스호 일등 항해사

섀클턴은 보트 여행이 끝났을 때 제임스 케어드호 바닥에 누워 있었던 두 사람이 인듀어런스호 선원 전체 중 가장 비관적인 2명이었다는 것에 놀랐다. 젊은 존 빈센트는 "북해의 저인망 어선에서 근무한 적이 있었고, 그래서 그는 그리 튼튼하지는 않아도 언제나 행복한 맥카시보다는 고난을 더 잘 견딜 수 있어야 마땅했다."라고 그는 '내가 그랬잖아.'라고 은근하게 말하는 투로 '사우스'에 적었다. 나머지 끊임없는 불평꾼인 맥니쉬도 보트 속에 엎드려 있었다.

대원들은 5월 10일 사우스조지아에 상륙했을 때 너무나 기진맥진해서 케어드호를 물 밖으로 끌어낼 수 없었다. 섀클턴은 파도 속에서 이리저리 내던져지고 있는 보트를 계속 지켜보는 동안 다른 사람들을 잠자게

했다. 케어드호를 바위에서 멀리 밀어내기 위해 그는 몇 번이나 꽁꽁 얼 정도로 추운 물속에 뛰어들어야 했다. 마침내 그는 더 이상 깨어 있을 수 없었고 교대하기 위해 크린을 불렀다. 서너 시간 뒤 모든 사람들이 일어 나 건현(topsides, 흘수선 위의 선체 부분—역자 주)을 잘라내고 이동 가 능한 장비를 꺼냈다. 다음 번 큰 파도가 쳤을 때 그들은 배를 뭍으로 끌 어올렸는데 그 과정에서 방향타를 잃어버렸다.

대원들은 그들의 목적지인 스트롬니스(Stromness) 포경 기지에서 섬 의 반대쪽에 있는 킹 하콘 만(King Haakon Bay)에 상륙했다. 그들은 동 쪽을 향해 150마일 가는 또 다른 보트 여행을 감당할 수 없었고 또한 노 력한다 해도 강한 해류가 섬을 지나 그들을 완전히 휩쓸어 버릴까 두려 웠다. 그들은 걸어서 섬을 횡단해야 할 것이었다. 그들은 15피트나 되는 고드름이 입구를 보호하고 있는 거대한 동굴을 발견했고 체력을 다소 만 회하기 위해 며칠 동안 거기서 캠프를 쳤다. 그들은 열흘치 식량을 가지 고 있었지만 연료는 부족했다.

다음 날 그들은 보트에서 뜯어낸 목재를 이용해 불을 피웠고 앨버트로 스 새끼 몇 마리로 식량을 보충했다. 크린이 조리를 했는데, 연기가 이미 노출로 쓰라렸던 그의 두 눈을 찔렀다. 크린은 밤새 통증으로 신음했고, 그것은 섀클턴도 잠을 자지 못했음을 뜻했다. 워슬리가 묘사했듯 그는 아이가 잠잘 수 있도록 편안하게 해주려고 애쓰는 "걱정하는 부모"처럼, 저항하는 환자에게 점안액을 투여해주었다.

5월 13일, 놀랍게도 섀클턴이 기술한 것처럼 "광활한 대서양을 항해하 고 두 대륙의 해안에서 휴식처를 찾던" 그들의 방향타가 까닥거리며 작은 만으로 돌아왔다. 그 비상한 행운 덕분에 그들은 이틀 뒤 보트에 짐을 싣고 만을 가로질러 해변의 더 안전한 지역과 그 여행을 위한 더 나은 출발점까지 약 9마일가량 항해할 수 있었다. 보스는 맥카시를 빈센트와 맥니쉬와 함께 머물도록 결정하고 크린과 워슬리를 준비시켜 그 여행에 동행하고자 했다. 그들은 뒤에 남겨진 세 사람을 위해 보트를 뒤집어 오두막을 만들고 그것을 디킨즈의 데이비드 코퍼필드(David Copperfield)에 나오는 "가난하지만 정직한 사람들"의 이름을 따서 페고티 캠프(Peggotty Camp)라고 불렀다.

섀클턴은 맥니쉬가 가장 연장자였기 때문에 그의 상태에도 불구하고 공식적인 책임을 맡겼다. 또다시 섀클턴은 그가 수일 이내에 돌아오지 않는 경우 맥니쉬가 해야 할 것에 관한 분명한 지시가 담긴 편지를 썼다. 그들은 보트를 타고 섬의 반대쪽으로 이리저리 항해하며 포경 기지에서 도움을 청할 예정이었다.

보스는 스트롬니스 포경 기지까지 거리가 30마일이라고 추정했지만 그것은 가장 가까운 직선거리일 경우였다.. 그들은 그 후 36시간 동안 그보다 훨씬 더 많이 터벅터벅 걸을 것이었다. 그들은 산과 빙하들, 얼어붙은 개울과 호수들, 그리고 폭포를 횡단해야 했다. 지금까지 아무도 그 섬을 횡단하는 길을 탐사한 적이 없었고 그들이 갖고 있던 유일한 지도는 해안만 표시되어 있을 뿐이었다.

5월 19일 금요일 새벽 2시, 대원들은 구름 한 점 없는 하늘과 보름 달 아래서 일어나 잡탕찌개를 약간 먹고 섀클턴을 선두로 출발했다. 맥니쉬는 일종의 단결의 제스처로서 첫 200야드 동안 그 팀을 호위하려고 애를 쓴 다음 더 멀리 갈 수 없었다.

샤클턴과 워슬리, 그리고 크린은 해발 2,500피트 이상 올라가 계속 나아갔다. 그들은 눈앞에 펼쳐진 위험한 절벽과 빙하, 평원들이 얼음 속에 파묻혀 바다에서 밀려오는 안개로 덮여 있는 것을 보았다. 그들은 안전을 위해 밧줄로 몸을 함께 묶고 내려가기 시작했다. 그러나 머지않아 그들은 내륙으로 가는 길을 택하기 위해 도로 산을 올라가야만 했다. 그때쯤 그 섬은 가로로 5마일에 불과했으나 먼 해안은 통과할 수 없는 깎아지른 절벽들로 이루어져 있었고 그들과 스트롬니스 사이에는 3개의 만이 놓여 있었다.

그것은 가슴이 터질 것 같은 여행이었다. 그 오합지졸 일행은 3번이나 산마루 꼭대기에 도달했지만 결과는 반대쪽으로 내려가는 길을 막고 있는 장애물을 발견할 뿐이었다. 그런 일이 일어나면 그들은 왔던 길을 되돌아가서 새로운 길을 시도해보느라 시간과 소중한 체력을 낭비했다.

낙심한 나머지 그들은 결국 여행을 끝내더라도 자신들이 포경 기지 아주 가까이서 죽지나 않을까 궁금했다. 샤클턴은 동료들에게 약간의 따뜻한 음식을 주었다. 그는 결코 좌절감을 드러내지 않고 "자 가세, 여보게들." 하고 그들에게 큰 소리로 말했다. 그는 네 번째로 위에 올라가면 어떻게 해서든 아래로 내려갈 것이라고 결심했다.

## 섀클턴은 선택의 폭이 좁아졌을 때 극단적인 위험을 무릅쓰기로 결정했다.

보스는 그들이 신체적이나 정신적으로 최악의 상태일 때 목표 바로 앞 최후의 직선 코스가 가장 힘들 것이라는 쓰라린 인식에 다다랐다.

그 시련을 겪는 내내 섀클턴은 부상을 피하려고 최선을 다했다. 이제 그는 몇 가지 실질적인 위험을 무릅써야 한다는 것을 알았다.

해는 지고 있고 공기는 점점 더 추워지는 가운데 그들은 산마루 꼭대기를 떠나야 했다. 900피트의 경사를 신속하게 내려가는 방법은 하나밖에 없었다. 섀클턴은 다른 두 사람에게 썰매를 타고 내려갈 용기가 있는지 물었다. 그들은 그가 원하는 대답을 했다. 그들은 자신을 묶었던 밧줄을 풀어 그것을 꼬아 임시변통의 작은 썰매로 만들어, 워슬리가 묘사한 것처럼 "어린 시절에 했던 식으로" 다른 사람 뒤에 앉았다. 그들은 비명을 지르고 고함치면서 산비탈을 타고 끝까지 내려갔다. 몇 분 만에 그들은 바닥에 떨어졌다. 마음은 들뜨고 두려웠으며, 무사하다는 것에 감사했다.

섀클턴은 오후 6시에 식사를 하기 위해 그들을 멈추게 했다. 그들은 남아 있던 침낭을 케어드호에 탄 사람들에게 남겨 두었고, 고도는 더 낮았으나 날씨가 너무 추워 캠프를 칠 수 없었다. 그들은 밀고 나가는 것 외에는 선택의 여지가 없었다. 해발 4,000피트에 도달할 때까지 보름달이 부드러운 눈길을 비추었다. 시각은 자정이었다. "우리는 아직도 빛을 따라가고 있었다"고 섀클턴은 적었다.

23시간 동안 끊임없이 행군한 뒤, 그들은 스트롬니스 만이라고 생각한 방향으로 산비탈을 내려가기 전에 식사를 하기 위해 한 번 더 멈추었다. 그들은 잘못 알고 있었다. 산기슭에서 그들은 절벽에 갇혀 다시 위로 올라가야 한다는 것을 깨닫고 큰 충격을 받았다.

탈진이 시작되는 가운데 섀클턴은 정지를 명했다. 다른 사람들이 잠자는 동안 그는 여느 때처럼 깨어 있었다. 그는 그들이 지금 조금이라도 잠들면 결국에는 영원히 깨지 못할까 두려웠다. 그래서 5분 뒤 그는 크린과 워슬리를 깨워 그들이 실제보다 더 쉬었다고 느끼게 하려고 30분 동안 잤다고 말했다.

**섀클턴은 최악의 싸움을 통해
그를 지탱하는 힘의 저장소를 발전시켰다.**

섀클턴의 내적인 힘과 체력은 때로 거의 초인적인 것처럼 보였다. 그는 그의 신앙, 타인들, 위대한 사상가의 문학 작품 등 많은 원천으로부터 영감을 얻었다. 무엇보다도 그는 긴 안목에서 사태를 지켜보았다. 그는 인생과 사랑과 자유와 선택, 그리고 동지애에 관한 더 큰 질문을 숙고했는데, 그것들 모두는 위기의 시기에 그를 지탱해주었다.

섀클턴은 '사우스'에서 인듀어런스 이야기의 어떤 개작도 "우리들의 심장과 매우 가까운 주제에 대한 언급 없이는 불완전할 것"이라고 썼다. 그는 자신이 느끼는 감정의 영적 차원을 말로 표현하려고 애를 썼다. "그 시절을 돌이켜볼 때면 나는 신의 섭리가 눈밭을 가로지르고 엘리펀트 섬을 사우스조지아의 상륙 장소에서 분리시켰던 폭풍이 몰아치는 하얀 바다를 가로질러 우리를 안내했다는 것을 믿어 의심치 않는다. 사우스조지아의 이름 없는 산과 빙하들 위에서 36시간의 그 길고도 괴로운 행군을 하는 동안 나는 종종 우리 일행이 셋이 아니라 넷인 것처럼 느껴졌다. 나는 그 점에 관해서 동료들에게 아무 말도 하지 않았지만, 훗날 워슬리는 내게 '보스, 저는 그 행군에서 우리와 함께 또 다른 이가 있었다는 기이한 느낌이 들었어요.'라고 말했고 크린도 똑같은 생각을 고백했다."

1919년에 출간된 '사우스'에 있는 그 구절 때문에 수많은 주일 설교가 시작되었다. 섀클턴에게 가장 기분 좋은 것은 틀림없이 그 구절이 20세기의 가장 유명한 시 중 하나인 엘리엇(T.S. Eliot)의 '황무지(The Waste Land)'의 한 구절에 영감을 주었다는 점일 것이다. 엘리엇은 다음과 같이 썼다:

당신 옆에서 항상 걸어가는 제3자는 누구인가요?
세어 보면 당신과 나만 함께 있는데
내가 눈앞의 하얀 길을 올려다 볼 때는
언제나 또 다른 이가 당신 옆에서 걸어가고 있어요.
두건을 쓰고, 갈색 망토에 감싸여 미끄러지듯 가는,
나는 그가 남자인지 여자인지 몰라요
─하여간 당신 반대편에 있는 그는 누구인가요?

새클턴의 영적 묵상은 곧 논란의 주제가 되었는데, 대부분은 그의 발언에 의해 고무되었다. 그는 훗날 그가 청중들 속의 "노부인들"을 위해 제4의 존재에 관해 글을 쓰고 강의도 했다고 말했다. 그가 작은 노부인들을 위해 그 존재를 언급했는지 또는 선량한 늙은 남성들을 위해 그것을 부인했는지 아무도 확실히 알지 못할 것이다. 훗날 워슬리의 미망인 진(Jean)은 남편이 1943년에 죽기 전에 아일오브와이트(Isle of Wight, 영국 잉글랜드의 주―역자 주)에서 마지막으로 했던 강연의 하나를 회상했다. 그 강연 후 워슬리 부인은 그의 오류를 지적했다. 그는 자신이 그런 말을 했다는 것을 알지 못했다. "사람들이 나를 어떻게 생각하든지." 라고 그는 대답했다. "나는 그것을 내 마음에서 떨쳐버릴 수 없어."라고 덧붙였다.

분명히, 새클턴의 종교적인 양육은 그의 생애에 지속적인 영향을 미쳤다. 어린 견습 선원일 때, 그는 부모에게 "논쟁할 때를 제외하고" 종교에 관해 함께 토의할 사람은 "흑인 선원" 1명 외에는 아무도 찾을 수 없다고 말한 적이 있다. 그는 일찍부터 배는 예배드리기에 적당한 장소가 아니라는 결정을 내렸기에 배 위에서는 예배를 보지 않았다. 그러나 그는 특히 절망적인 난관에 처했을 때는 신의 이름을 부르는 데 남을 의식하지 않았다.

보스는 심지어 찬송가를 부르며 즐거운 저녁을 마무리하는 것으로 알려졌다. 그러나 그는 똑같이 브라우닝, 테니슨, 밀턴, 셰익스피어 또는 로버트 서비스를 인용하는 경향이 있었다. 그의 도덕성은 낙관주의와 사람들에게서 선을 발견하고 선한 일을 행하는 것에 토대를 두고 있었다.

그의 전기 작가인 피셔가 사람들은 새클턴과 종교 논란에 관해 다음과 같이 적었다. "노력하고 번창하는 것, 계속 싸우고 언제든 희망하는 것, 행복한 결말로 끝나는 세상에서 큰 역할을 하는 것이 그에게는 살아 있는 동기들이었다."

사우스 조지아에서의 5월 20일 이른 아침 시간, 새클턴은 종종 그렇게 했듯이 브라우닝에 의지했다. "최악의 것이 우리에게 최선의 것으로 변하고 있었다."라고 그는 적었다. 대원들은 스트롬니스가 위치한 허스빅 항(Husvik Harbor) 주변의 절벽들에서 "뒤틀린 파상의 암층"을 발견했다. 그들은 목적지가 보이는 곳에 있었다.

대원들은 사방에서 악수하며 서로를 축하했다. 그럼에도 불구하고 이 마지막 단계들은 조금도 쉽지 않을 것이었다. 그들은 아침 식사를 하기 위해 멈추었다. 음식은 더 이상 보상이 아니라 생명 유지에 필요한 자양분에 불과했다. 그러나 이 식사는 깜짝 놀랄 소리로 중단되었다. 바로 고래잡이들을 일터로 부르는 오전 7시 기적소리였다. "우리 중 누구도 그보다 더 감미로운 음악을 들어본 적이 없었다"고 새클턴은 '사우스'에 적었다. "그것은 묘사하기 어려운 순간이었다. 고통과 아픔, 보트 여행, 행군, 굶주림, 그리고 피로는 잊혀진 것처럼 보였고 성취한 일에 대한 완벽한 만족만 남아 있었다."

그 세 사람은 또 다른 선택에 직면했는데 얼음에 뒤덮인 산비탈을 내려가거나 5마일 우회하는 것이었다. 보스는 다시 다른 사람들에게 의견을 물었고 그들이 산비탈을 선택할 것임을 알았다. 이 시점에서 그들은 한 개의 썰매 팀용 비상식량, 각자 비스킷 1개, 밧줄 1개와 까뀌 1개를 제외한 모든 것을 버렸다. 그들은 50층 건물에 상당하는 약 500피트 높이의 푸른 빙벽을 내려가야 했다. 그들은 페고티 캠프를 떠나기 전에 맥니쉬가 만들어 주었던 임시변통의 미끄럼 방지용 신발을 가지고 있는 것에 감사했다. 아무튼 그들은 맨 밑바닥까지 내려갔다.

그들은 또 다른 산비탈을 올라가 평평한 고원에 이르렀다. 그들과 포경 기지 사이에는 산마루가 하나 더 서 있었다. 보스가 평평한 표면 위에서 길을 인도했을 때, 그는 갑자기 무릎 깊이까지 물속에 빠져 가라앉고 있었다. 그는 몸을 엎드렸고 다른 사람들에게도 체중을 분산시키기 위해 똑같이 하라고 말했다. 그들은 눈 덮인 호수 위에 있었다. 그들은 멀리 보이는 해안을 향해 200야드를 가로질러 나아갔다.

오후 1시 30분경 그들은 2,500피트 아래에서 작은 증기선이 만으로 들어오는 것을 지켜보았다. 그들은 보트 위의 작은 형체들을 보았는데, 그것은 18개월 전에 사우스조지아를 떠난 이후 인듀어런스호 선원들 이외에 보았던 최초의 사람들이었다. 그 다음에 그들은 기지의 공장을 보았다.

**샤클턴은 축하의 제스처로
동료들과 악수를 했다.**

그들은 다시 악수했다. 그것은 대원들에게 용기를 북돋워주고 각 개인의 기여에 대해 보스가 느낀 자부심과 감사의 마음이 담긴 것이었다. 샤클턴은 '사우스'에서 그것은 탐험 동안 엘리펀트 섬에 도달했을 때, 사우스조지아에 상륙한 때, 섬 횡단 트랙이 시작되고 산마루에 도착했을 때, 그리고 허스빅 항의 바위들을 일별했을 때의 "네 차례에 걸쳐 필요하다고 생각되었던 상호 축하의 한 형태"였다고 설명했다.

그들은 아직 안전하지 않았다. 그들은 허리까지 젖은 채 얼음에 덮인 개울 한복판을 터벅터벅 걸어 내려왔다. 상황이 악화되려는 참이었다. 그들은 물이 부드럽게 울리는 소리를 들었고 자신들이 25피트 높이의 폭포를 내려가야 한다는 것을 발견했다. 워슬리와 새클턴은 밧줄로 매어 크린을 내렸다. 새클턴이 다음에 내려갔다. 그 다음에 몸이 가볍고 민첩한 워슬리가 바위에 밧줄을 붙들어 맨 다음 흔들거리며 내려온 뒤 밧줄은 뒤에 남겨 두었다.

그들은 드디어 해냈다! 그들의 시련은 끝났지만 남은 것이라고는 흠뻑 젖은 옷밖에 없었다. 그러나 그들은 해냈다! 그들은 그들의 위대함, 그들의 하찮음, 그리고 그들이 이 승리에 빚진 것에 관한 더 깊은 생각들과 뒤섞인 물밀듯 밀려오는 여러 가지 감정들—안도, 감사, 기쁨—을 느꼈다. 새클턴은 그 순간에 대한 감동적인 찬사와 그 경험 전체를 로버트 서비스의 황야의 외침의 구절을 따서 '사우스'에 다음과 같이 적었다. "우리는 외부 사물의 겉치레를 뚫어버렸다. 우리는 '고통받았고, 굶주렸고, 그리고 승리했고, 엎드려 기었지만 영광을 움켜쥐었고, 전체적으로 더 크게 성장했다.' 우리는 광휘 속의 신을 보았고 대자연이 들려주는 말씀을 읽었다. 우리는 벌거벗은 인간의 영혼에 도달하였다."

그들이 추위에 떨며 포경 기지에 다가간 것은 1916년 5월 20일 토요일 오후 중반이었다. "우리의 수염은 길었고 머리카락은 엉겨 붙어 있었다. 우리는 씻지 않아 더러웠고 1년 동안 갈아입지 않은 옷은 너덜너덜하고 얼룩져 있었다."

섀클턴은 2명의 아이들, 그리고 부두로 가는 길에 그들을 발견한 노인을 놀라게 했다고 보고했다. 거기서 그들은 그 남자에게 다가가 관리인을 보기를 청했다. 그 남자는 그들이 누구인가 물었다. "우리는 배를 잃어버렸고 섬으로 건너왔습니다."라고 보스는 대답했다. 그 남자는 그 섬을 도보로 횡단할 수 있다는 것을 믿을 수 없어서 관리인에게 달려갔다. 관리인이 나타났을 때 섀클턴은 단지 "내 이름은 섀클턴입니다."라고 말했다.

그들 모두는 섀클턴이 누구인지 알고 있었지만, 거기서 그런 모습을 한 그를 보리라고는 예상치 못했음이 분명했다. 거친 고래잡이 하나가 나중에 엉터리 영어로 말했다. "나는 얼굴을 돌리고 울어 버렸다. 나는 관리인도 울었다고 생각한다."

섀클턴은 다음 날 밤 만찬회에서 기지의 노르웨이 고래잡이들이 공통된 언어는 없었지만 대원들에게 경의를 표했다고 적었다. 서 있는 대원들에게 모든 사람들이 말없이 다가와 악수를 나눴다. 그들 각자는 그 위대한 보트 여행을 했던 대원들을 개인적으로 축하해주고 싶어 했다. 님로드호 탐험 후 섀클턴은 국왕에 의해 기사 작위를 수여받았고 전 세계 국가수반으로부터 훈장을 받았다. 그러나 그에게 가장 큰 보상은 동료 선원들로부터 조용히 인정을 받았던 순간이었다.

## 섀클턴의 부하들은
## 지도자에 대한 믿음과 신뢰로 견뎠다.

엘리펀트 섬에서의 시간 또한 특별하게 생각되었다. 맥클린은 일기에 다음과 같이 적었다. "어제와 오늘은 멋진 이틀이었다. 특히 어제는 하늘과 바다와 빙하의 색이 놀랄 만큼 아름다웠고 내가 전에 보았던 어떤 것보다 훨씬 더 빼어났다. 이 찬란한 광채의 정확한 인상을 도저히 전달할 수 없기 때문에 나는 이것을 묘사할 시도를 하지 않을 것이다..."

"이 장소는 스스로 원할 때는 아주 근사해질 수 있다. 하지만 대체로 악마처럼 구는 것을 더 좋아한다."

프랭크 와일드는 21명의 대원들을 그의 보살핌하에 건강하고 분별 있고 희망찬 상태로 유지시켰다. 와일드는 보스의 개인적 지도하에 리더십의 기술을 배웠던 유일한 사람이었다. 인듀어런스호 선원들이 쓴 일기에서 대원들은 섀클턴이 구조를 위해 떠난 동안 그가 얼마나 잘 해냈는지에 대한 그들의 존경을 표현했다. "그의 리더십 덕택에 우리가 살아 있는 것이라 주장하는 것도 그리 지나치지 않다."라고 헐리는 선원들이 구조된 후 적었다. "그는 자신에 대한 섀클턴의 신뢰를 확실히 정당화했다."

와일드는 섀클턴의 모델을 충실하게 따랐다. 섀클턴이 사우스조지아를 향해 떠난 직후 와일드는 기본 원칙을 정하는 간단한 연설을 했다. 그는 일행에게 "장래에 취할 태도와 일상에 관해 간결하고 적절하게 말했다"고 헐리는 케어드호가 떠난 다음 날 적었다.

그는 언제나 그가 느끼는 감정과 상관없이 긍정적인 태도로 모범을 보였다. "그는 한결같이 낙관적이었고, 누군가 침울한 표정을 지으면 매우 못마땅해했다"고 헐리는 설명했다.

와일드는 자신이 정력의 탑이라는 것을 보여 주었다. 그는 대원들이 거의 4일치 식량을 다 먹어 버렸을 때에도 무기력해지지 않은 유일한 사람이었다. 그는 섬을 떠날 준비를 갖추고, 그들을 침대에서 일어나게 하고, 구조에 대한 희망을 유지하는 것으로 대원들이 하루를 시작하게 만들었다. 허시는 와일드가 "여보게들 침낭을 걷게나, 침낭을 걷어. 보스가 오늘 올지 몰라! 우리는 준비되어 있어야 해!"라고 외치곤 했다고 말했다.

그는 또한 모두를 바쁘게 함으로써 우울증을 막을 수 있었다. 일행이 엘리펀트 섬에 머물렀던 초기에 맥클린은 다음과 같이 적었다. "나는 오늘 아침 내 평생에 가장 불행한 시간을 보냈다. 모든 시도가 가망 없어 보였고 운명은 틀림없이 우리를 좌절시키려고 작정한 것 같았다. 사람들은 앉은 채로 큰 소리는 아니지만, 우리가 피난처를 찾았던 이 섬에 대한 증오를 보여 줄 정도로 강렬하게 욕을 했다. 그러나 그 침울함은 잠시 지속되었을 뿐이었다." 아침 식사 후 와일드는 그들에게 피난처를 마무리하는 일을 시켰다.

와일드는 그들이 매일 다양한 기분 전환거리를 확실히 가지도록 했다. "우리는 읽을거리가 있었고, 서로 교환함으로써 늘 기분 전환을 할 수 있었다"고 맥클린은 말했다. 브리태니커 백과사전 5권을 그 섬에 가져 왔고 대원 한두 명은 시집을 갖고 있었다. 그러나 수준은 떨어지고 있었다. 마스턴은 작은 요리책 1권을 갖고 있었는데 거기서 매일 밤 레시피 하나를 큰 소리로 읽어주었다. 대원들은 그것에 대해 논평을 하고 그것을 향상시키는 법에 관한 제안을 하곤 했다. 그 무렵 즈음 그들은 고기에 질렸고 에너지를 주는 탄수화물과 설탕을 몹시 갈망하고 있었다.

와일드는 특별한 축하 행사, 특히 매주 토요일 밤 연인과 아내들에 대한 전통적인 건배를 계속 유지시켰다. 그는 대원들이 쓰다 남은 약간의 생강 맛 향미료와 난로용 알코올을 섞어 음료를 만드는 것을 허용했다. 겨우 견딜 만한 정도였지만 그것으로도 충분했다. 대원들은 그것을 이용해 영국 출국 2주년을 건배했다. 그 직후 알코올은 다 떨어져 버렸다.

와일드는 개개인에 관한 상세한 사항을 모두 돌보았다. 맥클린은 와일드가 한때 그가 더 편안하게 느끼도록 이발과 면도를 해 주었다고 말했다. 더 중요한 것은 그 부대장이 대원들의 정신적, 신체적 영양에 세심한 음식 준비가 필요하다는 것을 보스에게서 배웠다는 사실이었다. 맥클린은 가능한 한 대원들이 "배부르게" 먹었다고 적었다. 보스가 떠난 지 한 달 뒤 그는 더 철학적으로 되었다. "우리는 궁핍하지만—지금 우리는 확실히 너무 궁핍하다—나는 우리가 고향에 있는 많은 가난한 사람들보다 형편이 더 낫다고 생각한다. 우리는 많은 고기가 있고 피난처 안에서 아늑하고 따뜻하다."

탐험대의 특징이 되었던 공정성이라는 평소의 소신대로 그 "누구의" 방법을 사용해 모든 사람들이 불 가까이 앉을 똑같은 기회를 가지도록 식사 시간에 대원들이 자리를 교대하게 함으로써 와일드는 불평 없이 음식을 나누어 주었다.

대체로 대원들은 비교적 행복했다. 놀랍게도 그들은 계속해서 토론거리를 발견했다. 오랫동안 걱정스럽게 구조대를 기다리는 동안 와일드의 중재가 필요할 만큼 말이 심해진 것은 한 번밖에 없었다. 그것은 마스턴과 그린 간의 논쟁이었는데, 다름 아닌 숙녀들의 모자에 관한 것이었다. 그린은 자기 아내가 어떤 형태의 모자를 쓴다고 말했고 마스턴은 자기 아내는 다른 형태의 모자를 쓴다고 말했는데 각자 자기 배우자가 더 멋지다고 주장했다. 그들은 와일드가 그 어리석은 짓을 지적하기 전까지 하마터면 싸울 뻔했다.

대원들이 안정을 유지했던 방법 중 하나는 종종 서로에 관해 노래를 쓰는 것이었다. 섬의 암울한 상태가 지속된 지 두 달째인 6월 22일 동지 축제 때, 제임스는 와일드에게 경의를 표한 "엘리펀트 섬 위의 우리 오두막"이라는 제목의 다음과 같은 노래로 그날 저녁 히트를 쳤다.


내 이름은 프랭키 와일드-오 엘리펀트 섬 위의 나의 오두막
최고의 건축 전문가도 그 스타일을 이름 지을 수 없다네
그래도 나는 그 안에 아주 아늑하게 앉아 강풍이 부는 소리를 듣는다네
내가 내 이야기를 하는 자부심은 용서할 수 있다고 생각한다네
합창:
오 프랭키 와일드-오 트랄 랄 랄 랄 라
미스터 프랭키 와일드-오 트랄 랄 랄 랄 라
내 이름은 프랭키 와일드-오 엘리펀트 섬 위의 나의 오두막
벽에는 벽돌 한 장 없고 지붕에는 타일 한 장 없다네
그래도 나는 고백하지 않을 수 없다네 몇 마일에 걸쳐서
그것은 엘리펀트 섬에서 찾을 수 있는 가장 대궐 같은 거주지라네

"우리가 설사 구조된다 하더라도 우리 모두는 그것이 오늘이 아니거나 적어도 오늘 저녁 식사 후까지는 아니길 진심으로 바란다"고 그날 오드리즈는 적었다. 이날은 그가 "내 평생에 가장 행복한 나날 중 하나"라고 기술한 날이었다.

## 부하들을 향한 섀클턴의 생각은 그가 한계를 넘어설 수 있는 자극제가 되었다.

물론 보스는 부하들을 실망시키지 않았다. 부하들이 그에게 생명을 빚진 만큼이나 그 또한 그의 생명을 구한 공을 그들 몫으로 돌렸다. 그는 종종 아랫사람들에 대한 책임이 없었더라면 그가 그것을 해낼 수 있었을까 하고 궁금해했다. "우리가 오직 우리 자신만 생각했다면 사정은 달라졌을지 모른다"고 그는 적었다. "눈 속에서, 특히 배가 고프면 너무 지쳐 잠이 인생이 주는 최고의 것처럼 보일 수 있다. 그리고 그곳에서의 야숙(野宿)이란 죽음, 키츠(Keats)가 말한 이상적인 죽음처럼 전혀 고통 없이 죽는 것이다. 그러나 당신이 리더라면, 다른 친구들이 기대를 걸고 있는 동료라면, 당신은 계속 앞으로 나아가야 한다. 그것이 우리가 허리케인을 뚫고 항해하고 저 산들을 오르내리게 했던 생각이었다."

섀클턴과 워슬리 그리고 크린은 스트롬니스에 도착한 지 3일 뒤 엘리펀트 섬에 발이 묶여 있는 동료들을 구조하기 위한 최초의 시도로 포경선 서던스카이호(Southern Sky)에 승선했다. 그들은 바다 위의 두꺼워지고 있는 얼음 때문에 6일 뒤 철수해야 했다. 사우스조지아로 돌아가는 대신 그들은 포클랜드 제도(Falkland Islands)의 스탠리 항(Port Stanley)으로 갔다. 거기서 섀클턴은 아내, 그리고 특종 기사를 약속했던 어느 편집인에게 편지를 쓰고, 국왕과 런던의 해군성에 구조를 요청하는 전보를 보냈다. 그는 스콧의 옛 탐험선 중 충빙에 대비해 특별히 건조한 디스커버리호나 테라노바호를 요청했다. 당국은 전쟁 중이었기 때문에 대응과 처리가 늦었다. 그러나 평화 시라도 배가 그곳에 가장 빨리 도착하는 데는 두 달 가량 걸릴 것이었다.

맥니쉬, 맥카시, 그리고 빈센트는 이미 사우스조지아에서 영국으로 돌아가는 중이었다. 섀클턴은 영국으로 가는 그들의 통행권을 마련해 주었고, 워슬리는 포경 기지에 도착한 지 몇 시간도 안 되어 페고티 캠프로부터 그들을 구조하러 갔다. 슬프게도 맥카시와 또 다른 인듀어런스호 대원인 알프레드 치섬은 남극에서 2년을 살아남은 뒤 제1차 세계대전에서 전사했다.

섀클턴은 의전에 까다로운 사람이었지만, 관료주의적 지연이 엘리펀트 섬에 남아 있는 부하들의 안전을 위태롭게 하자 독자적으로 남미의 여러 정부에 도움을 호소했다. 6월 10일, 우루과이 정부는 섀클턴에게 인스티튜토 데 페스카 1호(Instituto de Pesca No.1)의 사용을 허락했다. 그 배는 엘리펀트 섬에서 불과 20분 거리에서 육중한 충빙과 충돌해 철수해야 했다. 푼타아레나스(Punta Arenas)에서는 일단의 현지인들이 목제 스쿠너선 엠마호(Emma)를 보내는 비용 부담에 동의했는데 그 배는 그 섬에서 100마일 이내까지밖에 가지 못했다. 그때쯤 해군성은 스콧의 옛 탐험선 디스커버리호를 보내 구조하는 것에 동의했지만 그 배를 수리해야 했기 때문에 오래 지체될 것이었다.

　섀클턴은 에밀리에게 즉시 한 번 더 구조를 시도하기 원한다고 편지를 썼다. 칠레 정부가 섀클턴에게 해군 함정 엘초호(Yelcho)의 사용을 허락했다. 마침내 최악의 겨울이 지난 뒤 8월 25일 엘초호는 푼타아레나스를 떠났다. 5일 뒤인 8월 30일 수요일에 그 배는 엘리펀트 섬에 다다랐다.

　마스턴은 정오 무렵 스케치를 몇 장 그리려고 준비하는 동안 수평선 위에서 그 배를 발견하고는 다른 사람들에게 고함쳤다. 아무도 반응하지 않자 그는 오두막 안으로 들어가 그들에게 알렸다. 대원들이 소지품을 움켜잡으려 달려가고 오두막 벽을 찢고 해안으로 돌진하면서 일대 혼란이 시작되었다. 이윽고 그들은 보스가 배에서 구명보트로 올라가 그들을 향해 오는 것을 보았다. 와일드는 섀클턴을 보고 감정이 너무 북받쳐 말을 할 수 없었다. 다른 대원들은 환호하려 했으나 그들의 목소리도 목구멍에 걸려 나오지 않았다. 섀클턴의 입에서 나온 첫마디는 "다들 무사한가?"였다.

　모든 사람들은 무사했다. 섀클턴의 낙관주의와 실용주의를 잘 교육받았던 와일드 덕분에 대원들 모두는 섀클턴이 부른 것처럼 "악몽 중에서 가장 악몽 같은" 5개월의 시련을 견뎌내었다.

　늘 사려 깊은 섀클턴은 그들이 섬에서 항해한 이래 승무원들을 위해 모아두었던 우편물을 가져 왔다. 그는 몇 가지 신문도 가져 왔는데, 대원들은 전쟁이 여전히 맹위를 떨치고 있고 사망자 수가 충격적이란 것을 읽고 몸서리쳤다.

9월 3일, 섀클턴은 푼타아레나스에서 에밀리에게 편지를 보냈다. "여보, 난 해냈소." 그는 환희에 울부짖었다. "한 생명도 잃지 않고 우린 지옥을 빠져나왔소."

홍보의 대가인 섀클턴은 칠레로 돌아오는 항해에서 부하들에게 너무 깨끗이 씻지 말라고 말했다. 군중들은 푼타아레나스에서 그들의 도착을 기다릴 것이며 그들이 헝클어지고 거칠게 보이는 편이 더 큰 충격을 줄 것이었다. 인듀어런스호 선원들, 즉 섀클턴을 제외한 모든 사람들의 시련은 끝났다. 그는 아직도 로스해에 있는 탐험대의 다른 절반의 대원들을 구조해야 했다.

## 섀클턴은 공동체의 요구사항들을 계속 인식하고 있었다.

보스는 필사적으로 휴식을 갈망했을 것이다. 그는 몹시 지쳤고 우울했고 재정적으로 파산했다. 그러나 자기 부하들을 구하려는 그의 온갖 노력이 한창인 때에도—대중의 눈이나 카메라 렌즈에서 멀리 떨어져 있어도—그는 놀랄 만한 이타심으로 위업을 수행했다. 그것은 완전히 낯선 사람들을 위해서 행해졌고 지겨운 임무를 포함했으며 그가 결정적인 일에 몰두해 있을 때 다가왔다. 그러나 섀클턴은 언제나 자기 주변 세상의 다른 사람들을 수시했다.

오늘날 아리조나 주 투손(Tucson)에 사는 90세 아서 홀(Arthur C. Hall)은 1916년 가을 남미에서 오는 배에 승선해 섀클턴과 워슬리와 함께 보냈던 6주와 그들이 그의 어머니와 그에게 보여주었던 친절을 기억하고 있다.

새클턴과 워슬리는 꼼짝 못 하게 발이 묶였던 로스해 팀의 구조를 시작하기 위해 파리스미나호(Parismina)를 타고 뉴질랜드로 가고 있었다. 6살이었던 홀과 그의 어머니는 칠레의 발파라이소(Valparaiso)에서 뉴올리언스로 향하고 있었다.

홀의 부친은 구리 도금 회사 중역이었고 어린 가족은 1916년 3월 칠레로 이주했다. 그들이 도착한 지 6개월 뒤 홀의 부친은 장티푸스에 걸렸다. 칼데라(Caldera)에 있는 집에서 발파라이소의 병원으로 그를 데려갔으나 의사들은 그를 구할 수 없었다. 비통해하는 어머니는 아들을 데리고 남편의 시신을 캘리포니아의 집으로 운구하는 중이었는데 그때 그 두 탐험가들을 만났다.

긴 여행 동안 이 이상한 4인조는 종종 같은 식탁에서 식사를 했다. 홀은 워슬리가 그 두 사람 중 더 말하기를 좋아했으며 자신과 어머니에게 탐험과 생존에 관한 환상적인 이야기를 해 준 것을 기억하고 있다. 새클턴은 더 조용했고 "매우, 매우 사려 깊었다"고 그는 기억하고 있다. 홀 가족은 아직도 남미 집의 짐을 꾸려야 했는데, 늘 보스였던 새클턴은 칼데라에 잠시 멈춘 동안 그 가족의 가제 도구를 꾸리고 배 위로 가져오게끔 주선해 주었다. 그는 또한 그 가족이 파나마의 한 호텔에 1주일 동안 머무르는 것도 처리해 주었고, 뉴올리언스 세관을 통관하는 것도 안내해 주었으며, 그들의 귀국 여정의 마지막 구간을 위해 여행 일정도 잡아 주었다. 그 네 사람은 캘리포니아 주 산호세(San Jose)로 가는 특별 객차도 함께 이용했다.

재난에서 27명의 사람들을 막 구조했고 남극의 먼 쪽에 있는 다른 사람들을 구조할 준비를 하는 중에도, 섀클턴은 시간과 에너지를 내어 두 사람을 더 구했다. 홀은 그것을 "조용하고 효율적인 방식의 리더십"이라 부른다.

오늘날까지 홀은 다음과 같은 어니스트 경의 서명이 적힌 '아이반호(Ivanhoe, 월터 스콧의 소설—역자 주)' 한 권을 소중하게 간직하고 있다. "아르투로 홀(Arturo Hall)에게, 1916년 19월 29일 파리스미나호에서 E. H. 섀클턴." 그는 리마(Lima)에서 섀클턴에게 '스위스 패밀리 로빈슨(Swiss Family Robinson)' 한 권도 받았다고 말한다.


## 섀클턴은 모든 작업이 전부 끝날 때까지 일했다.

섀클턴은 그 다음으로 남극 종단용 보급물자를 놓아두기 위해 고용된 10명의 로스해 팀을 구조하는 임무를 맡았다. 인듀어런스호가 얼음에 갇혀 있는 동안 오로라호(Aurora)도 대륙의 반대편 해안에 갇혀 버렸다. 그 배는 대원들이 저장 물자를 모두 상륙시키기 전에 바다로 날아가 버렸다. 총빙 속에서 10개월을 표류한 뒤 그 배는 얼음이 녹는 동안 풀려났고, 1916년 3월 손상을 입은 채로 비틀거리며 뉴질랜드로 돌아왔다. 상륙 전초 팀의 생존자들은 구조선이 도착하기를 기다리고 있었다.

1917년 1월 섀클턴은 10명 중 7명이 가까스로 생존했다는 것을 알았다.

그는 아내 에밀리에게 그가 "개인적으로 현장에 상주하면서 일을 해결"해야 할 것 같다는 편지를 썼다. 섀클턴이 책임을 맡겼던 매킨토시 선장은 자기 업무에 압도되고 말았다. 섀클턴은 그의 체계성 결핍에 관해 비판적인 글을 썼지만 궁극적으로는 대원들의 생명을 잃은 데 대해 스스로 책임을 졌다.

구조된 일행의 리처드 교수는 섀클턴이 책임을 맡은 것에 감사했다. "그를 만난 적이 없었던 우리 모두는 남극에 있는 동안 그를 비난했다"고 그는 말했다. "내 말투에서 내가 지금 그를 어떻게 생각하고 있는지 알 수 있을 것이다. 그는 개성 넘치는 타고난 리더였으며—내 생각에는 모든 남극 탐험에서 뛰어난 인물이었다."

섀클턴은 마침내 1917년 5월 영국으로 돌아왔다. 그가 사우스조지아에 재출현했을 때에는 팡파르가 이미 시들해진 뒤였다. 그 탐험은 전쟁 중이라는 시기 때문에 끊임없이 논란의 대상이 되었지만 많은 이들이 섀클턴을 변호하며 그의 대원들을 용감하다고 일컬었다.

섀클턴은 그의 책과 강연에서 인듀어런스호에 승선했던 자신의 부하들이 살아남은 그 시련들에 관해 다음과 같이 간단하게 요약했다. "어떤 말로도 그들의 용기와 쾌활함을 표현할 수 없다. 기분 좋게 용감해지는 것, 기쁜 마음으로 인내하는 것, 웃음과 노래로 갈증의 고통을 견디는 것, 몇 달 동안 죽음과 나란히 걸으면서도 결코 슬퍼하지 않는 것—그것이 용기를 소유할 가치가 있게 만드는 정신이다. 나는 내 부하들을 사랑했다."

재규어 북미 지사(Jaguar North America)의 은퇴한 대표 마이클 데일 (Michael H. Dale)은 영국 버밍엄에서의 어린 시절 이래 지금까지 섀클 턴을 롤 모델로 여기며 그 탐험가에 관해 배웠다. 자신의 전문직 생애 전 반에 있어 데일은 리더십 문제에서 영감과 지침을 얻기 위해 섀클턴과 다른 여러 역사적 인물들에 의지해 왔다.

그는 다음 해 판매량을 50% 이상 신장시키려고 회사가 시작한 도전적 캠페인을 위해 일단의 판매원들에게 열의를 불어넣을 목적으로 집중과 순수한 결단력에 관한 섀클턴의 본보기를 이용했다. 그는 1999년 1월 두 바이에서 개최된 회의에서 인듀어런스호 탐험대 이야기를 했는데, 그곳 에는 139명의 독립적인 딜러들이 전략을 논의하기 위해 재규어사 판매 인력들과 함께 모였다.

"여러분들이 섀클턴이 지녔던 것과 같은 헌신적인 마음을 지니고 있다 면 틀림없이 기적을 이룰 수 있습니다."라는 것이 그가 그 집단에게 전달 한 메시지였다.

뒤이어 일어난 일은 기적처럼 보였다. 연말까지 재규어 차량의 연간 판매량은 35,039대로 급등했는데, 이는 1998년에 비해 56% 증가한 것이 었다. 그 부서는 마침내 1986년에 세웠던 24,464대의 판매 기록을 철저 하게 깨뜨렸다. "그들은 무언가를 잘하고 있었습니다."라고 데일은 그 딜러들에 대해 말했다.

물론, 재규어의 실적 향상에는 인기 있는 신 모델 출시, 미국의 경제 호황, 프리미엄 브랜드를 향한 세계적 트렌드 등 많은 이유가 있다. 그러나 데일은 자신의 연설에 약간의 신뢰를 주는 것을 좋아한다. 그는 청중에게서 "엄청난 피드백"을 받았다고 말하며 자신의 발언이 많은 고용인들로 하여금 몇 배로 최선을 다하도록 고무시켰다고 믿고 있다. "섀클턴이 가지고 있는 유일한 것은 그의 결단력이었습니다."라고 그는 말한다. "당신이 숨을 쉬는 한, 아직도 기회는 있습니다."

데일은 1990년 10월 뉴저지 주 마와(Mahwah)부서의 본부장이 되었을 때 스스로 그런 결단력을 보여주었다. 영국의 재규어사는 많은 관찰자들이 결정적인 실수라고 생각했던 움직임 속에서 25억 불에 포드 자동차사에 막 매각된 터였다. 1994년까지 포드사는 인수한 회사에 대한 10억 달러 이상의 영업 손실과 구조 조정 비용을 보고했다. 재규어 북미 지사에서만 2년의 기간 동안 하루에 100만 달러 이상의 손실을 기록했다.

1980년대의 럭셔리 카 붐은 1990년 초기에 추락했지만 재규어 또한 품질 불량으로 혹평을 받고 있었다. "소유의 공포를 극복하는 것이 미국 내 우리들의 최대 마케팅 과제였습니다."라고 그때 데일은 말했다.

데일은 재규어의 생존을 위해 열심히 싸웠다. 1992년에 그는 그 부서 직원을 거의 40% 감축하고 남아 있는 인원을 고객 만족을 위한 회사의 평판을 근본적으로 향상시키는 데 집중시켰다. 얼마 지나지 않아 재규어는 새 모델을 꾸준하게 출시하기 시작했다. 1994년 마지막 4분기에 새로운 XJ6 럭셔리 세단의 매출 호조는 1990년 이후 최초로 수익을 야기했다. 1997년 XK8이 XJS를 대신하고 1999년에 가격 경쟁력이 있는 S-Type이 출시되면서 판매는 계속 올라갔다. 그와 동시에 데일은 딜러들의 수익률을 회복시키는 것을 도왔고 황금 시간대 텔레비전 광고를 확장함으로써 재규어의 가시성을 증가시켰다.

그의 노력은 1999년 중반 캘리포니아 아구라 힐즈(Agoura Hills)의 J.D. Power&Associates사가 실시한 전국적 조사에서 1999년 모델 자동차들에 대한 판매 만족 지수에서 재규어가 캐딜락, 볼보와 함께 공동 1위를 차지하면서 더 많은 보상을 받았다. 데일은 고전적인 섀클턴 같은 움직임으로 그 업적에 대한 광범위한 공로를 인정했다. "작업 현장에 있는 사람들에서 이곳 미국에 있는 고용인들과 전국 도처에 있는 딜러들에 이르기까지, 우리 팀의 모든 구성원들은 이러한 이정표에 도달하는 데 중요한 역할을 했습니다."

다음 해 더 좋은 소식이 다가왔다. S-Type 자동차의 성공에 힘입어 2000년 첫 5개월의 미국 판매량이 1999년 한 해에 비해 이미 80% 증가했다. 데일은 재규어사에서 42년을 근무한 뒤 은퇴했다.

그는 1955년 20세의 나이에 영국의 자동차 산업에서 경력을 시작해 소매업 쪽에서 일했다. 그는 1957년 브리티시 모터 코퍼레이션(British Motor Corporation)의 영업부에 합류해 아프리카와 라틴 아메리카에서도 일했다. 1966년 그는 BMC 영업부장으로 미국으로 이주했다. 1970년, 일련의 기업 인수 후 그는 재규어사의 다른 부서들 가운데 판매에 대한 책임을 맡았다. 그는 독립된 유통 지역에 관한 재규어의 낡은 시스템을 제거하고, 품질 문제와 소비자 만족을 더 잘 처리하기 위해 보다 강력한 딜러망을 확립했다. MG와 트라이엄프 모델의 종말에 이어 그는 1980년 대에 오직 재규어에만 집중하도록 그 회사를 구조 조정하는 데 중요한 역할을 했는데, 그 무렵에는 미국이 그 회사의 최대 시장이기 때문이었다. 그는 1985년에 영업과 마케팅의 선임 부사장으로 임명되었다.

북미 재규어의 사장이 된 뒤 데일은 직장 분위기를 조성하는 데 비즈니스 리더가 얼마나 중요한 역할을 하는가를 깨달았다. "나의 보디랭귀지, 나의 행동 양식, 그리고 나의 말투가 회사의 모든 것에 영향을 미쳤습니다."라고 그는 말한다. "아침에 내가 화를 내면 10시 반 즈음에는 이미 미국 전역에 퍼져 있었습니다."

데일은 자신의 일과 사무실 밖에서의 생활 간의 균형을 유지함으로써 경력 전반에 걸쳐 자신의 사기를 북돋웠다. 그는 여러 대의 빈티지 비행기를 소유하고 띄우는 것을 포함해 폭넓은 관심사를 갖고 있다. 전직 영국 공군의 구성원이었던 그는 뉴욕 주 엘미라(Elmira) 소재 국립 군용기 박물관(National War Plane Museum)과 실험용 경항공기 협회 재단(Experimental Aircraft Association Foundation)의 이사이다. 또한 로드 레이싱 드라이버 클럽(Road Racing Drivers Club) 회원이며 자신의 오스틴 힐리 스프라이트(Austin Healey Sprite, 1958년부터 1971년까지 영국에서 생산된 소형 오픈 스포츠카—역자 주)를 타고 일련의 레이스에서 우승한 뒤 1973년도 아메리카 스포츠카 클럽(Sports Car Club of America)의 내셔널 클래스 챔피언으로 선정되었다. 그는 이전에 버지니아에 근거지를 두었던 회사의 그룹 44(Group 44) 레이싱 팀이 만든 재규어 자동차를 시승한 것으로 알려져 있다.

데일은 섀클턴을 낙관주의의 훌륭한 연구 대상으로 간주한다. "그는 사정이 아무리 나빠지더라도 살아남지 못할 것이라는 기색을 결코 보이지 않았습니다."

그는 많은 어려움에도 불구하고 긍정적 전망을 유지하는 데 있어 "섀클턴에 맞먹는" 어머니를 두었다는 이점이 있었고, 그녀는 아들에게 할 수 있다는 정신을 고취시켰다고 데일은 덧붙였다. "어머니는 섀클턴과 마찬가지로 부정적인 기질이 없었습니다."라고 그는 말한다.

데일에게 그런 종류의 정신은 진정한 리더십과 단순한 관리를 명백히 구분하는 것을 도와준다. "관리되는 사람들은 단순히 무엇을 해야 하는지 지시받습니다."라고 그는 말한다. "적절한 지도를 받는 사람들은 가능한 한 최선의 방법으로 일을 완수하는 데 필요한 것은 무엇이든 하도록 동기 부여를 받으며, 그래서 많은 지시를 필요로 하지 않습니다."

# PART 8

# 함께한 사람들에게
# 당신을 각인시켜라

나는 스콧, 섀클턴, 그리고 모슨과 함께 근무했고 난센, 아문센, 피어리, 쿡,
그리고 다른 탐험가들을 만난 적이 있는데, 내 생각에 리더십의 모든 장점,
위험에 직면했을 때의 냉정함, 곤경에 처한 때의 자원, 결정의 신속함,
변치 않는 낙관주의, 다른 사람들에게 똑같은 것을 주입하는 능력,
조직에 대한 놀랄 만한 천재성, 부하들에 대한 배려, 자기 파괴에 대해,
참된 영웅이자 신사인 섀클턴에게 영예를 주어야 한다.

프랭크 와일드, 님로드호 탐험대 선원, 인듀어런스호와 퀘스트호 탐험대 부대장

## 유산을 남기다

섀클턴은 1922년 1월 5일 사망했다. 퀘스트호 탐험을 위해 보스와 함께 서명을 하고 참가했던 인듀어런스호 선원 8명 중 7명이 자신들의 지도자에게 경의를 표하기 위해 그의 무덤 주위에 함께 모였다.

좌로부터: 프랭크 워슬리, 프랭크 와일드, 제임스 맥클로이, 찰스 그린, 토머스 맥러드, 알렉산더 맥클린, 그리고 A J. 커.

리더십에 관한 섀클턴의 생각

- ◆ "세상에는 좋은 것들이 많지만 나는 동지애가 그 모든 것들 중에서 당신이 다른 녀석을 위해 뭔가 큰일을 할 수 있음을 알기 위한 최선의 것이라 확신한다."

- ◆ "낙관주의는 진정한 도덕적 용기이다."

- ◆ "리더십은 좋은 것이지만 그 나름의 여러 가지 불이익들이 있다. 그리고 그중 가장 큰 불이익은 외로움이다."

- ◆ "사람은 자신을 직접 새로운 특색에 적합하게 맞추어야 한다."

- ◆ "당신 부하들의 충성심은 당신이 짊어지고 있는 신성한 믿음이다. 그것은 결코 배신해서는 안 되며 당신이 부응해야 하는 것이다."

- ◆ "나는 종종 성공과 실패를 구분하는 가느다란 선에 놀라곤 했다."

- ◆ "당신은 종종 그들로부터 진실뿐 아니라 진실에 관한 당신의 감정을 숨겨야 한다. 당신은 사실이 당신에게 전적으로 불리하다는 것을 알지도 모르지만 그렇다고 말해서는 안 된다."

- ◆ "만약 당신이 리더, 다른 친구들이 의지하는 친구라면, 당신은 계속 나아가야 한다."

"그는 마음이 너무 젊어서
우리들 중 누구보다도 더 어려 보였다."

— 제임스 맥클로이(James A. McIlroy), 인듀어런스호와 퀘스트호의 선의

 

 

섀클턴은 남극을 종단하는 꿈을 이루지 못한 데 대한 실망에도 불구하고 그가 성취한 것을 자랑스러워 했다. 배가 얼음에 부서졌을 때부터 그의 목표는 단 하나, 부하들을 모두 무사 귀환시킨다는 것이었다. 그는 자신의 신앙과 지칠 줄 모르는 낙관주의에 힘입어 25년 넘는 해상 활동에서 그가 배웠던 모든 것을 사용해 그것을 해냈다. 섀클턴은 문명사회로 돌아온 직후 아내에게 "나는 신의 섭리에 따라 지금까지 북쪽이나 남쪽의 극지에서 있었던 재난으로부터 최대의 구조를 수행하는 수단이었다"고 편지를 썼다.

섀클턴은 모든 기회를 전진의 수단으로 바꿔 놓을 수 있는 재능이 있었다. 평상시라면 그는 틀림없이 그의 극적인 구조를 재빨리 활용해 또

다른 야심찬 탐험을 위한 발판으로 만들었을 것이다. 사실은 그렇지 않았으므로 그는 남미, 호주, 뉴질랜드, 그리고 미국 전역에 걸쳐 영웅으로 칭송받았다. 그는 단지 생존하기 위해 그가 사용했던 모든 지식, 에너지, 경험, 그리고 전문 지식을 취해 그와 국가에 보상을 가져다 줄 업적에 집중하기를 갈망했음에 틀림없었다.

그러나 1917년 봄 그가 영국에 돌아왔을 때, 전쟁은 여전히 자원을 고갈시키고 있었다. 섀클턴은 즉시 전쟁성에서 일을 했다. 그 후 2년 동안 그는 자신의 재능을 바쳐 먼저 남미로 가서 영국의 대의에 대한 지지를 모았고, 그 다음 러시아 북부에서 군대와 장비의 수송에 관한 일을 했다.

1920년 초 섀클턴은 다시 극지 탐험에 관심을 돌릴 수 있었다. 덜위치 동창생 하나가 그의 탐험 계획에 자금을 대기 위해 나섰고 섀클턴의 옛 멘토인 왕립 지리협회의 휴 로버트 밀이 그 탐험의 과학 프로그램 고안을 도왔다. 1년의 준비 후 섀클턴은 영국 해양학 및 아남극 탐험(British Oceanographic and Sub-Antarctic Expedition)을 시작했다. 목표는 남극을 일주 항해해 해안선의 해도를 작성하고, 그 지역의 외딴 섬들을 탐사하고, 광범한 해양 연구를 수행하는 것이었다. 늘 새로운 기술의 선두에 섰던 섀클턴은 수상비행기 1대를 가지고 갔다.

충성심과 불굴의 정신을 보여주며 인듀어런스호 동료 8명이 18명의 탐험대원 중의 일부로 합류했는데 그들은 부대장 프랭크 와일드, 선장 프랭크 워슬리, 닥터 알렉산더 맥클린, 닥터 제임스 맥클로이, 기상학자 레너드 허시, 기관사 A. J. 커(Kerr), 숙련 선원 토머스 맥러드, 그리고 조리사 찰스 그린이었다. 퀘스트호는 1921년 9월 18일 영국을 떠났다.

건강이 한동안 나빠지고 있었기 때문에 섀클턴은 47세보다 훨씬 더 늙어 보였다. 리우에서 그는 심장 발작으로 고생했지만 맥클린이 자신을 진찰하지 못하게 했다. 보스는 병에 굴복하기를 완강히 거부하고 자신의 계획들을 밀어붙였다.

그 탐험대는 시작부터 불운이 따랐다. 그 배는 무수한 구조적 문제가 있었기 때문에 여러 항구에서 광범한 수리를 받아야 했다. 크리스마스 날에 퀘스트호는 강풍에 휘말려 5일 동안 붙잡혀 있었다. 대원들은 사우스조지아에 접근했을 즈음 기진맥진해 있었다. 보스는 피로에도 불구하고 어느 날 맥클린이 당직을 세우기 위해 워슬리 선장을 깨우는 것을 말리고 그에게 말했다. "자네들은 지쳤기 때문에 잘 수 있는 잠을 모두 자야 해." 3일 뒤 그는 "난 늙고 피곤하지만 언제나 앞장서야 한다"고 일기에 적었다.

퀘스트호는 1922년 1월 4일 사우스조지아의 그리트비켄 항에 들어갔다. 섀클턴은 향수로 가득 차 있었다. 그는 그의 놀라운 보트 여행과 자신이 2명의 동료와 함께 걸어서 섬을 횡단한 이야기들로 새로운 대원들을 즐겁게 해 주었다. 자신의 본령으로 돌아와 행복한 그는 "경이로운 저녁"이었다고 그날 밤 일기에 적고는 "어두워지는 황혼 속에서 나는 만 위로 외로운 별 하나가 보석처럼 허공을 맴도는 것을 보았다"는 한 줄의 간단한 시구로 그날의 기록을 마쳤다. 몇 시간 뒤 1월 5일 이른 아침, 보스는 심장 발작으로 사망했다.

언젠가 섀클턴은 한 친구를 위해 자신이 인생과 리더십을 어떻게 보는지 요약한 적이 있었다. "어떤 사람들은 인생을 일종의 게임으로 간주하는 것이 틀렸다고 말한다. 나는 그렇게 생각하지 않는다." 그는 다음과 같이 말했다. "내게 인생은 모든 게임들 중 가장 큰 것이다. 그것을 사소한 게임, 대수롭지 않게 여겨지는 게임, 규칙이 별로 중요하지 않은 게임으로 여기는 데 위험이 있다. 규칙은 매우 중요하다. 게임은 공정하게 진행되어야 하며 그렇지 않으면 그것은 전혀 게임이 아니다. 그리고 게임에 이기는 것조차 주요한 목적이 아니다. 주목적은 영예롭게 그리고 멋지게 게임을 이기는 것이다. 이 주목적에는 여러 가지가 필요하다. 충성심이 그 하나이고 또 다른 것으로는 규율이 있다. 이타심, 또 용기가 필요하다. 낙관주의도 필요하고 기사도 정신도 필요하다."

그 목록에 지성을 추가해야 한다. 섀클턴의 기사도 정신과 매력은 생전에 그에게 성공의 길을 열어주었을지 모르나 그가 사망한 지 수십 년이 지난 후 그의 전략의 지속성은 시대를 초월하는 상식과 지성에 기초를 두고 있다. 우주 탐험가, 진보적 군사 지도자, 과학자, 혁신적 교육자, 인터넷 개척자, 새로운 경제, 서비스 분야 그리고 전통적 제조업의 회사 중역 등 이 책에 나타난 보스가 고무하고 감동시켰던 사람들의 예를 생각해보라.

섀클턴은 오늘날 우리들이 전략이라고 부르는 것, 즉 자신의 리더십의 "정신적 측면"에 관한 책을 쓰지 못했다는 사실에 좌절했다. "뒤돌아보면 그것은 나의 가장 많은 흥미를 끄는 부분이다."라고 그는 말했다. 그 대신 그는 언제나 인기 있는 모험 이야기를 쓰는 것을 택했다. 이 책은 섀클턴이 그의 경험과 업적에 관해 설명하기 원했던 것을 제공하려 한다.

섀클턴이 사망한 지 19년 후 왕립 지리협회는 런던 본부에 그의 조각

상을 설치했다. 헌정식에서 그 프로젝트의 주요 기부자인 제틀랜드 경 (Lord Zetland)은 앞으로 몇 년간 그 탐험가가 주로 님로드호 탐험으로 기억될 것이라 예측했다. 새로운 영토와 발견 면에서 그것이 그의 가장 큰 성공이라고 판단한 것이다.

시간은 그것과 달리 입증해 보였다. 결국 리더십은 단지 목표에 도달하는 것 그 이상이다. 그것은 남들이 큰일을 성취하도록 고무하고 그들에게 계속해서 성취하기 위한 수단과 자신감을 제공하는 것이다. 보스는 부하들 모두가 자기 재능의 잠재력을 최대한 발휘하게 했고 그가 이끌었던 대원들에게 평생의 영향을 미쳤다. "섀클턴의 사람은 영원히 섀클턴의 사람이다."라고 님로드호 지질학자 레이먼드 프리스틀리는 말했다. 그는 섀클턴 사후 몇 년 후 자신이 스콧의 테라노바호 탐험에서의 역할로 더 잘 알려져 있다는 사실에도 불구하고 그렇게 말했다.

물론 섀클턴의 경우, 부하들에 대한 그의 지원에는 함께 일한다는 것이상으로 오래 지속되는 매우 인간적인 측면이 있었다. 닥터 제임스 맥클로이는 한 인터뷰 진행자에게 그가 전투에서 입은 부상으로 14개월 동안 런던의 어느 병원에 입원했을 때 섀클턴이 그의 병상을 끊임없이 방문했다고 말했다. 선원 월터 하우가 재정적 위기에 직면하자 섀클턴은 그조차 거의 흑자가 아니었음에도 불구하고 그를 도와주었다.

그는 보스와 보호자가 되는 것을 결코 멈출 수 없었다. 집으로 돌아온지 한 달 후인 1917년 1월, 섀클턴은 톰 크린에게 최선을 다하라고 격려하는 다음과 같은 감동적인 편지를 썼다. "이제 자네의 일에 관해 내가할 수 있는 것은 별로 없는데, 나는 자네가 그 임무에 적격이라고 여겨지

려면 이 쉬운 시험을 절대적으로 통과해야 한다는 말을 들었기 때문이
네. 힘을 내 달려드는 게 어떻겠나? 해보게나. 그것이 자네에겐 큰 의미
가 있네. 남들은 육군 장교로 임관된다고 자네는 말하는데 육군은 해군
과 다르네. 훈련도 어렵지 않고 병사는 서너 달이면 만들어지나 선원이
되려면 수년이 걸린다네. 자네는 어떤 항해 업무도 두려워하지 않으니
사소한 시험이 자네를 이기지 못하게 하게나."

섀클턴이 사망한 지 몇 달 뒤, 퀘스트호에 합류했던 8명의 인듀어런스
호 승무원들 중 7명이 사우스조지아로 돌아가 경의를 표하고 그들의 지
도자의 무덤 옆에서 사진을 찍었다. 에밀리 섀클턴은 자기 남편을 그가
가장 사랑했던 장소에 묻어 달라고 요청했고, 그는 그리트비켄 공동묘지
의 고래잡이들 무덤 가운데 영면하도록 안장되었다.

인듀어런스호 승무원들은 보스가 자신들의 생명을 구해 준 것을 항상
고마워했지만, 그들은 더 나아가 일종의 부채감과 헌신을 느꼈다. "나는
우리들 모두 그를 알게 된 것이 훨씬 나았다고 확신하고, 그의 본보기가
우리로 하여금 인생을 일부 사람들처럼 사소하고 작게 보지 않고 보다
크게 보게 했다고 확신한다"고 허시는 적었다.

워슬리는 "그의 정신의 일부는 아직도 우리에게 살아남아 있음에 틀림
없다"고 덧붙였다.

섀클턴의 유산은 극복할 수 없어 보이는 역경에 맞서 인내하는 방법에
관한 그의 본보기였다. 어느 남학교 교장이 그에게 어떤 조언을 전하고
싶은지 물었을 때, 섀클턴은 그에게 다음과 같이 말했다. "당신의 학생들
에게 내가 줄 수 있는 유일한 메시지는 곤경과 위험과 실망 속에서 결코

희망을 포기하지 말라는 것입니다. 최악의 상황도 언제나 극복할 수 있습니다."

새클턴은 자신의 자녀들에게 미래에 관해 조언을 할 만큼 오래 살지는 못했다. 그러나 그가 자신의 발자취를 따르라고 자녀들을 고무했거나 말렸을 가능성은 없다. 새클턴은 인생에서 사람들이 자신들만의 여행을 해야 하고 그들만의 선택을 해야 한다고 생각했다. 그러나 그의 막내아들 에드워드는 한정된 경험에도 불구하고 탐험에 대한 평생의 관심을 유지함으로써 부친의 유산을 살아 있게 만들었다. 그는 1932년 보르네오의 물루 산(Mount Mulu)을 등정한 최초의 서구인이 된 공로로 왕립 지리협회로부터 훈장을 수여받았고, 2년 후 북극 지역을 여행했다. 더 나아가 그는 아버지를 꼭 닮은 아들임을 보여주듯 북극의 목적지를 "젊은이들이 열등감을 치유하고 소녀들과 대화하는 법을 배우기 위해 가는 장소"라고 익살스럽게 묘사했다. 작가이자 많은 진보적 사회운동의 옹호자였던 새클턴 경(Lord Shackleton)은 생의 대부분을 정무직에 헌신했고 상원의 노동당 간부가 되었다. 그는 1994년 83세의 나이에 사망했다.

1999년 샌디애고 소재 캘리포니아 대학교 가정의학 및 예방의학 교수 로렌스 팰린커스(Lawrence A. Palinkas)는 우주에서 장기 임무를 수행하는 우주비행사들의 이상적 리더를 위한 모델을 제시하라는 요청을 받았다. 딕터 팰린커스는 16개국이 제휴한 국제 우주 정거장에서 일하기 위해 선택된 미국인들을 훈련시키는 나사 프로그램에 관여하고 있다. 우주정거장은 2005년까지 완공하기로 예정되어 있었던 지구 상공 200마일 이상 떨어져 있는 600억 달러의 연구 시설이다. 그는 팀워크와 단체

생활, 그리고 장기간 동안 비좁고 갑갑하고 격리된 환경 속에서 대처하는 데 성공한 인물을 찾아야 했다.

그는 섀클턴을 생각했다. "모든 극지 탐험가들 중에서 나는 그를 가장 존경합니다."라고 닥터 팰린커스는 말하는데 그는 극한 환경에 대한 심리사회적 적응에 관한 연구의 일부로서 남극에 6번 다녀온 적이 있다. "섀클턴에 관해서 인상 깊었던 것은 그의 융통성—필요한 경우에는 패배를 기꺼이 인정하는 마음과 필요하면 기꺼이 초인적 위업을 수행하는 마음이었습니다. 나는 어떤 다른 특성보다도 융통성이나 적응성이 극한의 격리된 환경 속에서 살아가는 데 필수적이라고 생각합니다."

닥터 팰린커스는 또한 섀클턴이 일관되게 그의 대원들에게 동기를 부여하는 방식을 존경하고, 섀클턴의 민주적 스타일이 격리된 집단의 가장 큰 문제 중 하나인 파벌로 쪼개지는 경향을 방지할 수 있었다고 믿었다. "그러나 리더로서 섀클턴이 시간과 공간을 초월할 수 있게 해주는 것은 그의 용기와 이러한 적응성입니다."라고 닥터 팰린커스는 덧붙인다. "그런 자질들로 그는 화성까지의 우주 비행 임무의 이상적 리더가 될 수 있었습니다."

아마도 가장 중요한 지도자의 척도는 시간이 경과해도 지속하는 재능의 적합성일 것이다. 섀클턴의 유산은 오래 지속되었을 뿐 아니라 상당히 광범해졌다. 그의 인기는 일반적인 만족감이 낙관주의와 인간의 잠재성에 대한 믿음을 낳을 때 부활하는 것처럼 생각된다. 세기 중반에 우주 경쟁에 앞선 많은 과학 및 기술적 진보들 속에서 섀클턴은 마저리(Margery)와 제임스 피셔(James Fisher)와 알프레드 랜싱(Alfred

Lansing)이 저술한 두 권의 주목할 만한 책의 주제로 부상했다. 섀클턴은 경기 호황이 기술의 도약과 개척적인 연구에 대한 열정을 가져오던 세기말에 다시 전면에 등장했다.

그 두 시기 사이에 우리는 얼마나 많은 개인적 도전과 특별한 프로젝트들이 섀클턴에 의해 고취되었는가를 상상할 수 있다. 그의 본보기는 많은 인격적인 특성들을 망라한다. 1909년 엄청난 인기를 누리던 섀클턴은 런던의 가장 빈곤한 지역 출신의 남성들과 소년들에게 교육과 오락을 제공한 클럽인 브라우닝 정착촌(Browning Settlement)의 대표가 되었다. 그 첫해에 그는 자신이 좋아하는 "용감한 사람들에게는 최악의 상황이 최선으로 변한다"는 "Prospice"의 시구가 적혀 있는 그 정착촌의 배지를 선물 받았다. 그는 1917년까지 그 정착촌의 공식 대표로 남아 있었다. 섀클턴 전기 작가 밀(H.R. Mill)은 섀클턴이 "그곳이 현실과 시에 더 가깝기 때문에" 상류층 단골 장소보다 그 클럽을 더 좋아했다고 적었다. 거기서 섀클턴은 "남성 노동자들을 형제로서 환영해 맞았는데, 그가 그들에게 말했듯 그는 칠레의 이퀴퀴(Iquiqui)에서 탔던 첫 배의 갑판 위에서 삽으로 석탄을 떠낸 이래로 죽 노동자였기 때문이었다."

공동체에 대한 섀클턴의 의무감으로 인해 그는 또한 오늘의 중역들과 특히 관련이 있게 되었다. "우리가 어떤 직업을 갖고 있든 그의 용기와 결단력은 우리 모두를 위한 모델이 될 수 있다"고 존 화이트헤드(John C. Whitehead)는 말한다. 그는 1999년 배우이자 사업가 겸 자선가인 폴 뉴먼(Paul Newman)과 함께 최고 경영자들에게 회사의 자선 기부 확대를 요청하는 자선 고무 위원회(Committee to Encourage Corporate

Philanthropy)를 발족시켰다. 그 위원회의 목표는 2004년까지 미국의 연간 기업 기부 총액을 50% 증가시켜 150억 달러를 달성하는 것이었다.

"결단력은 사업 성공의 중요한 부분이며, 일반적으로 인식되는 것보다 더 중요한 요소일 것이다."라고 화이트헤드는 덧붙여 말하는데 그는 또한 1999년에 새로이 생성된 골드만삭스 재단(Goldman Sachs Foundation)의 회장이 되었다. 그는 골드만삭스에서 37년 근무했으며 그곳에서 공동 회장과 투자 은행 회사 대표가 되었다.

화이트헤드는 사업가들이 예산을 편성하고, 목표를 설정하고, 성과를 모니터링하고, 직원들로부터 어려운 일을 얻어내고, 돈을 마련하는 그들의 뛰어난 능력 때문에 직장 밖에서 소중한 기여를 할 수 있다고 믿는다. 현지에서 그리고 전 세계적으로 사람들과 지역 공동체를 돕는 것은 회사 지도자들에게는 단순히 이타적 목표가 아니라고 그는 말한다. "그것은 고용인과 소비자들의 상황을 개선하고, 그것이 곧 사업을 위한 건강한 결과이다."

워싱턴 대학교 재정학 교수 조너선 카르포프(Jonathan Karpoff)는 어니스트 섀클턴이 오늘날 그토록 매력적인 이유는 단지 그가 엄청난 역경을 딛고 생존해서가 아니라 중요한 일에 성공했기 때문이라고 믿는다.

"우리는 부하들의 결점과 잠재력 모두를 인식하는 그의 능력과 기꺼이 본보기로 인도하는 그의 마음을 존경합니다. 우리는 그의 힘든 결정에 늘 붙어 다녔던 외로움을 강조합니다. 그리고 우리는 인간의 생명에 대한 존중이 어떤 단기적 상보다 낫다는 그의 이해를 칭찬합니다. 궁극적으로 섀클턴은 성공한 사람인데, 그 사람을 통해 우리가 되고 싶은 사람을 일별할 수 있기 때문입니다."

 섀클턴은 남극점에 깃발을 꽂은 적도 없고, 결코 많은 목표를 만들지도 않았으며, 그가 원하는 만큼 돈을 번 적도 없었다. 그럼에도 그는 자신이 하고 싶은 일을 했으며 역사에 한 자리를 차지할 만큼 그 일을 잘했다. 그의 직장은 창조적이고 생산적이고 즐거웠다. 그는 자기 팀 구성원 모두의 완전한 참여를 고무했기 때문에 큰 일을 성취했다.

 오늘날 섀클턴이 존경받는 이유는 우리가 그의 에너지, 낙관주의, 용기와 동지애, 그리고 멈추지 않는 추진력을 원하기 때문이다.

# 섀클턴의 선원들
## *Shackleton's crews*

**50년 만의 재회**

인듀어런스호 탐험대 생존 대원들이 자신들의 남극 출발 50주년을 기념하기 위해 1964년 8월 런던에서 만났다.

좌로부터: 월터 하우, 찰스 그린, 윌리엄 베이크웰, 알렉산더 맥클린, 라이오넬 그린스트리트, 그리고 제임스 맥클로이.

# 인듀어런스호 승무원

어니스트 섀클턴, 탐험대장

프랭크 와일드, 탐험부대장

프랭크 워슬리, 선장

라이오넬 그린스트리트, 1등 항해사

휴버트 허드슨, 항해장

토머스 크린, 2등 항해사

알프레드 치섬, 3등 항해사

루이 리킨슨, 1등 기관사

A. J. 커, 2등 기관사

알렉산더 맥클린, 선의

제임스 맥클로이, 선의

제임스 워디, 지질학자

레너드 허시, 기상학자

레지널드 제임스, 물리학자

로버트 클라크, 생물학자

제임스 프란시스(프랭크) 헐리, 사진사 겸 영화 촬영 기사

조지 마스턴, 화가

토머스 오드 리즈, 창고관리인 겸 전동기 전문가

해리 맥니쉬, 목수

찰스 그린, 조리사

월터 하우, 숙련 선원

윌리엄 베이크웰, 숙련 선원

티머시 맥카시, 숙련 선원

토머스 맥러드, 숙련 선원

존 빈센트, 숙련 선원

어니스트 홀니스, 화부

윌리엄 스티븐슨, 화부

퍼스 블랙보로, 주방 보조

## 님로드호 승무원(상륙 전초 팀)

어니스트 섀클턴, 탐험대장, 최남단 팀

제임슨 보이드 애덤스, 탐험부대장, 최남단 팀

에지워스 데이비드, 선임 과학자

더글라스 모슨, 과학자

레이몬드 프리스틀리, 지질학자

에릭 마샬, 선의 겸 지도제작자, 최남단 팀

제임스 맥케이, 생물학자 겸 선의

제임스 머레이, 생물학자

필립 브로클허스트, 상륙 전초 팀

조지 마스턴, 화가

프랭크 와일드, 개 썰매 팀, 최남단 팀

버너드 데이, 전동기 전문가

어니스트 조이스, 상륙 전초 팀

조지 아미티지, 상륙 전초 팀

윌리엄 로버츠, 조리사

# 퀘스트호 승무원

어니스트 섀클턴, 탐험대장

프랭크 와일드, 탐험부대장

프랭크 워슬리, 선장

알렉산더 맥클린, 선의 겸 물자 장비 담당

제임스 맥클로이, 선의

레너드 허시, 기상학자

A. J. 커, 기관사

D. G. 제프리, 항해사

찰스 카, 비행사

비버트 더글라스, 지질학자

조지 휴버트 윌킨스, 박물학자

해롤드 와츠, 통신사

제임스 마르, 보이 스카우트 단원

제임스 델, 전기장 겸 갑판장

토머스 맥러드, 숙련 선원

찰스 그린, 조리사

크리스토퍼 나이스빗, 서기

S. S. 영, 화부

H. J. 아글스, 화물 정리 담당

노먼 무니, 보이 스카우트 단원(마데이라 제도에서 귀국 중)

로버트 베이지(마데이라 제도에서 귀국 중)

A. 에릭슨, 작살 전문가(리오까지만 동행)

# 감사의 말
*acknowledgments*

1969년 여름 동안 나는 버몬트 주의 어느 캠프의 작은 오두막집에서 6명의 다른 소녀들과 함께 살며 8주를 보냈다. 이 무리는 우리가 만났던 순간부터 거의 마법에 걸린 것처럼 의기 상통하는 것처럼 보였다. 시즌이 시작된 지 약 2주 후, 우리 오두막 안으로 걸어 들어가는데 순간 남은 6주 동안 우리가 계속 남달리 사이좋게 지낼 수 있을까 하는 생각이 들었다. 우리는 그러지 못했다. 그러나 나에게는 집단 역학(group dynamics, 사회 심리학의 한 분야-역자 주)에 대한 흥미가 생겨났다.

1984년 5월 나는 보스턴 공공 도서관(Boston Public Library)에서 '섀클턴의 보트 여행(Shackleton's Boat Journey)'이란 책을 우연히 발견했다. 다른 많은 사람들과 마찬가지로, 나는 세상과 단절된 채 생명을 위협하는 상황에서 근 2년을 살면서도 상당히 행복하게 그런 경험을 해낸 것처럼 보였던 28명의 남자들에 관한 이야기에 매혹되었다.

나는 인듀어런스호 탐험에 관해 찾을 수 있었던 모든 책들이 내게 얘기해준 것보다 더 많은 것을 알고 싶었다. 나는 누가 누구의 친구들이었는지, 누가 인기가 없었는지, 관리직으로 고용되었지만 그 역할에 부응하지 못한 사람은 누구였는지, 반면에 직원으로 고용되었으나 추가적 책임을 떠맡게 된 사람은 누구였는지를 알고 싶었다. 나는 이들이 정말 어떤 사람들이었는지, 어떻게 그들이 서로 잘 지냈는지, 그리고 무엇이 그들의 놀랄 만한 "일치단결"의 비결이었는지 알고 싶었다. 결국 나는 탐험대원들이 쓴 일기를 찾아내기 위해 세계의 반 바퀴를 여행했다.

그렇게 할 의도는 없었지만 왜인지 모르게 나는 이 매력적인 이야기에 찔리고 압박받고 자극받아 2명의 승무원 토머스 오드 리즈와 프랭크 헐리의 일기를 필사하게 되었다. 내 관심사에 있어 500페이지가 넘는 오드 리즈의 일기가 매우 귀중했다. 그는 1915년 8월 29일 다음과 같이 적었다. "극지 탐험에 관한 다른 모든 책을 읽을 때 지도자의 개성보다 내 흥미를 끈 것은 없었지만, 나는 사람들이 그 지도자 스스로 쓴 이야기만으로는 명료한 의견을 가질 수 없음이 당연하다는 것을 알고 있다. 따라서 나는 절친한 사람에 의한 어니스트 경에 관한 이러한 인상이 독자들에게 다소 흥미롭기를 바란다." 그것은 마치 그가 80년의 먼 옛날로부터 직접 내게 말하고 있는 것처럼 보였다.

1998년 스테파니 케이퍼렐은 월스트리트 저널에 어니스트 섀클턴 경과 그의 놀라운 인듀어런스호 탐험에 관한 기사를 썼다. 저널 독자들의 반응은 엄청났다.

자신의 기사에서 스테파니는 어니스트 경의 리더십에 관한 수년에 걸친 나의 연구를 언급했고 그 기사가 나온 오전 9시경 내 전화기는 그 주제에 대해 책을 쓰는 데 흥미가 있는지를 묻는 편집자로부터의 첫 번째 전화로 울리고 있었다. 다음 해에 걸쳐 나는 범고래, 흉흉한 파도, 얼음에 뒤덮인 폭포, 또는 −그중에 최악인−27명의 동료들과 함께 갇혔던 21개월은 책을 쓴다는 힘겨운 과제에 비하면 아무것도 아니란 것을 알았다.

워슬리 선장이 좋아하는 "쉿" 하는 소리가 그것을 감추어준다.

돌이켜 생각해 보면, 즉시 스테파니에게 연락을 했어야 함이 분명해 보이지만 실제로는 우리 둘이 만나서 이 책에 관해 함께 작업하기로 결정하는 데 거의 1년이 걸렸다. 전 세계를 샅샅이 뒤졌지만 나는 더 나은 공저자를 찾지 못했다. 스테파니와 함께 일한 것은 정말 멋진 경험이었다.

나는 어떤 것은 겨우 제대로 했지만, 데바 소벨의 관대한 안내를 통해 이 프로젝트를 위한 완벽한 에이전트인 마이클 칼라일을 발견한 것이 훨씬 더 빨랐다. 엄청난 믿음의 도약에 대해 마이클 당신에게 감사드린다.

나는 1984년 그날의 작은 책 1권이 결국 나를 남극대륙에서 애버딘까지 데려가 내게 세 대륙에 사는 많은 친구들을 소개해 줄 줄은 전혀 몰랐다.

나는 남극에 관한 광범한 문제들에 관한 지식의 깊이를 넓혀 주었던 수많은 대화에 대해 남극계의 많은 친구들에게 감사하고 싶다. 그랜트 에버리, 데이비드 맥고니걸, 제프 루빈, 주디 핼록, 하딩 더넷, 롭 스티븐슨, 셰인 머피, 조 부게이어, 그리고 마틴 그린과의 대화를 통해 얻어진 그 통찰력은 이 책에 스며들었다.

스콧 극지 연구소의 밥 헤드랜드와 필리파 스미스, 다트머스 대학의 필 크로넨웨트, 왕립 지리협회의 나이젤 윈저와 요안나 스캐든, 내셔널 지오그래픽의 발레리 매팅리, 덜위치 칼리지의 얀 피곳, 미첼 도서관의 스티븐 마틴, 알렉산더 턴불 도서관의 데이비드 레터, 그리고 아드리아나 압데너에게 우리들의 감사를 전한다.

어니스트 경과 프랭크 워슬리에 관한 기억들을 우리에게 공유해 준 아서 홀에게 특별한 감사를 드린다.

우리를 소개해 준 캐롤라인 알렉산더에게 감사드린다.

나는 어니스트 경에 관한 광범한 주제들에 관해 토의하면서 보낸 기분 좋은 어느 오후에 대해 롤란드 헌트포드에게 감사드린다.

원고에 대한 전문적인 도움을 준 엘렌 그레이엄에게 감사드린다.

멘토이자 롤 모델이 되고 내게 섀클턴 방식의 생생한 본보기를 제공해 준 나의 소중한 친구 주디 하버콘에게 감사드린다.

우리는 이 책에 대한 비전을 함께해 준 데 대해 펭귄 퍼트넘 출판사의 클레어 페라로, 사라 베이커, 덕 그래드, 루이스 버크, 캐롤린 니콜스, 아이번 헬드, 폴 버클리, 그리고 루시아 왓슨에게 감사드린다.

스테파니와 나는 그들의 아버지, 할아버지, 삼촌 그리고 사촌들에 대한 살아 있고 영감을 주는 연결고리를 제공해 준 인듀어런스호 탐험대원의 후손들에게 감사드리고 싶다.

특히, 가족과 친구들에 대한 많은 소개를 통해 어니스트 경에 관한 우리의 지식을 확장시켜 준 알렉산드라 섀클턴에게 감사드린다. 우리는 어니스트 경의 초기 해상 경력과 그 시절이 어떻게 그의 리더십 스타일을 형성했는지에 관해 대화를 나눈 제레미 라르켄에게 감사드리고, 어니스트 경의 퀘이커 뿌리와 아일랜드 유산, 사촌의 어린 시절 인상에 관한 통찰력 있는 논평에 대해 페기 섀클턴 라르켄에게 감사드린다. 우리는 섀클턴 가의 자원이 되어 준 조녀선 섀클턴에게 감사드린다.

우리는 톰 크린의 후손들인 브렌던과 제라드 오브라이언에게 기억에 남는 대화와 그들의 할아버지와 어니스트 경 사이에 주고받은 감동적인 서신을 사용할 수 있게 해 준 것에 감사드리고 19세기 아일랜드인들에 관한 예리한 관찰에 대해 휴 크린에게 감사드린다.

우리는 삶에 대한 열정과 모험에 대한 정열로 아버지를 살아 있게 만들어 준 토니 헐리 무니와 아델리 헐리에게 감사드린다.

무엇보다도 나는 맥클린 가족에게 대단히 감사하고 있다. 1950년대에 알렉산더 닥터 맥클린은 섀클턴의 전기 작가 마저리와 제임스 피셔와 알프레드 랜싱을 위해 특별한 자원이 되어 주었다. "사실들"로 그들을 대변하고 "과장 없이" 그 이야기를 말할 것 외에는 아무 것도 요구하지 않고, 닥터 맥클린은 시간과 정신에 관한 비할 데 없는 관대한 마음으로 편지에 답하여 자기 자신과 그의 논문을 사용할 수 있게 해주었다.

닥터 맥클린의 자녀들을 만나기 2년 전, 나는 마저리와 제임스 피셔가 1950년대에 섀클턴 탐험대의 생존 대원들과 했던 인터뷰를 읽어 보았다. 닥터 맥클린의 인터뷰가 빼어났다. 40년이나 떨어진 옛날로부터 그의 인격이 빛을 발했다. 그는 재미있고, 동료들의 성격에 관한 통찰력이 풍부했으며, 놀랄 만한 기억력을 지니고 있었고, 무엇보다 솔직하고 공평했다. 어니스트 경이 그를 그 자리에 고용한 것은 당연했다.

그들의 마음과 가정, 섀클턴에 관한 자료의 보물창고를 열어 준 데 대해 나는 샌디와 리처드 맥클린에게 영원히 감사드릴 것이다.

그리고 마지막으로, 언제나 늘 그곳에 있어 주신 사랑하는 나의 아버지에게 감사드리고 싶다.

마고 모렐

나를 섀클턴 이야기에 소개시켜 준 나의 쌍둥이 수잔 코터에게 감사의 말을 전하고 싶다. 색다른 사업 이야기 속의 잠재력을 보았던 월스트리트 저널 편집장 마이크 밀러, 이 프로젝트에 합류하도록 날 초청해 준 마고 모렐, 책을 쓰는 기술과 우주 비행 계획에 관한 연구를 도와 준 마이클 디쿠치오, 많은 관대한 행위로 큰 도움을 주었던 뉴욕 주 아스토리아에 있는 나의 친구와 이웃들에게 감사드리고 싶다.

스테파니 케이퍼렐

# 참고문헌
*bibliography*

## Books

Amndsen. Roald. The South Pole. London: John Murray, 1912

Armitage. Albert B. Two Years in the Antarctic. London: Edward Arnold, 1905.

Back, June Debenham, ed. The Quiet Land: The Antarctic Diaries of Frank Debenham. London: Bluntisham Books, 1992.

Begbie, Haroid. Shackleton: A Memory. London: Mills and Bacon, 1922.

Beracchi, Louis C. Saga of the Discovery. London: Blackie and Son, 1938.

Bickcel, Lennard in Search of Frank Hurley. South Melbourne: Macmillan, 1980.

———. Mawson's Will. New York: Stein and Day, 1977.

———. Shackleton's Forgotten Men. New York: Adrenaline Classics, 2000

Bruce, Wiliam S. Polar Exploration. New York: Henry Holt and Company, 1911.

Cherry-Garrard, Apsley. The Worst Journey in the World: Antarctic 1910-1913, 2 vols. London: Constable, 1922

Cook, Dr. Frederick A. Through the First Antarctic Night, 1898-1899. New York: Doubleday&McClure Co., 1900.

Crossley, Louise, ed, Trial by Ice: The Antarctic Journal of John King Davis. Bluntisham Books, 1997

Doorly, Charles S. The Voyages of the Morning. London: Smith, Elder&Co. 1916.

Dunnett, Harding McGregor. Shackleton's Boat: The Story of the James Caird. Benenden: Neville&Harding Ltd., 1996

Eliot, T. S. The Waste Land and Other Poems. London: Faber&Faber, 1940.

Fisher, Margery and James, Shackleton. London: Barrie, 1957.

Fleming, Fergus, Barrow's Boys. London: Granta Books, 1998.

Fuchs, Sir Vivian, The Crossing of Antarctica, Boston: Little, Brown and Company 1958.

Furlong, Nicholas, Fr. John Murphy of Boolavogue, 1753-1798, Dublin: Geography Publications, 1991.

Furse, Chris. Elephant Island, Shrewsbury: Anthony Nelson, 1979.

Gilles, Daniel. Alone. Boston: Sail, 1976

Gordon, Andrew. The Rules of the Game. London: John Murray, 1996

Gurney, Alan. Below the Convergence: Voyages Toward Antarctica, 1699-1239. New York: W. W. Norton, 1997

Hattersley-Smith, Geoffrey, ed. The Norwegian with Scott: Tryggve Gran's Antarctic Diary 1910-1913. London HMSO Books, 1984.

Hayes, J. Gordon. Antarctica. London: The Richards Press, 1928

Huntford, Roland. Scott&Amundsen. New York: G. P. Putnam's Sons, 1980.

———. Shackleton. New York: Atheneum, 1986.

Hurley, Frank. Argonauts of the South. New York and London: G. P. Putnam's Sors, 1925.

Hussey, L D.A. South with Shackleton. London: Sampson Low, 1949.

Joyce, E. M. The South Polar Trail. London: Duckworth, 1929.

King. H. G. R., ed. The Wicked Mate: The Antarctic Diary of Victor Campbell. Harleston: The Erskine Press, 1988.

Lansing, Alfred. Endurance. New York: McGraw Hill, 1959.

Lieder, Paul Robert; Lovett, Robert Morss; Root, Robert Kilburn, eds. Britsh Poetry and Prose. rev. ed. Cambridge: The Riverside Press, 1938

Marr, Scout (James W.). Into the Frozen South. London: Cassell, 1923

Martin, Stephen. A History of Antarctica. Sydney: State Library of New South Wales Press, 1996

Maslow, Abraham. Eupsychian Management: A Journal. Homewood: Richard D. Ir-win, Inc. and The Dorsey Press, 1965

Mawson, Douglas. The Home of the Blizzard. New York: St. Martin's Press, 1988.

Maxtone-Graham, John. Safe Return Doubtful. New York: Barnes&Noble Books, 1999.

Mill, Hugh Robert. The Life of Sir Ernest Shackleton. London: William Heinemann, 1923.

———.The Siege of the South Pole. London: Alston Rivers, 1905.

Mills, Leif. Frank Wild, Whitby North Yorkshire: Caedmon of Whitby. 1999.

Mountevans, Admiral Lord. Adventurous Life. London: Hutchinson, 1948.

———. The Antarctic Challenged. London: Staples Press, 1955.

———. South with Scott, London and Glasgow: Collins, n.d.

Murray, George, ed. The Antarctic Manual. London: Royal Geographical Society 1901.

Murray, James, and Marston, George. Antarctic Days. London: Andrew Melrose, 1913.

National Science Foundation, Division of Polar Programs. Survival in in Antaretica. Washington DC, 1984 Edition.

Ommanney, F. D. South Latitude. London: Longmans, Green Green and Co., 1938.

Priestley, Raymond. Antarctic Adventure: Scott's Northern Party London: T. Fisher Unwin, 1914.

Pynchon, Thomas. V. New York: Perennial Classics, 1999.


Richards, R. W. The Ross Sea Shore Party. Cambridge: Scott Polar Research Institute. 1962.

Rubin, Jeff. Antarctica. Hawthorne: Lonely Planet, 1996.

Scott Captain Robert Falcon. The Voyage of the Discovery, "New Edition,"' 2 vols. New York- Charies Scribner's Sons, 1906.

Service, Robert. The Spell of the Yukon. New York: Dodd, Mead&Company. 1941.

Shackieton, Sir Ermest. The Heart of the Antarctic. Philadelphia: J. B. Lippincott, 1909.

———. South. London: Wiliam Heinemann, 1919.

Shute, Nevil, Slide Rule: The Autobiography of an Engineer. London: William Heinemann, 1954

Stewart, John, ed. Antarctica: An Encyciopedia. Jefferson NC and London: McFar-land&Company, Inc. 1990

Tayior. A. J. W. Antarctir Psychology. DSIR Bulletin no. 244. Wellington: Science Information Publishing Centre, 1987.

Taylor, Griffith. Joureyman Tayior. London: Robert Hale Limited, 1958.

———. With Scott: The Siver Lining. London: Smith, Elder and Co. 1916.

Wild, Commander Frank. Shackleton's Last Voyage. London: Cassell, 1923.

Wilson, Edward. Diary of the Discovery Expedition. New York: Humanities Press 1967.

Worsley, Frank Arthur. Endurance. New York: Jonathan Cape and Harrison Smith, 1931.

———. First Voyage in a Square-Rigged Ship. London: Geoffrey Bles, 1938.

———. Shackleton's Boat Journey. London: The Folio Society, 1974.
———. Shackleton's Boat Journey. With a narrative introduction by Sir Edmund Hillary. New York: W. W. Norton, 1977.


## Articles and Monographs

"A Brixham Man Who Shared Shackleton's Journey," Herald Express, October 6, 1960.
"About Lieutenant E. H. Shackleton," Royal Magazine, June 1909.
Dunsmore, James, "Shackleton of the S. S. Flintshire," The United Methodist, May 4. 1922.
"England's Latest Hero," Pearson's Weekly, April 8, 1909
Field, vol. 118, 1911.
Hallock, Judith Lee, "Profile Thomas Crean," Polar Record, 22 (141),1985.
"Heart of the Antarctic," Daily Telegraph, November 4, 1909.
"Lieut. Shackleton's Homecoming," The Daily Mirror, June 14, 1909.
"Lieutenant Shackleton's Achievement," Evening Telegraph, (Dublin), March 24, 1909
"Lifze on Elephant Island," Buenos Aires Herald- Weekly Edition, September 29, 1916.
Mill, Hugh Robert, "Ernest Henry Shackleton, M.V.O," Travel&Exploration, Vol. ii. No. 7, July 1909
Sarolea, Charles, "Sir Ernest Shackleton, A Study in Personality," The Contemporary Review, vol. 121, 1922,
Shackleton, E. H. "Lieutenant Shackleton's Own Story," p. Pearson's Maaazine, Magazine, September, October&November 1909.
"Speeches at the Unveiling of the Shackleton Memorial," Geographical Journal, Vol. lxxxix, No. 3, March 1932.


## Diaries and Journals and Unpublished Papers

Clark, Robert S. Correspondence and papers. The Macklin Family,
Crean, Thomas. Correspondence with Captain R. F. Scott, Sir Ernest Shackleton, and
Lady Emily Shackleton. The O'Brien Family.
Fisher, Margery and James. Correspondence and transcripts of taped interviews
Scott Polar Research Institute
Greenstreet, Lionel, Correspondence, Scott Polar Research Institute
How, Walter. Correspondence and papers. Scott Polar Research Institute
Hull, George. Interview with Commander Lionel Greenstreet, August 24, 1974
Hurley, Frank. Endurance Diaries, 1914-1917. Mitchell Library,
James, Reginald W. Endurance Diaries, 1914-1916. Scott Polar Research Institute
Correspondence. Scott Polar Research Institute
Mackin, Alexander H. Correspondence and papers. The Macklin Family.
Endurance Diaries and related papers, 1914-1916. The Macklin Family.
Quest Diaries, 1921-1922. The Macklin Family.
Mclroy, James A. Correspondence. Scott Polar Research Institute.

McNeish, Harry. Endurance Diaries. The Alexander Turnbull Library.

Miller, David. Taped interviews with colleagues of Frank Hurley.

Orde-Lees, Thomas H. Endurance Diaries, 1914-1916. The Alexander Turnbull Library.

Endurance Diaries, 1914-1915. Scott Polar Research Institute

Endurance Diaries, 1915-1916. Dartmouth College.

Shackleton, Sir Ernest. Endurance Diaries, 1914-1916. Scott Polar Research Institute.

Correspondence and papers. Scott Polar Research Institute and Dulwich College

Wild, Frank. Sledging Diary Nimrod Expedition, 1908-1909. Scott Polar Research Institute.

Memoirs. Mitchell Library.

Wilson, E.A.Correspondence with E. H. Shackleton. Scott Polar Research Institute.

Worsley, Frank. Endurance Diaries, 1914-1917. Scott Polar Research Institute

*Ernest Shackleton*

"여보, 난 해냈소. ...
한 생명도 잃지 않고 우린 지옥을 빠져나왔소."

– 인듀어런스호 전원 구조 후,
섀클턴이 아내 에밀리에게 쓴 편지 중에서

2022년 3월 5일,

인듀어런스호의 잔해는

남극 바다 해저 3,000미터에서 썩지 않고 발견되었다.

# 섀클턴의 위대한 리더십
## – 20세기 전설적 탐험가에게 배우는 최고의 리더십 강의

초 판 1쇄 2023년 07월 17일

**지은이** 마고 모렐, 스테파니 케이퍼렐
**옮긴이** 김용수
**펴낸이** 류종렬

**펴낸곳** 미다스북스
**본부장** 임종익
**편집장** 이다경
**책임진행** 김가영, 신은서, 박유진, 윤가희, 정보미

**등록** 2001년 3월 21일 제2001-000040호
**주소** 서울시 마포구 양화로 133 서교타워 711호
**전화** 02) 322-7802~3
**팩스** 02) 6007-1845
**블로그** http://blog.naver.com/midasbooks
**전자주소** midasbooks@hanmail.net
**페이스북** https://www.facebook.com/midasbooks425
**인스타그램** https://www.instagram/midasbooks

한국어판 © 김용수, 미다스북스 2023, *Printed in Korea*.

ISBN 979-11-6910-272-8 03190

값 30,000원

**미다스북스**는 다음세대에게 필요한 지혜와 교양을 생각합니다.